벗이 낡은 노래여
라영균

현대의 지성 128
**벗어남으로서의 과학**

제1판 제1쇄__2007년 6월 22일

지은이__복거일
펴낸이__채호기
펴낸곳__㈜문학과지성사

등록__1993년 12월 16일 등록 제10-918호
주소__서울 마포구 서교동 395-2(121-840)
전화__02)338-7224
팩스__02)323-4180(편집) 02)323-7221(영업)
전자우편__moonji@moonji.com
홈페이지__www.moonji.com

ISBN 978-89-320-1789-1

현대의 지성 128

# 벗어남으로서의 자유

복거일 지음

문학과지성사
2007

사건의 모서리에 서는 것엔
아직 이름 없는 대륙의 변두리
어둑한 바람에 기대서는 것엔
넋을 풀어주는 무엇이 있다.

# 책머리에

과학은 자연이 강요한 한계들로부터 벗어날 수 있도록 사람을 돕는다. 과학을 통해서 사람이 점점 자유로워진 것은 인류 역사의 가장 두드러진 측면이다.

'벗어남으로서의 과학'은 여러 모습들로 나온다. 낯익은 모습은 물론 사람이 육체적 한계들을 벗어나도록 돕는 기술들이다. 갖가지 기술들 덕분에 인류는 근육의 힘에 의존하는 삶에서 벗어났고, 이제는 지구에서 벗어나 외계를 개척한다.

과학은 또한 사람이 인식적 감옥cognitive prison에서 벗어나도록 돕는다. 지각 능력이 아주 제약되었으므로, 사람은 자기 둘레의 현상들만을 인식할 수 있다. 과학이 제공하는 기구들과 축적된 지식들을 통해서만, 우리는 세상을 멀리 그리고 깊이 살필 수 있다.

눈에 덜 뜨이지만, 과학은 우리를 '상식의 압제'로부터 풀어준다. 일상적 경험에서 얻어진 터라 상식은 흔히 주먹구구이지만, 그래도 일상에서 쓸모가 워낙 큰 까닭에, 우리는 그것이 맞지 않는 분야들에도 적용하게 마련이다. 과학의 도움을 받아야, 우리는 상식과 어긋나는 이 세상의 참

모습을 볼 수 있다.

'상식의 압제'와 연관된 문제는 내성(內省)의 한계이다. 뇌는 본질적으로 자신이나 세상을 이해하기 위해서가 아니라 유기체의 생존을 돕기 위해 나왔다. 그래서 유기체의 생존에 결정적인 둘레의 국지적 상황에 관한 정보들을 처리하도록 진화되었다. 뇌의 본질이 그러하므로, 종교와 철학이 전통적으로 이용해온 내성만으로는 탐구의 방향이 그릇될 수 있고 조만간 한계에 부딪힌다. 과학이 제공하는 사실적 지식의 도움을 받아야, 우리 마음은 비로소 자신과 세상에 대해 제대로 알 수 있다.

내성의 한계와 관련하여 우리가 인식해야 할 것은 과학만이 지식을 찾는 우리의 눈길을 인도할 수 있다는 사실이다. 우리가 통상적으로 지식이라 부르는 지식은, 미국 국방장관 도널드 럼스펠드Donald Rumsfeld의 멋진 표현을 빌리면, '알려진 앎known known'이다. 즉 우리가 안다는 것을 우리가 아는 종류이다. 그 둘레에는 우리가 '모른다는 것이 알려진 것known unknown'이 있다. 이 방대한 지식의 집합 너머엔 우리가 '모른다는 것도 모르는 것unknown unknown'이 있다. 지금 우리가 모른다는 사실조차 깨닫지 못하는 이런 종류의 지식이 우리의 미래를 다듬어낼 지식이다. 정의(定義)에 의해, 우리는 그런 지식이 무엇인지도 얼마나 방대한지도 모른다. 그러나 지금까지의 경험에 비추어, 그것이 더할 나위 없이 중요하다는 것은 분명하다. 그리고 과학만이 우리의 눈길을 그런 지식을 얻을 수 있는 곳으로 인도할 수 있다.

사람을 자유롭게 하는 일에서, 과학소설Science Fiction은 과학을 돕는다. 안으로는 과학이 일상생활에 보다 친밀하게 스며들도록 하고, 밖으로는 과학이 자신의 엄격한 방법론 때문에 밟기 두려워하는 땅으로 서슴없이 나아가서 과학의 척후 노릇을 한다. 그런 뜻에서 과학소설은 과학이 스스로 설정한 제약에서 벗어나도록 돕는다.

　근대가 시작되면서, 과학은 일반 사람들에게 낯설어졌다. 코페르니쿠스의 지동설은 그 사실을 가리키는 이정표이다. 실은 과학은 일반 사람들에게만이 아니라 지식인들에게도 점점 낯설게 되었다. 이제 자연과학과 인문학 사이의 틈은 하도 넓어서, 누구도 그 둘을 아우를 수 없다. 20세기에 들어서자, 사정은 더욱 어려워졌다. 과학 지식이 빠르게 늘어나면서 과학자들의 전문화도 꾸준히 가속되었고, 이미 오래전부터 분야가 다른 과학자들 사이의 의사소통이 실질적으로 막혔다.

　언어를 매체로 삼은 덕분에, 문학은 현실을 정교하게 반영할 수 있다. 덕분에 여러 예술 형식들 가운데 문학은 과학과 가장 친근한 관계를 지녀 왔다. 그러나 아쉽게도, 과학이 빠르게 발전하면서, 문인들이 당대의 과학 지식을 제대로 갖추기는 어려워졌고, 문학과 과학 사이의 관계는 점점 약해졌다. 영국의 생물학자 홀데인J. B. S. Haldane은 "셸리와 키츠는 그들의 화학 지식에서 당대의 것을 받아들인 마지막 영국 시인들이었다"고 말했다. 그러나 현대의 중요한 시인들 가운데 그런 찬사를 받을 만한 사람은 없다.

　이런 사정은 불행하다. 영국의 문학평론가 리비스F. R. Leavis는 그 까닭을 잘 설명했다.

　　시는 경험의 실질을 어떤 다른 수단들도 따를 수 없는 미묘함과 정교함으로 전달할 수 있다. 그러나 시와 그 시대의 지성이 서로 멀어지면, 시는 그리 중요하지 않게 되고 그 시대는 보다 섬세한 앎을 갖추지 못할 것이다.

　리비스의 얘기에서 시를 문학으로 확대하고 현대의 지성에서 핵심이 과학 지식이라는 사정을 고려하면, 문학과 과학이 서로 낯설어진 지금의 상황이 새삼 걱정스러워진다. 지금 대부분의 사람들에게 문학은 전혀 문제가 되지 않는다. 시와 소설을 읽는 소수의 사람들도 대부분 '본격 문학'을 외면한다. 자연히, 사람들은 삶의 모든 면들을 다듬어내는 과학에 대한 "보다 섬세한 앎finer awareness"을 지니기 어렵다.

이런 사정은 분명히 안타깝다. 그러나 문학과 과학이 하도 멀어지다 보니, 이제는 서로 낯선 상태가 자연스러운 질서로 여겨진다. 심지어 문인들은 그런 낯섦을 정당화하는 미학까지 만들어냈다. 과학이 워낙 중요하므로, 이것은 자신의 문학에 맞추어 미학을 만들어내는 관행에서 특히 해로운 부분이다.

과학소설은 멀어진 과학을 자신의 품에 받아들이려는 문학 쪽의 시도이다. 이것은 정말로 용감한 시도이다. 과학소설에 대한 평가가 무엇이든, 그것은 비겁이 아닐 것이다. 사람의 천성이 늘 그러하므로, 과학소설은 과학과 소설 양쪽으로부터 곱지 않은 눈길을 받는다. 그래도 공정한 평가는 아마도 이러할 것이다: "과학소설은 문학을 현실과 관련이 깊은 예술로 만들었고, 덕분에 사람들은 자신들이 살고 있는 세상에 대한 '보다 섬세한 앎'을 얻었다."

제3부의 '과학소설의 지형'은 일반 독자들이 앉은자리에서 과학소설에 관한 최소한의 지식을 얻을 수 있는 글로 씌어졌다. 어쩔 수 없이 거친 점들이 있지만, 과학과 문학이 서로 낯설어진 상황을 자연스럽게 여기는 추세를 조금이나마 줄일 수 있기를 바랄 따름이다.

현대에선 세상이 빠르게 바뀐다. 그냥 빠르게 바뀌는 것이 아니라, 점점 빠르게 바뀐다. 이런 변화의 가속은 거의 모든 분야들에서 지식이 건잡을 수 없이 노후화된다는 것을 뜻한다. 생각해보면, 이것은 근본적 중요성을 지닌 현상이다. 개인들과 사회는 낡은 지식들을 새 지식들로 끊임없이 대체해야 한다. 그러나 물건들과는 달리, 지식들은 바꾸기가 어렵다. 자연히, 낡은 지식들로 인한 손실은 점점 커진다.

낡은 지식을 지닌 것은 흔히 아예 모르는 것보다 나쁘다. 어떤 주제에 관해서 아예 모르면, 누구나 최신의 지식을 줄 만한 전문가나 책을 찾게 된다. 그러나 그 주제에 관한 책을 이미 읽었으면, 아무리 오래전에 읽었다 하더라도, 자신이 알만큼 안다고 여기게 된다.

안타깝게도, 이 점은 그리 널리 인식되지 않았다. 그래서 십 년이면 거의 모든 지식들이 낡고 흔히 틀리게 되는 분야들에서도, 한 세대 이전에 배운 지식들이 아직 유효하다고 믿는 사람들이 많다.

대부분의 사람들에게 지식의 노후화가 특히 문제가 되는 분야는 역시 자신의 전공 분야이다. 이 문제에 대처하는 길로는 '원론'이라고 불리는 해당 분야의 교과서들을 꾸준히 구해서 읽는 것이 좋다. 이렇게 하면, 아주 적은 물질적·심리적 비용으로 전공 분야의 개황을 알 수 있다.

경제학을 배웠으므로, 나로선 계속 바뀌는 경제학의 정설들을 따라잡는 일이 무엇보다도 중요하다. 내 세대의 경제학도들은 대부분 폴 새뮤얼슨 Paul A. Samuelson의 『경제학 *Economics*』을 교과서로 삼아 공부했다. 1963년에 대학에 들어가자, 나는 1958년의 4판을 청계천 고서점에서 구해 읽었다. 사회에 나와서 정신없이 지내다가 문득 구한 것이 9판이었다. 그 뒤로 새 판이 나오는 대로 구해서 읽었다. 마지막 판은 2001년의 17판이다.

그렇게 한 교과서를 새 판이 나올 때마다 구해서 읽는 것은 지식의 노후화에 효율적으로 대처하는 길이다. 이전 판에서 읽은 부분들은 가볍게 훑고 바뀐 부분들만 자세히 읽으면, 아주 효율적일 뿐 아니라, 정설들이 바뀐 과정까지 알게 되어 보다 깊이 이해할 수 있다.

우리 사회에선 지식의 노후화에 대한 논의가 거의 이루어지지 않는다. 이미 논파(論破)된 낡은 이념들이 '진보'라는 이름 아래 횡행하는 데엔 그런 사정이 분명히 한몫을 했다. 낡은 지식을 새 것으로 바꾸는 일이 새 지식을 얻는 일만큼 중요하다는 사실은 널리 알려져야 한다.

과학이 워낙 빨리 나아가므로, 여기 실린 글들에 담긴 지식들은 이내 낡을 것이다. 글들도 따라서 낡을 터이지만, 과학적 지식의 도움을 받아 상식의 굳은 틀에서 벗어나려는 태도는 그런 낡음을 좀 더디게 할 수도 있지 않을까?

2007년 봄
복거일

# 차례

## 제4부  가능성의 영역

제 1 부

# 육체의 꿈

# 황금률의 생물학적 바탕

1

"당신이 바라는 것처럼 남에게 하라(Do to others as you would be done by)"는 가르침은 흔히 '황금률golden rule'이라 불린다. 물론 이 가르침은 『성경』「마태복음」에 나오는 '산상수훈(山上垂訓)'의 한 구절인 "너희는 남에게서 바라는 대로 남에게 해주어라(Therefore all things whatsoever ye would that men should do to you, do ye even so to them)"가 속화된 것이다.

이 가르침이 황금률이라 불려온 것은 그것이 세상을 현명하게 살아가는 지혜를 잘 드러냈기 때문일 터이다. 찬찬히 들여다보면, 모든 처세술의 기법들이 그것 속에 녹아 있다. 어짐[仁]에 관해서 "자기가 바라지 않은 것을 남에게 하지 마라[己所不欲 勿施於人]"고 한 공자의 말씀도 뜻이 같다. 황금률은 원칙의 보편적 형태를 드러냈고, 공자의 말씀은 원칙의 실천적 지침을 제시했다.

2

황금률에 담긴 지혜를 부인할 사람은 없을 것이다. 불행하게도, 그것을 실천하는 일은 무척 힘들다. 누구에게도 나와 남이 똑같을 수는 없기 때문이다. 게다가 어떤 사람이건 자주 어울리는 사람들은 흔히 실제적 또는 잠재적 경쟁자들이다. 그래서 서로 돕기보다는 서로 시기하고 견제하는 경우가 흔하다.

실제로 황금률을 실천하는 데서 가장 큰 장애는 시기심이다. 시기심은 누구에게나 있고 늘 거세므로, 남에게 잘 대해주는 일은 참으로 어렵다.

여기 간단한 물음이 있다. '다음 두 안들 가운데 당신은 어느 것을 고르시겠습니까? (1)당신은 연봉을 5천만 원 받고 같은 부서의 다른 사람들은 모두 당신 연봉의 절반인 2천5백만 원을 받는다. (2)당신은 연봉을 1억 원 받고 다른 사람들은 모두 당신 연봉의 곱절인 2억 원을 받는다.'

만일 (1)안을 골랐다면, 당신은 아마도 조금은 부끄러워질 것이다. (2)안을 고르는 것이 도덕적으로 떳떳하고 모두에게 이롭다고 판단되기 때문이다.

그러나 당신의 선택은 부끄러운 것이 아니다. 위와 같은 대안들 가운데 하나를 골라야 할 처지가 되면, 대부분의 사람들은 당신처럼 고른다.

잘 알려진 것처럼, 사람들은 자신들의 소득의 절대적 크기보다 상대적 크기에 훨씬 마음을 쓴다. 따라서 당신 봉급이 다른 회사에 다니는 동창생들에 비겨 상당히 적다는 사실보다 입사 동기생이 당신보다 조금 더 많은 봉급을 받는다는 사실이 마음을 훨씬 더 괴롭힐 때, 당신은 자신이 정상적임을 증명한 것이다.

이런 현상은 아주 일반적이어서, 경제학자들은 그것을 한 사회에서 소

득이 크게 높아져도 여전히 많은 사람들이 만족하지 못하는 까닭들 가운
데 하나로 꼽는다. 자신의 소득이 높아져도, 동료나 이웃의 소득이 더 높
아지면, 우리는 배가 아프게 마련이다.

사람들은 자신들의 시기심을 잘 억제한다. 그러나 시기심이 워낙 강력
한 힘이므로, 경쟁적 상황에서 그것은 때로 파괴적인 모습을 띈다. 러시
아의 널리 알려진 민담은 이 점을 잘 보여준다.

어떤 농부 앞에 신이 나타나서 소원 하나를 들어주겠다고 했다. 신은 조
건 하나를 달았다. 그 농부가 얻은 것이 무엇이든, 그의 이웃 사람은 그 곱
절을 얻기로 한다는 얘기였다. 뜬눈으로 밤을 새운 뒤, 그 농부는 비장한
얼굴로 신에게 애원했다, "주여, 제 눈 하나를 뽑아주소서."

3

시기심이 그렇게도 강력한 것은 그것이 진화의 산물이기 때문이다. 지
금 사람이 지닌 본능들과 성향들이 형성되었던 시기에 사람들은 작은 부
족들을 이루어 살았고 부족들을 아우르는 상위 사회는 없었다. 그런 사회
들에서 개인들에게 중요했던 것은 사회의 전반적 복지가 아니라 자신들이
사회의 위계에서 차지하는 자리였다. 설령 자기 부족의 생활수준이 다른
부족들보다 훨씬 높다 하더라도, 부족 안에서 자신이 차지하는 지위가 낮
으면, 탐나는 배우자를 얻어서 뛰어난 자식을 낳을 수 없었을 터이다. 자
연히, 사람의 마음은 자신의 지위와 소득을 다른 사람들의 그것들과 비교
해서 판단하도록 다듬어졌다. 자신이 남보다 사회적 지위가 못하다는 것
을 발견하면, 우리는 보다 높은 지위로 오르려고 분발한다. 그런 분발을

가능하게 하는 심리적 에너지가 바로 시기심이다.

이처럼 시기심은 자연스럽다. 그리고 잘 활용되면, 우리에게 큰 도움을 줄 수 있다. 문제는 시기심을 억제하는 일이 무척 어렵다는 사실이다. 지나친 시기심이 모두에게, 특히 당사자에게, 해롭다는 것은 모두가 잘 안다. 어떤 집단이든지 구성원들의 협력을 통해서 목적을 이루고 조직을 유지한다. 비록 구성원들 사이의 경쟁은 자연스럽고 대체로 생산적이지만, 지나친 시기심은 이런 협력을 해친다. 따라서 지나친 시기심을 보이는 구성원들은 동료들의 비공식적 따돌림이나 집단의 공식적 제재를 받게 된다. 유기적으로 짜여져서 협력이 특히 중요해진 현대 인류 사회에선 특히 그렇다.

사정이 그러하므로, 자신의 시기심이 너무 거세지는 것을 막는 일은 모두에게 중요하다. 그러면 시기심은 어떻게 통제해야 하는가?

시기심을 다스리는 일에서 첫걸음은 시기심이 진화의 산물이므로 무척 강력하다는 사실을 인식하는 것이다. 우리는 그것을 없애는 것은 고사하고 오래 잠재울 수도 없다. 우리는 그것을 달래서 고삐가 풀리지 않도록 할 수 있을 따름이다. 억지로 그것을 누르려 하면, 그것은 독이 되어 우리를 해친다. 성인(聖人)들을 본받으려는 것은 보통 사람들에겐 무척 위험한 일이다.

다행히, 우리에겐 시기심을 줄일 수 있는 본능들도 있다. 비록 이기적인 존재이지만, 우리 마음엔 다른 사람들을 보살피려는 이타심도 있다. 자식들과 가까운 혈족들을 보살피려는 마음씨는 자연선택에 의해 보존되어 왔으므로, 보기보다 뿌리가 깊고 언뜻 생각하기보다 훨씬 강력하다. 그런 이타심이 전혀 없는 사람들은 정신 질환을 앓아서 반사회적 태도를 드러내는 이들뿐이다.

그런 이타심을 발휘하기 어려운 상황에선, 즉 상대가 아무런 관계가 없는 남인 경우엔, 우리는 합리적 이기심을 통해서 다른 사람과 상호 협조 관계를 맺을 수 있다. 내가 남에게 잘해주면, 나중에 남도 내게 잘해주리라는 기대는 자연스럽고, 실제로 그런 기대는 대부분 충족된다. 그런 상호 협조는 매우 합리적이므로, 사회적 집단을 이루는 동물들에서 흔히 볼 수 있다. 심지어 같은 집단 안에서만이 아니라 서로 다른 종들 사이에서도 이루어진다. 흔히 악어와 악어새로 상징되는 공생이 바로 그것이다.

그리고 우리는 도덕적으로 행동하는 것을 배울 수 있다. 비록 우리는 혈족이 아닌 남에 대해선 이타심을 품지 않지만, 우리는 그것을 배워서 얻을 수 있다. 우리는 타고난 이타심을 새로운 대상인 남에게로 옮기는 과정을 거치면 된다. 그것은 무척 어렵지만 결코 불가능한 일도 아니다.


4


생존경쟁에서 살아남아야 하므로, 모든 생명체들은 자기 이익을 찾는다. 당연히, 사람은 누구나 본질적으로 이기주의자이다.

멋진 것은 그런 이기주의만으로도 사회가 이루어지고 유지된다는 점이다. 애덤 스미스Adam Smith는 "보이지 않는 손invisible hand"이라는 멋진 비유로 개인들의 자기 이익 추구가 조화를 이루어 사회를 움직이는 모습을 생생하게 보여주었다. 근년에는 진화 생물학자들이 개인들의 자기 이익 추구가 서로 돕고 협력하는 행동을 낳는다는 것을 설득력 있게 보여주었다. 이기주의에 바탕을 둔 이타적 행위들은 '상호적 이타주의reciprocal altruism'라고 불린다. 그것이 바로 인류 문명을 쌓아올린 힘이다.

그러나 사람들이 늘 서로 돕거나 협력하는 것은 아니다. 폭력이나 속임수를 써서 큰 이익을 쉽게 보려는 유혹이 워낙 거세기 때문이다. 이런 상황에서도 황금률은 적절한 원칙일 수 있을까?

　1970년대 말엽에, 미국의 정치학자 로버트 액설로드는 그러한 컴퓨터 세계를 만들어서 그것을 프로그램들로 채우기 시작했다. 그는 경기 이론의 전문가들에게 반복적 죄수의 양난에 대한 전략을, 즉 프로그램이 다른 프로그램과 만날 때마다 협력할까 말까 결정할 때 기준이 될 규칙을, 구체화한 컴퓨터 프로그램을 하나씩 제출하도록 요청했다. 그렇게 하고서 그는 컴퓨터 스위치를 올리고서 이들 프로그램들이 섞이도록 했다. 〔……〕

　우승한 프로그램은 캐나다의 경기이론가인 애너톨 래포포트가 설계한 것이었는데 '되갚기TIT FOR TAT'라는 이름을 가졌다. '되갚기'는 말 그대로 가장 간단한 규칙들에 의해 인도되었다: 그 컴퓨터 프로그램은 길이가 다섯 줄이었고, 제출된 컴퓨터 프로그램들 가운데 가장 짧았다(그래서 만일 전략들이 설계에 의해서가 아니라 무작위적 컴퓨터 변이에 의해서 만들어진다면, 그것은 아마도 가장 먼저 나타날 것들에 속했을 터였다). '되갚기'는 바로 그 이름이 뜻하는 것이었다. 다른 프로그램과의 첫 대면에서, 그것은 협력했다. 그 뒤엔, 그것은 다른 프로그램이 이전의 대면에서 한 것 그대로 했다. 한 번의 좋은 행동은 또 한 번의 좋은 행동을 받을 만했고, 한 번의 나쁜 행동은 또 한 번의 나쁜 행동을 받을 만했다.

　이 전략의 장점들은 전략 자체만큼이나 간단하다. 어떤 프로그램이 협력하려는 성향을 보이면, '되갚기'는 이내 그것과 우호관계를 맺고, 둘 다 협력의 성과들을 누린다. 어떤 프로그램이 속이려는 성향을 드러내면, '되갚기'는 손해를 줄인다. 그 프로그램이 개선하기까지 협력을 보류함으로써, 그것은 속은 자의 높은 비용을 피한다. 그래서 분별없는 협력적 프로그램들과는 달리, '되갚기'는 거듭 피해를 입지 않는다. 그러면서도 '되갚기'는 동료 프로그램들을 착취하려고 시도하는, 분별없이 비협력적인 프로그램들의 운명을—만일 당신만 협력한다면 흔쾌히 협력할 프로그램들과 서로 비용이 큰 상호 배신의 연쇄에 묶이는 것을—피한다. 물론 '되갚기'는 일반적으로 착취를 통해서 얻을 수 있는 큰 일회적 이익을 포기한다. 그러나 착취를 목표로 삼은 전략들은, 물러섬이 없는 속임수를 쓰든 거듭된 '깜짝' 속임수든, 경기가 진행될수록 실패하는 경향을 지녔다. 프로그램들은 그것들에게 잘 대해주는 것을 포기했고, 그래서 그것들은 착취의 큰 이익들과 상호 협력의 보다 작은 이익들을 함께 잃었다. 꾸준히 야비한 것들보다, 꾸준히 너그러운 것들보다, 그리고 다른 프로그램들이 읽어내기 어려울 만큼 정교한 규칙들을 지닌 갖가지 '똑똑한' 프로그램들보다, 솔직하게 조건적인 '되갚기'는 장기적으로 자신의 이익에 잘 봉사했다. (로버트 라이트Robert Wright, 『도덕적 동물 *The Moral Animal*』)


컴퓨터 프로그램 '되갚기TIT FOR TAT'는, 비록 앞을 내다보는 능력이 없고 물론 감정도 없지만, 그 행동 양식은 사람의 그것과 아주 비슷하다. 따라서 그것은 상호적 이타주의가 자연선택을 통해서 사회에 퍼지고 사회를 발전시킨 과정을 설득력 있게 보여준다.

물론 컴퓨터 세계에서 나타나는 상호적 이타주의는 생명체들의 세계에선 상당히 다를 수밖에 없다. 가장 중요한 차이는 현실에선 선견과 감정의 역할이 있으리라는 점이다.


'되갚기'의 전략, 즉 '남들이 당신에게 하는 대로 그들에게 한다'는 그것에게 평균적 사람과 공통점들을 많이 부여한다. 그러나 그것은 사람의 선견이 없다. 그것은 보답의 가치를 이해하지 못한다. 그것은 그저 보답한다. 그 뜻에서 그것은 아마도 작은 뇌를 가졌던 우리의 선조 오스트랄로피테쿠스와 훨씬 비슷할 것이다.

오스트랄로피테쿠스인이 그의 우매함에도 불구하고 상호적 이타주의라는 약은 전략을 따르도록 자연선택은 그의 마음에 무슨 느낌들을 불어넣었을까? 그 답은 다윈이 강조한 단순하고 변별하지 않는 '동정'을 넘어선다. 이런 종류의 동정이 처음엔 '되갚기'의 최초의 호의적 제안을 불러내는 데 편리했으리라는 것은 맞다. 그러나 그 뒤로 동정은 선택적으로 제공되어야 하고, 다른 느낌들에 의해 보완되어야 한다. '되갚기'의 호의에 대한 어김없는 보답은 감사와 의무의 감정에서 출현했을 것이다. 야비한 오스트랄로피테쿠스인들에 대해서 선물의 제공을 중단하는 성향은 분노와 혐오를 통해서 이루어질 수 있었다. 그리고 이제는 태도를 바꾼 이전의 야비한 사람들에게 잘 대해주는 성향은 용서의 감정에서, 즉 문득 비생산적이 된 적대감을 지우는 존재에서 나왔을 터이다. 이 느낌들은 모든 인류 문화들에서 발견된다.

우정, 애정, 신뢰 이것들은 사람들이 계약서들에 서명하기 오래전에, 그들이 법들을 기록하기 오래전에, 인류 사회들을 한데 묶었던 것들이다. 오늘날에도, 이 힘들은 비록 협력적으로 상호 작용하는 사람들 사이의 혈족 관계가 0에 가깝지만, 인류 사회들이 규모와 복잡성에서 개미 집단들을 크게 앞서는 까닭들 가운데 하나이다. 당신이 친절하지만 엄격한 '되갚기'가 개체군들 속으로 퍼져가는 것을 볼 때, 당신은 인류라는 종의 독특하게도 미묘한 사회적 유대가 우연한 유전자들의 변이들에서 자라나는 모습을 보는 것이다. (로버트 라이트, 같은 책)


5


'되갚기'는 상대의 행위들에 대한 기억에 의존한다. 현실상황은 사뭇

낮다. 우리는 누가 어떻게 행동할지 상당히 잘 예측해서 전략을 고를 수 있다.

일반적으로 사람은 다른 사람들을 잘 평가하는 능력을 지녔다. 사회를 이루어 살므로, 누가 믿을 만하고 누가 믿을 수 없는가 알아내는 기술은 사람들에게 아주 중요한 능력이 되었다. 그런 기술을 제대로 갖추지 못한 사람들은 자연선택에 의해 제거되게 마련이다.

놀라울 것도 없이, 사람은 다른 사람들의 속임수를 알아내는 데 뛰어나다. 여러 실험들이 밝혀낸 것처럼, 사람은 계약의 이행에서 판단력이 뛰어난데, 특히 속임수를 알아내는 능력은 단순한 착오를 알아내는 능력이나 다른 당사자들의 이타적 의도를 평가하는 능력보다 훨씬 예리하다. 상호적 이타주의가 번창할 근거는 탄탄하다.

6

상호적 이타주의가 개인들의 삶과 사회의 움직임에서 그렇게 중요하므로, 그것을 해치는 일들은 당연히 억제된다. 남에게서 도움을 받고서 보답하지 않는 사람들이 거센 비난과 제재를 받는 것은 그 때문이다. 정의감, 윤리, 그리고 법은 모두 상호적 이타주의를 지키고 강화하기 위한 수단들이다.

그러한 상황에선 상호적 이타주의를 추구하는 것이 현명하다. 눈앞의 이익만을 좇으면, 다른 사람들로부터 따돌림을 받고 법에 의해 벌을 받는다. 실제로, 이웃에게 매정하거나 신의를 쉽게 저버리거나 법을 쉽게 어기는 사람이 잘사는 경우는 그리 흔하지 않다.

사정이 그러하므로, 이웃을 돕고 다른 이들과 협력하는 마음씨를 지니고 태어나는 것은 행운이다. 그런 마음씨가 적으면, 삶이 고달프거나 불행하다. 생존하기 위해선 상호적 이타주의에 충실한 것처럼 행동해야 하는데, 그것이 쉽지는 않다. 본디 마음씨가 착한 사람들에겐 아주 자연스럽거나 즐거운 일들도 위선자들은 억지로 해야 한다.

다행히, 우리는 모두 이타주의적 성향을 조금이라도 지녔다. 아예 이타주의적 성향이 없이 자신의 이익만을 염치나 사리를 따지지 않고 추구하는 사람들은 자연선택에 의해 제거되었기 때문이다. 긴 진화 과정은 우리의 성품을 상당히 비슷하게 만들었고, 그 사실은 교육이 실질적 영향을 미칠 수 있음을 가리킨다. 자신의 성품과 행동을 보다 이타적으로 만들려는 노력은 결코 헛된 것이 아니다.


7


'되갚기'의 성공은 조직 생활에 대해서 중요한 함의를 지녔다. '되갚기'와 같이 행동하는 사람들이 많아지면, 조직은 번창한다. 따지고 보면, '되갚기'의 이상적 이웃은 다른 '되갚기'들이다. 그들은 결코 속이지 않고 늘 협력해서 공동의 이익을 누린다. 그래서 그들은 점점 번창하고, 속임수를 쓰는 사람들이 들어올 틈을 주지 않는다. 따라서 '되갚기'로 구체화된 황금률은 개인들의 행동에서만이 아니라 조직의 충원과 운영에서도 좋은 지침이 된다. 거의 모든 사람들이 직장이라는 조직 속에서 삶을 꾸려가는 현대에서 이 점은 모두가 깊이 새길 만하다.

로버트 액설로드Robert Axelrod는 자신의 개척적 실험에서 얻은 통찰들을 개인들을 위한 조언들로 바꾸었다.

그 조언은 내구적인 반복적 '죄수의 양난'에서 잘하는 길에 대한 네 가지 간단한 제안들의 형태를 보인다:

1. 시기하지 마라.
2. 협력 관계에서 먼저 탈퇴하지 마라.
3. 협력과 탈퇴 모두 그대로 해주어라.
4. 너무 약게 행동하지 마라.

　　(로버트 액설로드, 『협력의 진화 *The Evolution of Cooperation*』)


위에서 살핀 것처럼, 황금률은 우리가 자신들에게 늘 일러야 할 교훈을 말해준다: "남에게 잘해라. 그것이 바로 너 자신에게 잘하는 길이다." 이보다 더 나은 처세의 원칙은 없다. 그리고 그것이 바로 우리가 자식들에게 가르쳐야 할 교훈이다. 그리고 앞으로 사회가 점점 더 복잡해지고 도덕적이 되고 투명해질 터이므로, 그 교훈의 가치는 더욱 커질 터이다.

우리는 자연적으로 도덕적인 동물이 아니다. 잠재적으로 도덕적인 동물이다. 도덕적 동물이 되는 길을 고르는 것은 우리 몫이다. 우리가 그런 선택을 하는 순간, 우리는 그렇게도 다스리기 어려운 시기심을 다스리고 자신을 스스로 돕기 시작하는 것이다.

# 성공의 비결

1

신뢰가 중요하다는 것은 모두 잘 안다. 누구나 일상생활에서 늘 그 사실을 깨닫게 된다. 신뢰는 실은 흔히 인식되는 것보다 훨씬 중요하다. 그것 없이는, 사람들은 협력할 수 없고 거의 필연적으로 다투게 된다. 사람들이 협력을 통해서 얻는 이익은 인류 사회를 낳은 힘이었고 문명의 바탕이었다. 사람이 혼자 할 수 있는 것들엔 큰 한계가 있다. 무엇보다도, 분업의 이익을 얻을 수 없다.

협력이 사람들에게 큰 혜택을 주므로, 자연선택은 사람을 대체로 협력적인 존재로 만들었다. 남과 협력하지 못한 사람들은 잘 협력한 사람들보다 자식들을 적게 남겼을 터이고, 세월이 지나면서, 보다 협력적인 사람들이 나타났을 것이다.

그러나 협력은 신뢰가 있어야 나올 수 있다. 자기가 할 일을 하지 않고 남의 노력의 열매를 그냥 가져가는 사람과 협력하는 일은 큰 손해이기 때문이다. 자연히, 사람들은 신뢰할 수 있는 사람들을 찾게 되고 신뢰할 수 없는 사람들을 가려내려 애쓴다. 실제로 사람들은 다른 사람들의 신뢰성trustworthiness을 아주 잘 평가한다. 누가 믿을 만하고 누가 믿을 수 없는가 알아내는 능력을 제대로 갖추지 못한 사람들은 자연선택에 의해 제거되게 마련이다. 그래서 긴 진화 과정을 통해서 사람들은 속임수를 알아내는 데 아주 능숙하게 되었다.

사람들이 짧은 시간의 관찰로 다른 사람들의 성품과 능력을 상당히 잘 알아낼 수 있다는 생각은 널리 퍼졌다. 입학이나 입사 과정에서 면접시험이 늘 중요한 비중을 차지한다는 사실에서 이 점이 잘 드러난다. 면접시험은 단 몇 분의, 길어도 몇십 분의, 상면과 대담에서 사람의 됨됨이를 비교적 잘 알아낼 수 있다는 가정에 바탕을 두고 있다. 그런 가정은 사람의 됨됨이를 알아낼 수 있는 능력에 대한 굳은 믿음을 보여준다.


2


신뢰성은 개인들의 성공에만 중요한 것이 아니라, 조직들의 성공에도 중요하다. 사람들로부터 큰 신뢰를 받는 기업이나 정당은 그렇지 못한 조직보다 훨씬 큰 성공을 거둘 수 있어서 점점 번창하게 된다. 조직 안에서도 사정은 같으니, 구성원들 사이에 신뢰가 깊은 조직이 활력을 지니고 효율적으로 움직일 터이다.

그래서 모든 조직들은 자신들의 신뢰성을 높이려고 애쓴다. 상표brand는 그런 노력을 잘 보여준다. 상표를 통해서, 기업들은 자신들이 만든 제품들을 다른 제품들과 차별화하고 그런 차별화를 통해서 제품에 대한 소비자들의 신뢰를 얻으려 한다. 코카콜라, 인텔 그리고 삼성의 경우처럼, 많은 기업들의 핵심적 자산은 신뢰성을 얻은 상표이다.

소비자들의 처지에서도, 상표들은 중요한 정보이다. 이름난 상표의 신뢰성이 훼손되는 것이 당해 기업에겐 워낙 큰 손실이므로, 기업이 상표의 신뢰성을 지키려 애쓸 터이고, 따라서 그 상표가 붙은 제품들은 좋은 제품들이리라고 소비자들은 판단하는 것이다. 이름난 상표를 가진 식품들에 독극물을 넣겠다는 협박 범죄는 이런 사정을 잘 보여준다.

3

나라들 사이에서도 신뢰의 중요성은 두드러진다. 서로 믿지 못하는 나라들 사이에선 외교가 원활할 수 없고 자칫하면 싸우게 된다.

우리 역사를 살펴면, 우리가 외국의 신뢰를 잃어서 군사적 침입을 받고 큰 재앙을 만난 경우들을 보게 된다. 고려조에서 요(遼)와 몽골의 거듭된 침입들로 국민들이 큰 괴로움을 겪은 일들은 대표적이다.

993년(고려 성종 12년)에 요가 고려를 침입했다. 그러나 고려 사절 서희(徐熙)의 뛰어난 외교로 요군 장수 소손녕(蕭遜寧)은 고려와 화약을 맺고 철군하였다. 당시 화약의 조건은 고려가 요에 조공하고, 대신 요는 압록강 동쪽 280리(里)의 소유를 묵인한다는 것이었다. 당시 국제 정세로 보아, 고려와 요의 군사적 충돌은 거의 필연적이었다. 요와 송이 맞선 상황에서, 고려는 송과 연합했기 때문이었다. 문제는 고려가 요에 조공한다는 조건을 지키지 않고 송과의 연합을 그대로 이어나갔다는 점이었다. 고려의 그러한 화약 조건 불이행은 고려의 신뢰성을 크게 떨어뜨렸다. 그 화약의 조건들이 고려에게 상당히 유리한 터였으므로, 고려의 그런 태도는 특히 비합리적이었다.

그래서 1010년(고려 현종 원년)에 요의 성종(成宗)은 군대를 이끌고 고려에 침입했다. 고려는 수도 개성을 요에게 앗기고 국왕은 나주로 피난했다. 고려 사절 하공진(河拱辰)의 외교 활동으로 강화가 성립되어, 고려는 국왕이 몸소 요에 입조(入朝)한다는 강화 조건을 받아들였다. 그러나 고려는 이번에도 강화 조건을 이행하지 않았으니, 국왕은 병을 핑계 삼아 요에 입조하기를 거부했다. 그러자 요는 고려가 차지한 압록강 동쪽 옛 여진 땅을 반환하라고 요구했다. 그러나 고려는 그 요구를 거부하고 요와의 외교를 아예 단절했다.

이런 고려의 태도에 요는 1014년부터 해마다 고려를 침입하려 했다. 마침내 1018년 12월 소배압(蕭排押)이 이끈 요군이 고려에 침입했다. 강감찬(姜邯贊)이 이끈 고려군은 요군과 잘 싸워서 개성 가까이 이르렀던 요군은 이듬해 1월에 퇴각했다. 고려군은 귀주(龜州)에서 요군을 기습하여 결정적 승리를 거두었다. 결국 1020년에 고려는 요의 연호를 쓰고 송과의 교빙을 끊는다는 조건으로 요와의 외교 관계를 회복시켰다.

위에서 살핀 것처럼, 고려는 약속을 거듭 지키지 않아서 자신의 신뢰성을 스스로 허물었다. 그런 태도는 두 차례의 피할 수 있었던 병화를 불렀다. 특히, 국왕이 국토 남쪽 끝으로 피난하고 수도가 적군에게 함락된 요의 두번째 침입으로 국민들이 겪은 손실은 상상하기 어려울 만큼 컸을 터이다. 다급하면 굴욕적인 조건도 마다하지 않고 서둘러 강화하고, 일단 적군이 물러나면, 갑자기 태도를 바꾸어 약속을 전혀 지키지 않은 고려 조정의 행태는 비도덕적이고 어리석었다. 요의 거듭된 침입으로 쇠약해진 고려는 곧 새로 일어난 여진족 왕조 금(金)의 압제를 받았다.

4

이러한 고려 조정의 행태는 2세기 뒤 몽골과의 교섭에서 그대로 나타났고 훨씬 큰 재앙을 불렀다.

원래 몽골과 고려는 이웃하지 않았다. 13세기 초엽 몽골 제국이 팽창하자, 비로소 두 나라 사이에 외교적 접촉이 시작되었다. 양국의 이해가 엇갈리고 오해가 겹치면서, 두 나라는 적대적 관계가 되었다. 마침내 몽골의 사절이 국경 지대에서 살해되는 사건이 일어났고 그 책임을 따지는 과정에서 외교 관계가 단절되었다.

1231년(고려 고종 18년)에 몽골 군대가 고려에 침입하자, 전세는 이내 고려에게 불리하게 되었고, 마침내 수도 개성이 몽골 군대에게 포위되었다. 몽골 장수 살례탑(撒禮塔)이 고려 조정에 항복을 권하자, 고려는 몽골에게 항복했다.

그러나 고려 조정은 몽골과 한 약속들을 지킬 생각이 없었다. 당시 고려는 국왕인 고종이 아니라 무인 정권의 우두머리인 최우(崔瑀)가 권력을 쥐고서 다스리고 있었다. 최우는 몽골에 대항하기 위해 몽골 군대가 철수한 지 반 년도 채 지나지 않은 1232년 6월에 수도를 강화도의 강도(江都)로 옮겼다. 그리고 일반 백성들에겐 산성이나 섬으로 피난하도록 했다. 몽골은 이런 적대적 행위를 문책하면서 다시 침입했다. 해전에 약한 몽골 군대는 강도를 치지 못했고 살례탑이 전사하자 철군했다. 비록 고려는 전쟁에서 패배하지 않았지만, 부인사(符仁寺)의 『고려대장경』 초조판이 불에 타서 없어졌다는 사실에서 드러나듯, 몽골 군대의 침입으로 큰 피해를 입었다.

당시 몽골 제국은 남송(南宋)과 힘든 싸움을 하고 있었으므로, 고려가 몽골과의 관계를 회복하려는 외교에 힘을 쏟았다면, 그리 불리하지 않은 조건으로 화해할 수 있었을 것이다. 불행하게도, 당시 고려 조정은 그런 안목이 없었고 비현실적인 정책을 고집해서 몽골 제국과의 군사적 충돌을 불가피하게 만들었다.

1235년에는 당올태(唐兀台)가 이끈 몽골 군대가 고려에 침입했다. 강도에 들어간 고려 조정은 피해를 입지 않았지만, 4년 동안 몽골 군대에 짓밟힌 터라, 고려의 백성들이 받은 괴로움은 무척 컸다. 견디지 못한 고려 조정은 강화를 제의했고, 몽골이 그 제의를 받아들여서 1239년에 철수했다. 강화의 조건은 고려 국왕이 몽골에 입조(入朝)하는 것이었다. 그러나 고려는 이 약속을 지키지 않았다. 대신 왕족들을 국왕의 친동생이나 왕자라고 속여서 몽골에 볼모들로 보냈다. 이런 속임수는 물론 몽골의 분노를 샀고 신뢰성을 크게 떨어뜨렸다.

1251년엔 야굴(也窟)이 이끈 몽골 군대가 침입했다. 역시 고려가 항복의 뜻을 밝히고 왕자를 볼모로 보내어 몽골 군대는 철수했다. 이번에도 강도의 조정은 무사했지만, 몽골 군대에게 짓밟힌 중부 이북의 고려는 큰 피해를 입었다.

1254년에 몽골은 다시 고려에 침입해서 강화 조건의 이행을, 즉 고려 국왕이 뭍으로 나와서 입조할 것을 독촉했다. 차라대(車羅大)가 이끈 몽골 군대는 고려에 유난히 큰 피해를 입혔다. 이기백의 『한국사신론』은 이렇게 기술했다.

고종 41년(1254)에 차라대가 침입했을 때에는 그 피해가 가장 심하여서, 포로로 잡혀간 자만도 20여만이었고, 죽음을 당한 자는 수를 셀 수 없을 지경이었으며, 몽고군이 통과한 지방은 모두 재가 되었다고 한다. 이리하여 인구는 줄고 농촌은 황폐해갔다. 이 동안에 다시 찾을 수 없는 귀중한 문화재가 소실된 것도 한둘이 아니었다. 그중에서도 황룡사의 구층탑과 현종 때에 조판한 부인사 소장의 대장경 같은 것은 그 두드러진 예에 속한다.

농촌이 황폐해지면 농민들의 생활이 곤란해질 수밖에 없었다. 그러나 강도의 정부는 농민에 대한 적극적인 보호 대책을 서둘기보다는 오히려 가혹한 수취로 그 생활을 더욱 곤란케 할 뿐이었다. 이러한 귀족들의 수취는 농민들의 정부에 대한 반항심을 조장시킬 뿐 아니라 몽고에 대한 항쟁 의욕을 꺾어주었다. 그리고 이 민심의 이반은 강도 정부에 대한 커다란 위협이 되지 않을 수 없었다.

사정이 이처럼 악화되어도, 고려 조정은 여전히 강화 조건을 이행하지 않으려고 애썼다. 1255년 차라대가 이끈 몽골 군대가 다시 침입해서 강도의 맞은 편 해안에 집결해서 강도 공략을 시도했다. 마침 원에 간 고려 사절 김수강(金守剛)의 외교적 노력으로 몽골 군대는 고려에서 물러났다.

이처럼 상황이 나쁜 터에, 1257년엔 고려가 해마다 몽골에 보내던 세공을 보내지 않았다. 몽골은 이내 반응하여 차라대가 이끈 몽골 군대가 고려에 침입했다. 고려는 김수강을 다시 몽골에 보내서 출륙(出陸)과 입조를 약속했다. 몽골 군대는 일단 고려 영토의 북쪽으로 물러났다.

1258년에 최의가 김준에게 피살되어 최씨 무인 정권이 무너지자, 고려 조정도 현실적 판단에 바탕을 둔 합리적 정책을 고를 수 있게 되었다. 1259년에 고려는 태자를 비롯한 왕족들을 볼모로 몽골에 보내고 강도의 성을 허물어서 몽골에게 항복했다. 이어 고종이 죽자, 몽골에 볼모로 갔던 태자가 돌아와 즉위하여 원종(元宗)이 되었다. 1270년에 몽골에 입조했던 원종이 개성에 눌러 앉아서 몽골에 약속한 강화 조건들이 충족되었고, 두 나라 사이의 관계가 정상화되었다.

이처럼 고려는 40년가량 되는 시기에 무려 일곱 차례나 몽골의 침입을 받았다. 그리고 침입할 때마다 강력한 몽골 군대에 제대로 맞설 수 없어서, 으레 수도가 함락되고 국토의 태반이 거친 군대에게 짓밟혔다. 이렇게 긴 병화는 우리 역사에서 전무후무한 재앙이었고, 이 재앙으로부터 고려는 끝내 회복하지 못했다. 몽골에 항복한 뒤에는 형식적으로나 실질적으로나 몽골 제국의 속국이 되었다. 그래서 칭신(稱臣)하고 연호를 쓰는 것 말고는 중국 왕조들의 별다른 간섭을 받지 않고 실질적 독립을 누렸던 이전과는 달리, 고려는 독립을 완전히 잃고 정동행중서성(征東行中書省)이란 원의 행정구역이 되었다. 고려 국왕은 정동행중서성의 좌승상(左丞相)이란 자격으로 나라를 다스렸고, 몽골의 엄격하고 상시적인 통제를 받았다.

그런 재앙의 큰 부분이 고려가 약속을 지키지 않아서 몽골의 신뢰를 잃은 데서 나왔다. 국제 정세에 어두웠던 당시 고려 조정이 몽골의 혹독한 요구들에 저항한 것은 자연스러웠고, 아마도 그래서 몽골의 첫 침입은 피하기 어려웠을 터이다. 그러나 큰 대가를 치르고 얻은 몽골과의 강화 조건들을 아예 지키지 않기로 한 것은 도덕적으로나 현실적으로나 합리화될 수 없는 결정이었다.


5


강대국과 맞서게 된 약소국에겐 좋은 방안들이 있을 수 없다. 가장 합리적인 방안이라야 가장 덜 나쁜 길을 고르는 것뿐이다. 그리고 그 길은 강대국이 자의적으로 행동하지 않고 최소한의 규칙들을 지키도록 하는 것이다. 그렇게 하려면, 약소국 자신이 모든 일들에서 신의를 지켜서 상대의 신뢰와 이해를 얻어야 한다.

이 점에서 고려는 최악의 선택을 한 것이다. 약속의 불이행은 개인들 사이에서도 늘 정의감을 거스르고 '응징'을 부른다. 전쟁을 치른 나라들 사이에서 나온 강화 조건들을 패전국이 지키지 않으면, 파국은 필연적이고 강대국의 가혹한 응징이 뒤따르게 된다. 게다가 강대국은 자신의 영향권에 있는 다른 나라들의 반응까지도 고려해야 하므로, 강대국이 지닌 선택의 폭도 언뜻 보기보다는 훨씬 좁다.

협력의 진화에 관한 연구에서 개척적 업적을 남긴 로버트 액설로드는 상대방의 비협력에 준엄하게 대하는 것이 필수적임을 강조했다.

정부는 시민들이 법을 어기는 것을 막아야 한다. 예를 들면, 세금을 효과적으로 걷기 위해선, 정부는 탈세자들을 처벌한다는 명성을 유지해야 한다. 흔히 정부는 탈세자들을 조사하고 처벌하는 데 탈세자들에게 부과된 벌금에서 얻는 것보다 훨씬 많은 돈을 쓴다. 정부의 목적은 물론 앞으로 사람들이 탈세를 꿈꾸지 못하도록 탈세자들을 잡아내고 처벌한다는 명성을 유지하는 것이다. 그리고 세금을 걷는 일에 맞는 것은 또한 많은 형태들의 감시에 맞는다: 시민들의 순응적 태도를 유지하는 열쇠는 정부가 자신의 엄격하다는 명성을 유지하기 위해서 현재의 논점에 걸린 이해보다 훨씬 큰 규모의 자원을 투입할 능력과 의향을 지니는 것이다.

정부와 시민들 사이의 경우, 사회적 구조는 하나의 중심적 행위자와 많은 주변적 행위자들을 지녔다. 비길 만한 사회적 구조는 자신의 시장에 진입하는 것을 막으려 애쓰는 독점자의 경우에 존재한다. 또 하나의 예는 자신의 지방들의 반란을 막으려 애쓰는 제국이다. 각각의 경우에서, 문제는 도전자들과의 교섭에서 확고하다는 명성을 유지하여 도전들을 막는 것이다. 이런 명성을 유지하는 것은 특정한 도전을 그 특정 논점에 관련된 이해의 규모에서 벗어나는 확고함으로 대하는 것을 필요로 할 가능성이 높다. (로버트 액설로드, 『협력의 진화』)

방대한 영토와 다양한 종족들을 거느린 제국들은 그래서 저항이나 반란에 대해 예외 없이 혹독하게 징벌해왔다. 고대의 아시리아 제국, 로마 제국, 진(秦) 제국 그리고 현대의 대영제국은 저항이나 반란을 인정하지 않는다는 명성을 얻고 지키기 위해 늘 애썼다. 이미 방대한 영토와 다양한 종족들을 거느린 몽골 제국으로서도 선택의 여지는 없었을 터이다. 만일 작은 고려가 몽골과 맺은 강화 조건들을 이행하지 않고도 큰 벌을 받지 않는다면, 몽골 제국은 휘하의 여러 나라들과 민족들을 어떻게 통치할 수 있겠는가?

당시 이런 사정을 모두 몰랐던 것은 아니다. 유승단(兪升旦)은 최우의 강화 천도에 대해 이렇게 반대했다.

작은나라가 큰나라를 섬기는 것은 이치에 맞습니다. 예절로 섬기고 믿음으로 사귀면, 저들도 무슨 명분으로 늘 우리를 괴롭히겠습니까? 성곽을 버리고 종사(宗社)를 돌보지 않고, 섬에 엎드려 구차스럽게 세월만 보내면서, 변방의 백성들이 장정들은 칼날에 다 맞아 죽고 노약자들은 끌려가 종이나 포로가 되게 하는 것은 나라를 위해 좋은 계책이 아닙니다. (『고려사절요(高麗史節要)』)

당시 몽골의 세력은 워낙 커서, 작은나라인 고려가 몽골에 맞서는 것은 누가 보기에도 무모했다. 최우가 조정의 반대를 무릅쓰고 몽골에 적대적인 정책을 고르고 나라가 큰 피해를 보는데도 그 정책을 고집한 것은 오직 자신의 권력을 유지하기 위해서였다. 고려가 몽골에 항복하는 것은 그에겐 권력의 상실을 뜻했다. 몽골은 당연히 고려 국왕을 고려의 대표로 여겨 그와 상대할 터였고 정당하지 못한 권력을 휘둘러온 권신 최우야 몽골

의 안중에 없을 터였다. 실제로 고려에서 무인 정권이 끝나고 왕실이 권
력을 되찾은 계기는 원종이 연경에서 몽골 조정에 신하의 예를 하고 돌아
와서 강도로 들어가지 않고 개경에 눌러앉은 사건이었다.

최우의 정책이 나라와 인민들에게 그렇게도 큰 재앙을 불렀지만, 그는
민족주의적 감정을 교묘히 이용함으로써 권력을 유지했다. 특히 몽골에
적개심을 지닌 사람들로 삼별초(三別抄)를 만들어서 정권의 호위 세력으로
삼음으로써, 누구도 정권을 넘보지 못하게 했다. 최우의 교활함은 천년이
지나서도 사람들을 속이고 있으니, 지금 사람들은 삼별초의 명백한 죄악
들을 그냥 넘기고 오직 그들이 몽골에 저항했다는 사실만을 들어 그들을
무슨 선량한 애국 집단처럼 숭상한다.


7


위에서 살핀 것처럼, 신뢰는 중요하다. 그것은 인류 문명을 낳은 힘이
다. 자연히, 개인들에게도 집단들에게도 신뢰성은 성공의 비결이다. 남으
로부터 신뢰를 받지 못하는 개인이나 집단은 뒤질 수밖에 없다.

신뢰성을 얻으려면, 물론 신의를 지켜서 남에게 믿음을 주어야 한다.
문제는 신의를 지키는 일이 쉽지 않다는 사실이다. 신의를 지키는 데는
큰 투자가 필요하기 때문이다. 그런 투자를 쉽게 하는 장치가 바로 도덕
적 감정이다. 도덕적 감정이 발달한 사람들은 신의를 지키는 일이 비교적
쉽지만, 도덕적 감정이 빈약한 사람들은 신의를 지키기가 무척 힘들다.
그런 점에서 천성적으로 도덕적 감정을 많이 지닌 사람들은 운이 좋고 도
덕적 감정이 빈약한 사람들은 운이 나쁘다.

그러나 자유 의지를 지닌 터라, 사람은 도덕적 감정을 어느 정도는 스

스로 함양할 수 있다. 그래서 자신과 자식들에게 신의를 지키라고 이르는 것은 성공의 첫걸음이다. 다른 모든 것들과 마찬가지로, 신의를 지키는 일도 한번 하면 다음엔 조금 쉬워지는 법이고, 흉내를 내다 보면 실제로 하게 된다. 미국의 금주단체Alcoholics Anonymous의 구호는 참으로 적절하다: "성공할 때까지 흉내를 내라(Fake it until you make it)."

# 실질적 영생의 전망

1

동물들이 뇌를 갖추게 되어 자아를 발견하면서, 개체들이 유전자의 명령을 그대로 따르기를 거부하는 '육체의 반역'은 시작되었다. 생명의 진화 과정을 뒤흔든 이 사건은 사람들이 영생을 얻는 것으로 완결될 것이다. 개체들은 지구 위에 생명이 나타난 뒤 30억 년 넘게 유전자들이 누린 권력을 마침내 움켜쥘 것이다. 개체들이 죽지 않고 영원히 산다는 것은 생식의 실질적 종말을 뜻한다. 아울러 그것은 유전자들이 개체들에 대해서 지닌 통제의 종말을 뜻한다. 유전자들은 거꾸로 개체들에 봉사하는 존재가 될 것이다.

'육체의 반역'이 시작된 뒤, 사람의 궁극적 소원은 영생이었다. 가장 오래된 서사시인 메소포타미아의 「길가메쉬 이야기」에는 영웅 길가메쉬가 죽음을 피할 길을 알아내려고 애쓰는 모습이 나온다. 모든 종교들은 독실한 신도들에게 영생을 약속한다. 이 세상이 아니라면, 다음 세상에서라도. 그런 영생의 약속이 종교의 핵심적 매력이다. 언제까지나 살고 싶은 우리의 욕망은 "개똥밭에서 뒹굴어도 이승이 좋다"는 우리 속담에 실감나게 표현되었다.

그런 욕망은 오랫동안 욕망에 머물렀다. 그러나 현대에선 과학과 기술의 발전 덕분에 사람의 수명이 꾸준히 늘어났다. 1850년경에 선진국들에서 평균 수명은 40세가량이었지만 지금은 80세를 넘으니, 150년 동안에 수명이 곱절로 늘어난 셈이다. 이것은 대단한 성취이다. 그러나 누가 80세의 삶으로 만족하겠는가?


2


생물학과 의학의 빠른 발전 덕분에 영생의 전망은 요즈음 갑자기 밝아졌다. 미국의 공학자 레이 커즈와일Ray Kurzweil은 2020년엔 모두가 영생을 누릴 수 있으리라고 예언한다. 2015년에서 2020년 사이에 유전학에서 중요한 돌파breakthrough가 나와서 목숨이 많이 연장되고, 이어 2020년대 말엽까지는 발전된 극미세기술nanotechnology이 근본적인 수명 연장과 회춘을 가능하게 하리라는 얘기다. 지금 살아 있는 사람들이 영생을 얻으려면, 일단 2020년까지 살고서 그때 이용 가능한 수명 연장 기술에 의존해서 궁극적 영생 기술이 나올 때까지 버티면 된다.

대담한 예언이다. 그러나 커즈와일은 많은 전문가들이 귀를 기울이는 사람이다. 그는 컴퓨터를 이용한 '구도 인식pattern recognition'에서 상업적 가치가 큰 기술들을 여럿 발명했고 '전미 기술 메달American National Medal of Technology'과 '레멜슨-엠아이티 상Lemelson.-MIT Prize'을 받았다. 게다가 그의 예언들은 지금까지 잘 맞았다. 1990년에 나온 『지능 기계들의 시대*The Age of Intelligent Machines*』에서 그는 몇 해 안에 범지구적

컴퓨터 망computer network이 나오리라고 예언했는데, 1993년에 '웹web'
이 실제로 출현했다. 또한 그는 1999년까지는 컴퓨터가 체스 챔피언을
이기리라고 예언했는데, IBM의 '딥 블루Deep Blue'가 개리 카스파로프
Garry Kasparov를 이긴 것은 1997년이었다.

최근에는 케임브리지 대학의 드 그레이Aubrey de Grey가 '과학 발전을
위한 미국 연합American Association for the Advancement of Science'의 회의
에서 비슷한 제안을 했다. 만일 지금 늙어가는 사람들이 공학적 방법으로
생명을 30년 동안 연장할 수 있다면, 그 사이에 발전된 과학은 보다 효과
적인 노화 치료법들을 내놓을 터이고, 그런 방식으로 죽음을 줄곧 미룰
수 있다는 얘기다.


3


사람이 영생을 얻지 못할 까닭은 없다. 개체의 몸이 유전자들의 생존과
번식을 위해 만들어졌으므로, 몸은 개체들이 성숙해서 생식을 할 때까지
만 버티도록 되었다. 유전자들의 관점에서 보면, 생식 임무를 다한 뒤에
도 여전히 튼튼한 몸은 자신들의 전파에 쓰일 자원의 낭비를 뜻한다.

사람의 몸이 겨우 몇십 년 동안만 유지되도록 만들어진 것은 그런 사정
때문이다. 따라서 사람의 몸을 보다 내구적인 기계로 개량하는 일엔 무슨
근본적 한계나 장애가 없다. 발전된 유전공학 지식을 이용하면, 사람의
몸은 영구적으로 유지될 수 있고, 사고를 만나지 않는다면, 목숨은 끝없
이 이어질 수 있다.

그러나 영생의 기술이 커즈와일이나 드 그레이가 예언한 대로 일찍 나
올 수 있을까? 물론 누구도 확실한 답변을 할 수 없지만, 그의 예언이 맞

을 가능성은 아주 낮은 것으로 보인다. 30억 년이 넘는 세월 동안 진화해 온 터라, 사람의 몸은 아주 복잡하고 정교한 기계가 되었다. 그래서 사람이 만든 기계들처럼 쉽사리 손을 볼 수 없는 데다, 필요한 지식은 아직 크게 부족하다.

아울러, 그들의 예언들에는 결정적 약점이 있다. 그것들은 실험적 성과들이 아니라 문헌적 정보들의 평가에 바탕을 두었다. 실제로 노화의 방지나 치료를 연구하는 전문가들은 그들의 생각에 비판적이어서, 그런 기술들이 나오려면 앞으로 긴 시간이 걸릴 것이고 영영 나오지 않을지도 모른다고 경고한다.

그러나 그들의 얘기는 가볍게 밀어낼 것만도 아니다. 그것은 관련된 학문들과 기술들의 발전 추세에 바탕을 두었다. 먼저 생명을 연장하는 기술이 나올 때까지 살고 그 기술의 혜택을 보아 혁명적 생명 연장과 회춘의 기술이 나올 때까지 산다는 시나리오도 일단 그럴 듯하게 다가온다.


4


확실한 것은 사람이 언젠가는 실질적 영생을 얻으리라는 점이다. 커즈와일의 예언대로 2020년대 말엽까지 죽음을 계속 미룰 수 있는 기술이 나올 가능성은 아주 작다. 21세기 안에 나올 가능성도 크지 않다. 그러나 지금부터 2백 년 뒤라면 얘기가 상당히 달라지고, 5백년 뒤에도 실질적 영생이 어렵다면 오히려 그것이 이상할 터이다.

실질적 영생은 인류 사회의 모습만이 아니라 사람의 천성까지도 근본적으로 바꿀 것이다. 당장 나올 변화는 인구의 정체 내지 완만한 감소이다. 생활수준의 꾸준한 향상은 지구 생태계가 진 짐을 점점 늘리므로, 죽는 사람이 드문 사회에서 사람이 새로 태어날 수는 없다.

　장기적으로는 인류의 진화에 혁명적 변화가 일어날 것이다. 이미 사람은 자연선택만이 아니라 문화가 진화에 큰 영향을 미치는 '유전자-문화 공진화gene-culture coevolution' 상태에 있다. 사람이 실질적 영생을 얻으면, 유전자들의 자연선택 과정은 실질적으로 멈출 터이므로, 문화에 의한 선택이 진화를 이끌 것이다. 그런 상태가 어떤 것일지 상상하기는 쉽지 않다. 우리 후손들의 사회는 우리가 상상할 수 있는 것보다 훨씬 이상할 것이다.

# 인간의 지속적 노후화

1

2005년 10월 8일, 미국 네바다 주의 모하비 사막에서 열린 제2회 '대도전Grand Challenge' 경주에서 5대의 로봇 자동차들이 200킬로미터가 넘는 험한 땅을 달리는 데 성공했다. 이 작은 뉴스는 언뜻 보기보다 깊은 뜻을 품고 있다. 2004년의 첫 대회에선 13대의 참가자들 가운데 완주한 자동차가 없었다. 실은 참가자들이 낸 가장 좋은 기록은 출발선에서 겨우 12킬로미터를 간 것이었다. 따라서 제2회 대회의 결과는 '무인(無人) 체계'의 빠른 발전을 유창하게 증언해준다.

우승자는 폴크스바겐 투아렉을 개조한 차였는데, 211킬로미터의 코스를 단 6시간 54분 만에 주파했다. 우승한 차는 물론 사막의 험한 지형에 맞게 강화되었다. 그러나 우승에 결정적이었던 것은 차를 조종한 인공두뇌였다. 여섯 개의 최신 펜티엄 칩들로 이루어진 그 인공두뇌는 자신의 잘못에서 배우는 능력을 지녔다.

이 경주를 주관한 미국의 '국방고급연구사업청(Defence Advanced

Research Projects Agency; DARPA)'의 궁극적 목표는, 거창한 대회 이름이 가리키는 것처럼, 군용 무인 자동차를 개발하는 것이다. 무인 자동차는 물론 싸움터에서 군인들의 피해를 크게 줄일 터이지만, 그것은 민간 부문에서도 이내 쓰일 것이다. 우승한 차의 인공두뇌의 설계와 조립에 참여한 세바스티안 스룬Sebastian Thrun의 추산에 따르면, 군용 무인 자동차의 연구는 30년 안에 '스스로 움직이는 도로 자동차self-driving road vehicle'의 개발을 불러올 것이다.

2

이미 많은 분야들에서 사람이 직접 운전하지 않는 기계 체계들이 있다. 그리고 컴퓨터와 무선통신이 빠르게 발전하므로, 복잡한 체계들의 환로loop에선 점점 사람이 취약한 고리로 되어간다.

이런 사정은 2005년 8월 14일 그리스에서 추락한 키프로스 여객기의 경우에서 확연히 드러났다. 조사는 추락 원인이 거의 전적으로 조종사들에게 있음을 밝혀냈다. 조종사들은 비행 전 점검과 상승 과정에서 울린 경고들에도 불구하고 기내의 기압이 올라가지 않는다는 것을 깨닫지 못했다. 그들은 그런 경고들을 잘못 해석하고 무시해버렸다. 그래서 고도가 올라가자, 그들은 산소 부족으로 판단력이 흐려져서 제대로 대처할 수 없었다.

조종실 안의 혼란은 조종사들의 언어 문제로 더욱 악화되었다. 독일인 조종사와 키프로스인 부조종사는 같은 언어로 의사소통을 할 수 없었고, 항공 통제의 표준 언어인 영어로도 의사소통을 제대로 할 수 없었다.

이 사고는 예외적인 것이 아니니, 대부분의 항공기 사고들은 기계적 결함들이나 불가항력이 아니라 운항에 관여하는 사람들의 실수나 판단 착오에서 나온다. 이내 눈에 뜨이는 대책은 항공 운항의 환로에서 취약한 부분인 사람의 고리를 아예 없애서 무인 체계로 만드는 것이다. 만일 항공기들이 기내와 관제탑의 컴퓨터들에 의해 운전된다면, 항공 여행은 훨씬 싸고 안전해질 것이다. 그런 체계에 필요한 요소 기술들은 이미 존재한다. 화성에 무인우주선들을 여러 차례 성공적으로 보냈고 지금도 화성 표면을 로봇들이 탐험하고 있는 터에, 무인 항공 체계가 기술적 장애를 만날 일은 없다.

핵심적 장애는 물론 항공에 종사하는 사람들의 기득권이다. 조종사들과 관제사들의 거센 반대를 무릅쓰고 조종사 없는 여객기들을 띄울 항공사들은 없다. 당연히, 그런 무인 항공 체계를 개발할 기업도 없다.


3


이런 사정은 군용기들에서 더욱 뚜렷하다. 크루즈 미사일과 소형 무인항공기UAV들은 조종사들이 탄 전투기들을 낡은 기계들로 만들었다. 조종사들이 타지 않으면, 전투기들은 훨씬 싸게 만들어져 더 많은 연료와 무기들을 싣고 더 멀리 날고 더 민첩하게 기동할 수 있다. 무엇보다도, 인명의 손실이 없을 것이다. 그러나 어느 나라 공군이 스스로 실업자들이 되려 하겠는가? 그래서 시대에 뒤진 전투기들이 엄청난 비용으로 개발되고 제작된다.

전쟁이라는 극한적 경쟁에 나서야 하므로, 그래도 군대는 합리성을 추구할 수밖에 없고, 기계화의 논리는 군대에서 활발하게 작용한다. 이라크 전쟁의 사상자들이 많아지면서, 미국은 이미 전투 로봇과 무인차량UGV

의 개발에 많이 투자하고 있다. 우리 정부도 경계와 물자 운반 임무를 맡을 '견마형(犬馬形) 로봇'을 개발하기로 했다.

4

이런 기계화 과정은 모든 부면들에서 빠르게 진행되고 있어서, 사람의 육신은 점점 노후화된다. 육신의 노후화가 불러온 변화들이 특히 잘 드러나는 곳은 산업이다. 제조업이 상대적으로 줄어들고 서비스업이 상대적으로 커지는 것은 이미 우리에게 익숙한 산업 풍경이다.

전체 고용에서 제조업이 차지하는 몫은 꾸준히 줄어들었다. 미국의 경우, 1970년엔 전체 노동자들 가운데 제조업에 종사하는 노동자들이 25%가량 되었는데, 2005년엔 10%가 채 못 되었다. 전형적 제조 기업의 종업원들의 반가량은 설계, 유통, 재무와 같은 서비스형 일들에 종사하므로, 실제로 제조에 종사하는 노동자들은 5%가량 될 것이다. 제조업 일자리들도 절대적으로 줄었으니, 미국과 영국의 경우, 1996년 이후 제조업 일자리들은 거의 20%가 줄었다. 한국, 대만, 싱가포르에서도 1990년 이후 고용에서 차지하는 제조업의 몫이 줄어들었다.

사람의 근육을 기계로 대치하면 생산성이 늘어난다. 그래서 제조업 종사자들의 수가 절대적으로나 상대적으로 빠르게 줄어들었어도, 제조업의 생산량은 늘어났다. 통념과는 달리, '탈산업화deindistrialization'는 경제가 바뀌는 사회 환경에 잘 적응한다는 징후이다.

반면에, 사람의 육신이 덜 중요한 서비스업은 절대적으로나 상대적으로나 빠르게 커졌다. 특히 '지식 노동자knowledge worker'들이 두드러지게 늘어났다. 피터 드러커Peter Drucker가 만든 '지식 노동자'라는 말은

“주된 업무가 지식과 정보의 조작을 포함하는” 노동자들을 뜻한다. 어떤 추산에 따르면, 지식 노동자들은 전체 노동자들의 4분의 1에서 2분의 1에 이른다고 한다. 그리고 그들은 앞선 경제들에서 가장 중요한 부의 창조자들이다.

5

사람의 육신이 노후화되는 것은 너무 뚜렷해서 이론의 여지가 없다. 실은 육신만이 아니라 지성까지도 노후화되고 있다. 우리가 일상에서 늘 깨닫는 것처럼, 모든 지적 작업들은 컴퓨터의 도움을 받아 이루어지고 컴퓨터의 몫은 점점 늘어난다.

인간 지성의 노후화는 인공지능에 바탕을 둔 소프트웨어들의 발전에서 잘 드러난다. 나온 지 얼마 되지 않았지만, 그런 소프트웨어들은 많은 분야들에서 필수적이 되었다. 우리에게 익숙한 예는 증권 거래이니, 이미 ‘로봇 거래인robo-trader’들은 육신을 가진 거래인들보다 상당한 우위를 지녔다. 로봇 거래인들은 사람들보다 훨씬 빠르게 움직이고 훨씬 많은 자료들에 바탕을 두고 판단할 수 있다. 아직까지는 사람들이 거래할 종목들을 고르지만, 머지않아 로봇 거래인들이 뉴스들을 분석해서 거래할 종목들을 결정하고 전략을 세우리라는 예측이 나온다.

인공지능에 바탕을 둔 소프트웨어들은 어려운 가치 판단이 요구되는 분야들에도 침투했다. 기계가 결코 사람을 대치하는 일은 없으리라고 여겨지는 사법 분야까지도 그렇다. 여러 해 전부터 법률 소프트웨어들은 시민들에게 아주 싸고 놀랄 만큼 정확한 법률 서비스를 제공해왔을 뿐 아니라, 요즈음엔 재판관들이 보다 많은 자료들을 참고해서 보다 일관된 형량을 결정하도록 돕는다.

6

앞으로 인간의 노후화는 점점 가속될 것이다. 이 과정이 궁극적으로 어떤 상태로 이끌지 지금 판단하기는 어렵다. 그러나 그것은 이미 인류 문명에 근본적 수준에서 작용해서 인류의 모습을 새롭게 다듬어내고 있다.

인간의 노후화는 우리에게 어쩔 수 없이 서글프고 두렵다. 그러나 보다 근본적 차원에서 살피면, 인간의 노후화는 인류의 성취를 뜻한다. 지구의 생명은 인류라는 종(種)을 통해서 엄청난 진보를 이루었다. 그리고 이어 갈 것이다. 필요하다면, 다른 종들을 통해서. 진화의 관점에서 보면, 궁극적 가치는 지구 생명의 차원에 있지 인류라는 특정 종의 차원에 있는 것이 아니다.

# 육체의 반역

1

근년에 우리 사회는 출산율의 붕괴를 겪었다. 출산율은 1970년에 4.53이었는데, 2000년엔 1.47로 줄어들었고 급기야 2005년에는 1.08이 되었다. 정부 주도로 산아 제한 운동을 펼친 사회에서 한 세대 안에 출산율이 인구의 유지에 필요한 수준의 절반으로 낮아진 것이다. 당연히, 걱정도 크고 논의도 활발하다.

이런 충격적 변화는 그러나 고립된 현상이 아니다. 그것은 실은 여성 족외혼female exogamy의 약화, 대가족의 붕괴, 여성들의 경제적 독립, 피임의 보편화와 같은 연관된 변화들의 한 부분이다. 실제로 위의 변화들은 모두 나름으로 출산율의 감소에 기여했다. 이런 변화들 가운데 가장 근본적인 것은 여성 족외혼의 약화이다. 그것은 다른 변화들의 뿌리이며 출산율의 저하에도 직접적으로 작용했다.

여성 족외혼은 결혼할 나이가 된 여성들이 자기가 태어난 집단natal group을 떠나 배우자의 집단에 들어가는 결혼 풍습을 가리킨다. 인류 사회들은 일반적으로 여성 족외혼을 채택해왔다.

여성 족외혼은 여성의 사회적 지위를 근본적으로 낮춘다. 배우자의 집단에 뒤늦게 합류했으므로, 여성은 그 집단의 위계에서 아주 낮은 자리를 차지하게 된다. 자연히, 출산에 관해서도 자신의 뜻에 따른 선택을 할 수 없고 그 집단의 뜻에 따르게 된다. 물론 그 집단으로서는 그녀가 아이들을 많이 낳는 것이 좋다. 사정이 그러하므로, 여성 족외혼이 엄격하게 시행되는 사회에선 출산율이 높다.

현대 사회들에서 여성 족외혼의 풍습은 상당히 약화되었다. 다양한 직업들의 출현, 도시화, 유동 인구의 증가와 같은 요인들은 부부들을 남편의 집단으로부터 지역적으로 상당히 떨어져 영향을 덜 받는 곳에 살도록 했다. 형식적으로는 여성 족외혼이 여전히 규범 노릇을 했지만, 실질적으로 부부들은 상당히 중립적인 환경에서 살게 되었다. 자연히, 여성은 출산에 관한 결정에서 자신의 뜻을 보다 크게 반영할 수 있게 되었고, 이런 변화는 이내 출산율의 저하를 불렀다.

대가족의 붕괴와 핵가족의 출현, 여성들의 사회 진출과 경제적 독립, 피임의 보편화와 같은 요인들도 비슷한 방식으로 작용했다. 출산에 관해서 자신의 뜻에 따른 결정을 할 수 있게 되면, 여성은 어느 사회에서나 아이들을 적게 낳는다.


2


왜 현대 사회의 여성들은 전통적 사회의 여성들보다 아이들을 적게 낳으려 하는가? 이것은 핵심적 물음이어서 진지한 성찰을 받아야 한다.

생명의 기본 단위는 유전자들이다. 유전자들은 자신들의 생존과 생식을 돕는 도구로 개체들을 만들어냈다. '이기적 유전자selfish gene'라는 개념을 일상용어로 만든 리처드 도킨스Richard Dawkins의 표현대로, 개체들은 유전자들의 생존과 번식에 봉사하는 '수레vehicle'들에 지나지 않는다. 그래서 모든 개체들은 자신들의 영생을 위해 애쓰는 것이 아니라 유전자들을 한껏 퍼뜨리기 위해 애쓴다. 자식들을 되도록 많이 낳아서 키우려는 노력은 바로 그런 목적에 봉사한다.

동물들이 뇌를 갖추자, 개체들의 행동 영역은 갑자기 넓어졌다. 개체들은 이전처럼 늘 유전자들의 지시에 따라 본능적으로 행동하는 것이 아니라 점점 많은 일들에서 스스로 판단하게 되었다. 그런 판단들은 궁극적으로 '수레'로서의 임무에 부합되었지만, 그래도 개체들은 상당한 재량을 지니게 되었다. 개체들에 대한 유전자들의 지배가 간접적이 된 것이다.

이런 상황은 여러 가지 중요한 변화들을 낳았다. 뇌가 유난히 발달된 사람의 경우, 그런 변화들이 당연히 두드러졌는데, 특히 중요한 것은 사람이 자신을 의식하게 된 일이었다. 이제 누구에게나 가장 소중한 존재는 유전자들이 아니라 자신이 되었다. 즉 사람은 유전자들의 절대적 명령에서 부분적으로 자유롭게 되었다. 문화가 발전하자, 사람은 점점 유전자들의 명령을 거스르면서 자신의 행동을 통제할 수 있게 되었다.

이런 상황은 욕망의 추구에서 근본적 변화를 불렀다. 식욕이나 성욕과 같은 욕망들은 원래 유전자들의 생존과 전파를 돕기 위해 생겼고 줄곧 그 목적을 위해 추구되었다. 사람이 자신을 의식하게 되자, 욕망들의 추구는 그 자체가 목적이 되었다. 욕망들의 충족이 자신에게 즐거움을 준다는 것만으로도 욕망들의 추구는 정당화되었다. 특히 성욕은 생식과 분리되어 추구되기 시작했다.

이제 생존에 필요한 수준 이상으로 자원을 얻으면, 사람들은 잉여 자원의 대부분을 자식들을 낳아 기르는 일이 아니라 자신들의 욕망들을 충족

하는 데 쓴다. 그들은 자신들의 욕망들을 위해서 유전자들의 강력한 명령
에 저항하는 것이다. 이런 '육체의 반역'이 결혼과 가족에서 나온 일련의
변화들 밑에 있는 근본적 요인이다.


3


　사람이 품은 욕망들에 비기면, 그가 쓸 수 있는 자원은 아주 적다. 앞
으로 문명이 훨씬 발전하고 사회가 아주 풍요로워져도, 사람이 욕망들을
채우는 데 쓸 수 있는 자원은 여전히 부족할 것이다. 충족된 욕망은 새로
운 욕망을 낳게 마련이다.

　게다가 사람의 욕망들 가운데 가장 강력한 것은 사회적 위계에서 높은
자리를 차지하려는 욕망이다. 생식의 성공에 결정적으로 중요했고 아직
도 중요하므로, 자리다툼은 늘 거셀 수밖에 없다. 불행하게도, 그런 다툼
은 성격상 모두에게 만족스럽게 풀릴 수 없다. 사회적 위계에서 높은 자
리들은 이른바 '위치재positional goods'여서, 다른 사람들이 누리지 못한
다는 사실이 바로 그것들의 본질적 효용이다. 그것들은 더 생산될 수 없
고 오직 재분배될 수 있다. 자연히, 사람들은 늘어나는 자원들을 끊임없
이 자리다툼에 쏟는다.

　자원이 제약되었으므로, 자식들을 낳아 기르려는 욕망은 자신을 즐겁
게 하려는 욕망들과 경쟁적이다. 사람에 대한 유전자들의 지배가 간접적
이므로, 이 경쟁에선 당장 자신을 즐겁게 하려는 욕망이 대체로 이긴다.
실제로 젊은이들은 자원의 대부분을 삶을 즐기는 데 바친다. 아이를 낳아
서 기르는 일이 너무 비용이 많이 든다고 호소하는 현대의 젊은이들은 실
은 자신들이 삶을 즐기는 데 드는 자원을 빼면 남는 것이 거의 없다는 점

을 지적하는 것이다.

통념과는 달리, 여기서 결정적 요소는 소득이 아니라 시간이다. 삶을 즐기려면, 시간이 필요하다. 사회가 발전하면, 소득은 꾸준히 늘어나지만 시간은 그대로이다. 삶을 즐길 수단들은 폭발적으로 늘어나고 소득의 증가는 그것들을 이용할 능력을 늘리므로, 현대인들은 시간의 대부분을 삶을 즐기는 데 쓴다. 잠을 줄이면서까지. 노느라 밤을 새우는 일은 문명사회에서 처음 나온 현상이다. 그래서 지금 젊은이들에게 결정적으로 부족한 자원은 시간이다.

불행하게도, 삶을 즐기는 데 좋은 시기와 자식을 낳아 기르는 데 좋은 시기는 겹친다. 초조에서 폐경까지의 가임기는 길지만, 임신의 적기는 대략 16세부터 스무 해 남짓한 기간이다. 이 기간에 여성들은 삶을 즐기거나 즐기기 위한 준비에 바쁘다. 산모의 평균 초산 연령이 28세를 넘겼다는 사실이 가리키듯, 지금 우리 사회에서 임신의 최적기에 결혼하는 여성들은 이미 소수이고 점점 줄어들고 있다.

4

출산을 장려하는 보조금과 같은 조치들이 별다른 효과를 보지 못하는 까닭이 바로 거기 있다. 어떤 발랄한 현대 여성이 보조금 때문에 어머니처럼 자식들을 일찍 그리고 여럿 낳겠다고 마음먹겠는가? 삶을 즐길 기회들이 끊임없이 밀려와서 시간이 너무 부족한 판에? 아이 하나 키우는 것도 큰 자기희생을 뜻하는 터에?

그래서 현대 여성의 가임기는 실질적으로 절반 이하로 줄어들었다. 대학을 나와 직장을 얻어 결혼을 위한 저축을 좀 하고 나면, 스물 예닐곱이 된다. 게다가 교육 기간은 늘어나고 직장의 중요성은 커지므로, 결혼 연령은 점점 높아진다.

여기서 우리가 주목할 점은 현대 여성들에게 직장이 결정적 중요성을 지녔다는 사실이다. 직장은 물론 삶을 즐기는 데 필요한 자원을 제공한다. 그러나 직장의 중요성은 거기서 그치지 않는다. 직장은 사람이 너른 세상에 다가가는 데 아주 좋은 통로를 제공한다. 직장의 동료들은 가장 가까운 이웃들이고 그들을 통해서 다른 사람들과 만나고 갖가지 필요한 정보들을 얻을 수 있다. 직장은 너른 세상으로 나가도록 도와주는 허브hub다. 직장이 없으면, 사람은 바깥 세상에 접근하기 어렵고 삶을 즐길 기회도 크게 줄어든다. 실은 좋은 직장은 좋은 배우자를 얻는 데도 결정적으로 중요하다. 그래서 여성들도 이제는 직장을 통해서 자리다툼에 적극적으로 나선 셈이다.

사정이 그러하니, 젊은 여성들이 좋은 직장을 얻고 그 직장에서 자기 자리를 확보하려 애쓰는 것은 당연하다. 만일 그들이 아이를 갖는다면, 좋은 직장을 얻기도 거기서 높은 자리를 차지하기도 어렵다.

당연히, 초산 연령은 점점 높아진다. 산모의 평균 연령은 1995년의 28.0세에서 2004년의 30.1세로 빠르게 높아졌다. 이런 사정은 가임 여성의 절반 이상이 실질적으로 사라졌다는 것을 뜻한다. 초산 연령이 높아지면, 물론 아이를 여럿 낳기도 힘들다. 그래서 아이를 하나만 낳는 부부들이 늘어난다. 다른 나라들의 경험도 같다.

이 사실은 또 하나의 중요한 함의를 지녔다. 가임기는 생리적으로는 대략 13세에서 50세까지다. 건강과 사회적 관행을 고려한 가임기는 대략 16세에서 37세까지로 잡을 수 있다. 그리고 임신 최적기는 가임기의 전반부인 16세에서 27세까지라 할 수 있다. 지금 대부분의 여성들은 이 시기에 아이를 갖지 않는다. 임신 최적기를 지나서 아이들을 갖는 이런 관행은 태아들의 자질에 부정적 영향을 미친다. 특히 30대 중반을 지나면, 기형아의 위험이 급속히 높아진다. 그 영향은 당대에서 끝나지 않고 후대로 이어진다. 지금 우리 사회에서 이 문제는 그다지 주목받지 못하지만, 찬찬히 생각해보면, 이것은 출산율의 감소만큼이나 심각한 문제임이 드러난다.

5

사정이 그러하므로, 출산율을 높이기 위해 보조금을 지급하거나 육아에 도움이 되는 시설과 제도를 늘리는 경제적 지원 방안은 제한된 효과밖에 지닐 수 없다. 근본적 문제는 부모의 경제적 자원의 부족이 아니라 부모의 가치 체계에서 자아와 자식 사이에 벌어지는 치열한 경쟁이기 때문이다. 그런 경쟁에서 부모 자신의 육체적 욕망들을 당장 채우려는 충동이 거의 언제나 이기게 마련이고, 결혼과 출산은 뒤로 미루어진다.

물론 아이를 가진 여성에 대한 경제적 지원은 중요하다. 특히 충분한 유급 출산 휴가, 육아 비용의 보조, 탁아 시설의 확충, 6세 미만 자녀를 가진 근로자들의 '탄력적 근무 시간'과 같은 조치들은 당장 시급하다. 그러나 그런 경제적 지원은 출산의 유도보다는 임신과 육아의 중요성에 대한 인식에서 비롯되어야 옳다. 태아와 유아의 환경을 보다 낫게 만드는 일보다 더 중요한 투자는 없다. 자유민주주의 사회에서 특권 계층이 있다면, 그것은 가임기 여성일 터이다.

이제 우리는 이 문제에 대한 논의의 맥락을 한껏 넓혀야 한다. 어떤 현상이 생물적·문화적 수준에서의 변화에 따른 것이라면, 사회 정책의 수준에서 이루어지는 논의만으로는 제대로 살피기 어렵다.

6

  그러면 인구를 유지할 수 없을 만큼 낮은 출산율에 대한 실제적 방책은 무엇인가?

  이 물음에 대한 해답을 찾기 전에, 우리는 먼저 물을 필요가 있다: '낮은 출산율이 과연 문제인가?' 출산율이 뜻을 지니는 가장 근본적 차원은 인류라는 종(種)의 차원이다. 출산율이 인구를 유지할 수 있는 수준 아래로 떨어지면, 그 종은 없어질 터이다. 그러나 인류가 인구와 관련하여 맞는 문제는 아직도 인구 폭발이지 인구 감소가 아니다. 뒤진 사회들의 인구 증가는 여전히 빠르고, 그 사람들이 모두 높은 생활수준을 누리게 되면, 지구 생태계는 감당할 수 없는 짐을 지게 된다. 따라서 바람직한 상태는 사람들의 생활수준이 높아짐에 따라 세계 인구가 서서히 줄어드는 것이다.

  우리 사회에서 출산율에 관한 논의는 늘 민족국가 차원에서 이루어진다. 모두 출산율의 감소가 국력의 감소로 이어질까 걱정한다. 그런 걱정은 자연스럽지만, 본질적으로 종의 차원에서 논의되어야 할 현상이 민족국가 차원에서 논의되면, 논의는 어쩔 수 없이 허술하고 뒤틀리게 된다.

  '인구 밀도가 아주 높은 우리 사회에서 인구가 줄어드는 것이 과연 걱정할 일인가?'라는 물음도 나온다. 인구의 급격한 감소는 여러 가지 사회 문제들을 낳겠지만, 생활수준의 꾸준한 향상에 따라 인구가 서서히 줄어드는 상황이 재앙이 될 것 같지는 않다. 현재의 출산율은 너무 낮지만, 그것이 일시적 현상이어서 상당히 반등할 가능성도 적지 않다.

  출산율에 관한 논의에서 흔히 간과되는 것은 낮은 출산율이 개인들의 합리적 결정에서 나온 결과라는 사실이다. 자유로운 사회에서 아무런 사회적 강제를 받지 않는 개인들이 오래 생각해서 합리적으로 내린 결정들이 사회적 문제를 낳는 경우는 드물다. 지금 우리 사회에서 출산율을 억지로 낮추는 사회적 풍습, 관행 또는 제도는 없다. 출산율의 감소는 생물적·문화적 차원에서 나온 변화이고, 개인들은 그런 변화에 따라 합리적으로 출산에 관한 결정들을 내린다.

아울러, 근년의 출산율의 감소는 1997년에 시작된 경제 위기에서도 적지 않은 영향을 받았다. 근년의 경험은 여성의 노동 참여율female labor participation rate과 출산율이 비례한다는 것을 보여준다. 지난 10년 동안 우리 사회에서는 실업률이 높아지고 빈곤층이 많아졌다. 그런 사정은 당연히 출산율에 영향을 미쳤을 터이다. 따라서 근년에 우리 사회에서 나온 출산율의 급격한 감소 현상은 당분간 지켜보는 것이 온당할 것이다.

여기서 지적되어야 할 것은 출산율의 감소가 미칠 경제적 영향은 그리 크지 않으리라는 점이다. 출산율의 감소에 관한 논의에선 출산율의 감소가 인구의 노령화로 이어지고 그것은 젊은 세대의 경제적 짐을 늘린다는 얘기가 으레 나온다. 그럴 듯하지만, 그것은 피상적 관찰이 빚은 헛된 문제이다. 지금 자식을 낳는 사람들은 노후의 생계를 자식에게 의존하려 하지 않는다. 그리고 앞으로 자식들이 부모들의 노후 생계를 전적으로 책임지는 경우는 드물 터이다. 그런데 어떻게 젊은 세대의 경제적 부담이 감당할 수 없을 만큼 늘어나겠는가? 거시적으로, 잘못 설계된 노령 연금 제도가 문제를 일으킬 수 있고 실제로 그럴 가능성에 대한 논의가 거의 모든 사회들에서 일었지만, 그것은 바로잡힐 수 있는 문제이다.

현대는 노인들이 중요한 사회 계층이 된 첫 시대이다. 그런 뜻에서 지금은 사회 풍토와 제도가 노인 계층의 출현에 막 적응하기 시작한 과도기다. 적응이 끝나면, 출산율의 감소와 인구의 노령화가 미칠 경제적 영향은 그리 어렵지 않게 사회가 흡수할 수 있을 것이다. 지금 노인들의 부양

에서 가장 큰 항목은 의료비다. 그리고 죽기 몇 달 전에 의료비의 대부분
이 들어간다. 앞으로 사람의 위엄을 지니고 삶을 마감할 수 있는 안락사
제도가 널리 채택되면, 의료비 부담이 크게 줄어들 것이다. 아울러 의료
로봇의 빠른 발전은 특히 큰 고통과 경제적 부담을 주는 치매 환자들의 부
양을 쉽게 만들 것이다.

출산율이 낮고 노인들이 많은 사회는 지금의 사회와는 상당히 다른 모
습을 할 것이다. 그러나 노인 계층의 부양으로 경제적 활력을 잃은 상황
이 그 사회의 두드러진 모습은 아닐 것이다.


7


출산율이 너무 낮은 수준에 줄곧 머문다면, 우리 사회는 출산율을 높일
방책을 마련하기로 결정할 수 있다. 그런 방책이 과연 있을까?

위에서 살핀 것처럼, 출산율의 감소와 산모의 고령화에 대한 방책은 출
산이 되도록 가임기의 전반에 이루어지도록 하는 것이다. 적어도 초산이
가임기의 전반에 이루어진다면, 출산과 관련된 문제들이 깔끔하게 풀릴
것이다.

여성들이 가임기의 전반에, 그러니까 늦어도 27세 이전에, 초산을 하
도록 설득하는 일은 현재의 사회 풍토에선 실질적으로 어렵다. 이른 초산
이 당연하게 여겨지는 풍토가 나와야, 비로소 여성들이 이른 초산을 고려
할 것이다.

아이를 일찍 낳도록 젊은 여성들을 설득하는 단 하나의 방법은 그것이
삶을 즐기는 데 가장 낫다는 점을 그들이 받아들이도록 하는 것이다. 개
체들이 유전자들을 위한 '수레'들이므로, 모든 개체들은 자식들을 많이

낳아서 잘 기르는 일에 힘을 쏟도록 되었다. 감정들과 욕망들도 모두 그 일을 위해서 생겨났다. 사람의 경우도 예외가 아니다. 따라서 자식들을 낳아서 기르는 일은 모든 사람들에게 가장 깊은 즐거움을 준다. 자신의 몸을 돌보고 자신의 욕망들을 충족시키는 데서 얻는 즐거움과 보람은 자식들을 돌보고 그들의 욕망들을 채워주는 데서 얻는 즐거움과 보람보다 훨씬 얕고 일시적이다.

자식들의 즐거움에서 자신들의 즐거움을 얻는 부모들을 보면, 우리는 '대리 만족'이란 말을 쓴다. 그러나 폄하의 뜻이 담긴 터라, 이 말은 적절 치 못하다. 부모들은 자식들을 통해서 즐거움을 간접적으로 맛보는 것이 아니다. 자식들이 삶을 즐기는 것은 부모들에겐 자신들이 직접 맛보는 원 천적 즐거움이다. 그것은 워낙 근본적인 즐거움이라서, 부모들이 자신들 의 다른 욕망들을 충족시켜서 맛볼 수 있는 즐거움보다 훨씬 깊고 크다. 그리고 자식들의 즐거움에서 얻는 즐거움과 부모 자신들의 욕망을 직접 충족시켜서 얻는 즐거움 사이의 차이는 나이가 들수록 커진다.

만일 젊은 여성들이 그 점을 충분히 인식한다면, 사정은 달라질 수 있 다. 많은 여성들이 임신 최적기에 아이들을 낳는 것이 자신의 삶에서 무 엇보다도 긴요하다고 생각한다면, 그리고 사회 풍토와 제도가 그런 생각 을 떠받칠 수 있다면, 출산과 관련된 문제들은 생각보다 깔끔하게 풀릴 수 있을 것이다.

# 이상과 천성의 충돌: 호주제와 부성주의(父姓主義)

## 1. 호주제의 내용

2005년 초에 헌법재판소는 호주제(戶主制)가 헌법과 불합치한다고 판결했다. 호주제는 헌법에 어긋나므로 국회는 해당 법률을 개정해야 한다는 얘기다. 그 판결에 따라 국회는 법률을 바꾸었다.

호주제는 호주가 가족을 대표하는 제도이다. 호주는 민법상 가(家)의 장(長)으로서 가족을 통솔하는 자이다. 호주는 일가(一家)의 계통을 승계한 자(호주상속인), 분가한 자, 기타 사유로 일가를 창립하거나 부흥한 자가 된다. 그리고 가족은 '호주와 같은 호적인 자'로 규정되었다.

호주제의 위헌 소송을 낸 시민단체들은 호주제가 남성 우월주의에 입각했으므로 성적 평등의 이상에 어긋나고 부작용들을 여럿 낳는다고 주장했다. 남아 선호 사조를 부추겨서 여아 낙태를 부르고 이혼한 여성이 자녀를 기르는 데 어려움을 준다는 얘기다. 호주 상속의 순위가 1)피상속인의 직계비속남자, 2)가족인 직계비속여자, 3)피상속인의 처, 4)가족인 직계존속여자, 5)가족인 직계비속의 처이므로, 남성은 분명히 우월적 지위를 누려온 것이 사실이다.

반면에, 유림을 비롯한 보수적 시민들은 호주제가 폐지되면 가치관에 혼란을 낳고 가족 해체가 가속될 것이라고 호주제를 변호해왔다. 가장이라는 제도는 오래 이어져온 전통이므로, 호주제의 폐지가 불러올 여러 이차적 효과들에 대한 걱정은 자연스럽다.

헌법재판소의 재판부는 결정문에서 "호주제는 단순히 집안의 대표자를 정하는 기준이 아니라 남성을 중심으로 가족 집단을 구성하고 유지하는 데 필요한 법적 장치"라고 판단하고서 "이는 성 역할에 관한 고정관념에 기초한 차별로 많은 고통과 불편을 가져오고" 있으며 "이는 신분관계 형성에서 정당한 이유 없이 남녀를 차별하는 것으로 남녀평등과 개인의 존엄을 규정한 헌법에 위배된다"고 판시했다. 즉 호주제를 주로 남녀평등의 관점에서 살폈다.


## 2. 호주제의 내력


시민들의 반응은 대체로 긍정적이다. 헌법재판소의 결정이 "어느 정도 예정된 순서였다"는 신문의 평가는 맞을 것이다. 찬찬히 들여다보면, 그러나 이 문제에 대한 사회적 논의가 아주 얕았고 그래서 올바른 맥락에서 벗어났다는 점이 드러난다. 크게 보면, 호주제에 대한 헌법재판소의 부정적 결정이 안은 문제들보다 올바른 맥락에서 논의가 이루어지지 못했다는 점이 훨씬 큰 문제이다.

먼저, 호주제가 애초에 도입된 까닭에 대한 논의가 제대로 이루어지지 않았다. 법적 제도로서의 호주제는 1915년에 우리 법체계 안에 도입되었다. 당시 일본 민법의 규정을 본받은 것이라고 한다. 그러나 일본의 제국

헌법이 독일의 제국헌법을 모형으로 삼았다는 사실이 가리키듯, 일본 민법은 본질적으로 서양의 법체계에 바탕을 두었다. 그리고 서양의 법체계는 고대 바빌로니아 문명과 그리스 문명의 법들과 그것들을 발전시킨 로마의 법체계에서 유래했다. 그 모든 법체계들에서 호주의 원형인 가장의 개념이 존재했다. 실은 동양에서도 일찍부터 가장에게 특별한 권리들과 의무들을 부여하는 제도가 있었다. 그리고 일반적으로 가장 나이 많은 남성이 가장이 되었다. 즉 호주제와 같은 가장 제도는 동서고금을 가릴 것 없이 보편적인 기구였다. 따라서 우리는 일단 호주제가 자연스럽고 뿌리가 깊은 기구라고 보아야 한다.

물론 이내 반박이 나올 것이다, 호주제는 남성 우월주의의 산물이라고. 틀린 얘기는 아니다. 그러나 그것은 뻔한 것을 지적한 얘기에 머문다. 어떤 행태나 풍습이나 기구를 남성 우월주의의 산물이라고 말하는 것은 그리 깊은 설명이 아니다. 남성 우월주의가 사회들에서 보편적으로 나오는 사정에 대한 설명이 따라야, 비로소 뜻있는 논의를 위한 맥락이 드러날 것이다. 따라서, 호주제를 살피려면, 우리는 먼저 남성 우월주의가 보편적인 사정을 살펴야 한다.


## 3. 여성 족외혼


남성 우월주의를 살피는 일에서 결정적 중요성을 지닌 것은 여성 족외혼이 보편적이라는 사실이다. 남성 우월주의와 호주제를 포함해서, 결혼과 가족에 관한 풍습들과 사회 기구들은 거의 모두 여성 족외혼에서 나왔다.

예외들이 더러 있지만, 인류 사회들은 일반적으로 여성 족외혼을 채택해왔다. 즉 결혼할 나이가 된 여성들은 자기가 태어난 집단을 떠나 남편의 집단에 들어간다. 이런 사정은 필연적으로 남녀 사이에 권력의 불균형을 낳는다. 남성은 혈연적으로 가까운 구성원들과 연합하여 가족의 위계에서 높은 자리를 차지할 수 있다. 그러나 혈연관계가 전혀 없는 집단으로 혼자 들어온 여성은 자신의 권력 기반을 마련할 길이 없다. 특히, 새 집단에 의해 받아들여지기 위해선, 먼저 들어와서 나름의 권력 기반을 마련한 여성들의 호의를 얻어야 한다. 그래서 '시집살이'는 여성 족외혼을 채택한 사회들에서 보편적인 현상이다.

이처럼 남성 우월주의와 호주제의 원천은 여성 족외혼이다. 여성 족외혼이 보편적 결혼 형태로 남아 있는 한, 여성의 열등한 사회적 지위는 이어질 것이다. 실제로, 지금 우리 사회에서 호주제의 폐지가 바로 여성의 사회적 지위 향상으로 이어진다고 여길 사람들은 그리 많지 않을 것이다.

이제 우리는 근본적 물음과 만난다: "왜 여성 족외혼인가? 왜 남성 족외혼은 그리 드문가?" 이 물음에 대한 답이 나온 뒤에야, 우리는 남성 우월주의의 본질에 대한 이해와 그것에 대한 합리적 대응을 기대할 수 있을 터이다.

우리에게 너무 자연스러워서 우리가 잘 인식하지 못하지만, 생각해보면, 여성 족외혼이 보편적인 까닭은 이내 드러나지 않는다. 어떤 종(種)이 꼭 여성 족외혼을 채택해야 할 까닭은 없다. 언뜻 보기엔 오히려 남성 족외혼이 합리적이다. 모든 종들에서 생식(生殖)의 과업은 주로 여성에 의해 수행된다. 생물학에서 여성은 보다 큰 성 세포를 생산하는 성을 가리킨다. 즉 정의(定義)에 의해, 생식의 과업은 주로 여성이 수행하다. 따라서 가족을 여성 중심으로 이루는 것이 편리하고 실제로 남성 족외혼을 채택한 종들도 많다. 그런데도 왜 대부분의 인류는 굳이 여성 족외혼을 고집해왔는가?

# 4. 남성 부모 투자

여성 족외혼의 보편성에 대한 가장 그럴 듯한 설명은 그것이 높은 '남성 부모 투자(male parental investment; MPI)'를 허용한다는 사실이다. 높은 MPI가 여성 족외혼을 낳은 것은 아니지만, 그것이 여성 족외혼과 많은 관련이 있음은 분명하다.

하등동물들의 경우, 생식에서 남성은 정자만을 제공한다. 정자는 태아에 필요한 양분을 지니지 않았으므로, 남성 부모의 투자는 실질적으로 유전자들뿐이다. 좀더 발달한 종들에선, 여성을 유혹하기 위해서 남성이 먹이나 둥지를 제공한다. 이처럼 발전한 종일수록 MPI는 높아지는 경향이 있다. 사람의 경우, 남성 부모의 자식에 대한 투자는 매우 커서 실질적으로 여성 부모의 그것과 비슷하다. '기러기 아빠'는 최근에 나온 사례이다.

우리 자신의 종에서 남성들은 그들의 자식들이나, 보다 덜 흔하게, (자매들과 같은) 친족의 자식들의 보살핌에 시간과 에너지를 투자한다. 여러 모로 이것은 인간 생활의 놀라운 특질이니, 그것은 우리가 바다 거미들, 나비들, 새들, 그리고 늑대들의 남성들과 공유하지만 우리의 가장 가까운 살아 있는 친척들인 유인원들이나 그들에게 가장 가까운 원숭이들과는 공유하지 않는 것이다. 분명히 영장류의 유산에서 남성 부모 투자가 아예 없지는 않다. 예컨대, 남아메리카의 원숭이들은 흔히 남성 부모 투자를 보여 주며, 개코원숭이와 아마도 침팬지의 남성들은 성인 여성들과 결과적으로 늘어난 성적 접근에 대해서 털 고르기 및 다른 개체들로부터의 보호를 맞바꾸는 특별한 관계를 이룬다. 그래도 사람들에서 발견되는 남성의 자식들을 위한 식량의 준비와 보호에 가까운 것은 없다. (로버트 트라이버스Robert

Trivers, 『사회적 진화 *Social Evolution*』)

사람의 아주 높은 MPI는 우리가 자신을 이해하는 데 꼭 필요하다. 그것은 유난히 오래 보살핌이 필요한 유아의 양육과 교육을 가능하게 했다. 실제로 그것은 인류의 가장 두드러진 특질들 가운데 하나이며 인류 문명을 쌓아올린 힘이다.

그렇게 높은 MPI는 우연히 그리고 단독적으로 나온 현상이 아니다. 그것은 남성과 여성이 생식 과정에서 경쟁하면서 협력한다는, 즉 '이인비영합 경기two-person non-zero-sum game'를 벌인다는 사실의 결과이며 양성 사이의 관계에 결정적 영향을 미치는 요소이다. 그것을 고려하지 않고선, 우리는 사람의 구애와 결혼에 관련된 행태를 설명하지 못한다.

미국의 생물학자 조지 윌리엄스George C. Williams는 이제 고전이 된 『적응과 자연선택*Adaptation and Natural Selection*』에서 그 사실을 잘 설명했다. 그는 먼저 양성의 일반적 행태를 요약하고 그것을 설명했다.

남성의 더 큰 혼음과 여성의 더 큰 조심성과 변별성은 동물들에서 일반적으로 발견된다. 임신 및 수유와 같은 여성의 특별한 기능들이 없다 하더라도, 여성들이 다음 세대의 물질과 식량 에너지에 더 많은 양을 기여한다는 것은 거의 언제나 맞다. 여성은 배우자(配偶子)의 질량을 한계 이익이 비용보다 작아질 때까지 늘리는 것만으로 그녀의 생식 노력을 이내 늘릴 수 있다. 남성들에겐, 특히 정액을 크게 절약할 수 있는 체내수정을 하는 종들에선, 문제는 그리 간단하지 않다. 남성은 접근할 수 있다고 여겨지는 여성들 모두를 수정시킬 수 있는 수준을 넘는 정액을 쉽게 생산할 수 있다. 남성의 배우자 생성에 소요되는 생식적 노력은 보통 사소하다. 그의 생식적 노력의 대부분은 수정에 이용될 수 있는 여성들의 수를 늘리는 문제에 바쳐질 수 있다. 여기서 구애와 영역성에 대한 남성적 강조 또는 경쟁적 남성들과의 투쟁의 다른 형태들이 발전되었다.

이어 윌리엄스는 일반적 행태에서 벗어나는 경우들이 있으며, 그런 예외들이 나름의 논리를 지녔음을 밝혔다. 여기서 결정적 요인은 남성의 자식에 대한 투자이다.

어떤 종들에서 남성들은 다음 세대를 위한 투자에서 보다 많은 물질들을 기여하거나 그들의 필수적 역할들에서 보다 큰 위험들을 감수한다. 내가 아는 가장 좋은 예는 실고기—해마과의 싱나티디—이다. 이 집단에서 여성들은 교미할 때 남성들에 의해 수정되지 않는다. 대신, 그들은 그들의 알들을 남성의 난낭(卵囊)으로 옮긴다. 거기서 새끼들은 남성의 혈관과 태반적 연결의 도움을 받아 발전된 단계까지 자란다. 이런 상황에서, 우리는 구애에서의 전통적 남성의 공격성과 일반적 혼음을 보이는 것은 여성이리라고 기대할 수 있다. 그리고 조심성과 변별성을 보이는 것은 남성이리라고. 이것은 몇 종들에서 맞다는 것이 밝혀졌고, 어떤 종에서도 틀린다는 것이 밝혀지지는 않았다.

이런 사실은 혼음이나 적극적 구애 또는 경쟁자들에 대한 공격성이 남성성의 내재적 측면들이 아니라는 결론을 떠받친다. 그런 특질들은 배우자(配偶子)들의 생산이나 새끼들을 위한 식량 에너지의 공급을 늘리는 것만으로는 자식들의 생산을 효과적으로 늘릴 수 없는 성이 발전시키는 특질들이다.

사람의 MPI가 아주 높으므로, 사람의 여성들은 다른 종들에서 남성들이 지니는 특질들을 많이 지녔다. 일반적으로 구애는 남성들이 하지만,

사람의 경우, 여성들도 구애에서 아주 적극적이다. 일반적으로 화려한 장식들은 남성들이 하지만, 사람의 경우, 화장과 치장은 여성들이 주로 한다.

어쨌든, 사람에게 MPI는 양성 사이의 관계에서 결정적인 요인이고 사회의 모습과 성격에 근본적 영향을 미친다. 모든 여성들은 높은 MPI가 가능한 사내들을 자신들의 배우자로 삼으려 애쓴다. 우리가 늘 보는 것처럼, 가임기의 여성들은 그런 배우자를 고르는 데 엄청난 노력을 들인다.

1989년에 진화심리학자 데이비드 버스David Buss는 세계 37개 문화들에서 배우자 선호 양식을 연구한 결과를 발표했다. 그의 개척적 연구는 모든 문화들에서 여성들이 남성들보다 배우자 후보들의 재산과 소득에 훨씬 큰 관심을 보인다는 것을 밝혀냈다. 여성들이 사회적 지위가 높은 남성들에게 끌린다는 사실도 잘 알려졌다. 의식하든 하지 못하든, 여성들은 모두 높은 MPI를 제공할 수 있는 남성들에게 끌리는 것이다.

물론 이런 통찰이 최근에야 나온 것은 아니다. 새뮤얼 코울리지Samuel Taylor Coleridge는 "사내의 욕망은 여자에 대한 것이지만, 여자의 욕망은 사내의 욕망에 대한 것이 아닌 경우가 드물다 (The man's desire is for the woman; but the woman's desire is rarely other than for the desire of the man)"고 말했다. 위대한 시인의 통찰력이 남녀 사이의 차이를 직관적으로 읽어낸 것이다.

현대 사회에선 MPI의 중요성이 전통적 사회들에서보다 훨씬 중요하다. 무엇보다도, 길고 비싼 교육 때문이다. 이런 사정은 현대 여성이 구애에서 적극적이고 배우자 후보들의 재산 상태에 대해 관심이 크다는 사실과 관련이 깊을 것이다.

# 5. 남성 부모 투자의 요건

이처럼 중요한 MPI는 남성이 자기 아내가 낳은 자식들이 정말로 자기 자식들임을 확신할 수 있을 때에야 나올 수 있다. 남의 자식을 키우는 것은 자신의 유전자들이 재생되지 못하고 사라지는 것을 뜻하기 때문이다. 어느 사회에서나 '오쟁이 진 사내cuckold'보다 더 치욕적인 존재는 없다.

'오쟁이를 질 위험'은 어느 사회에서나 크다. 전략적으로, 여성은 여러 남성들과 관계를 맺는 것이 유리하므로, 혼외정사는 필연적이다. 실제로 여성의 부정(不貞)의 역사는 오랜 역사를 지녔다. '불륜의 사랑'이 없다면, 문학이 얼마나 가난해질 것인가 생각해보면, 이 점이 이내 드러난다.

당연히, 모든 남성들은 자기 아내가 자기 자식들만 낳도록 갖가지 방책들을 강구한다.

일반적으로, 남성들은 오쟁이를 지는 불이익에 대처하는 두 가지 다른 방식들을 지닌 것으로 보인다. 하나는 그들의 여성들을 지키는 것이니, 그들을 늘 눈에서 벗어나지 않도록 하고 앞선 성적 접근의 모든 징후들에 대해서 공격적으로 반응해서 충분한 기간 동안 앞선 수정을 막을 수 있게 여성들을 격리하는 것이다. 둘째, 남성들은 다른 남성들과의 어떤 앞선 성교의 효과들에 대응하기 위해 그들의 배우자들과 거듭 성교한다. (로버트 트라이버스, 『사회적 진화』)

사람들의 남성들도 본질적으로 같은 대응 방식들을 고른다. 특히 흥미로운 것은 사람들의 남성들도 둘째 방식으로 반응해온 것처럼 보인다는 사실이다.

〔거듭된 성교〕는 물장군들에서 특히 뚜렷하지만, 새들에서도 일어난다. 오리에서의 강제적 성교들의 연구들은 자기 배우자가 다른 남성에 의해 강간당하는 것을 보는 남성들이 강제적 성교의 시도들에 대해서도 자기 배우자에게 성교를 강요하는 식으로 반응한다는 것을 보여준다. 만일 앞선 자의 강제적 시도가 성공적이면, 남성들은 자기 배우자와 즉시 성교하려고 시도할 가능성이 특히 높다. 비슷한 심리가 사람들에서도 작용한다는 징후가 있다. 남성들은 자기 배우자에게 다른 남성들이 관심을 지닌 것으로 보일 때 흔히 성적으로 반응한다고 알려져 있다. 어떤 남성들은 성적 흥분을 얻기 위해서 자기 배우자와 성교하는 다른 남성의 모습을 찾기까지 한다. 비록 이 뒤의 증후군은 동성애적 요소들을 가졌을지 모르지만, 참여자들의 기술에 따르면, 다른 남성에게 성적으로 반응하는 그의 배우자의 모습은 보는 사람에게서 매우 강한 성적 충동들을 일으킨다고 한다. (로버트 트라이버스, 같은 책)

아내의 부정을 막을 방책들을 마련하지 못한 남성들은 모두 자식들을 남기지 못하고 인류 진화의 역사에서 사라졌다. 우리 조상들의 그런 노력의 자취는 지금 우리 몸과 마음에 뚜렷이 남아 있다.

뿐만 아니라, 만일 여성의 부정이 우리 종의 삶의 오래 이어진 부분이 아니었다면, 명백히 광적인 남성의 질투는 왜 진화했을까? 동시에, 남성들이 그리도 흔히 그들의 배우자들이 낳은 아이들에 많이 투자한다는 것은 오쟁이 지기가 많지 않았음을 가리킨다. 만일 그랬다면, 이 투자를 부추긴 유전자들은 오래전에 막다른 골목으로 치달았을 것이다. 남성들의 마음은 여성들의 과거 행태의 진화적 기록이다. 그리고 그 반대도 마찬가지다.

'심리적' 기록이 너무 모호하게 보인다면, 보다 분명히 신체적인 자료를 고려하자: 사람의 불알, 또는 보다 정확히, 평균적 불알 무게와 남성의 평균적 몸무게 사이의 비율. 상대적으로 높은 불알 무게를 지닌 침팬지와 다른 종들은 여성들이 매우 혼음하는 '다중 남성 번식 체계들'을 가졌다. 상대적으로 낮은 불알 무게를 지닌 종들은(예컨대, 긴팔원숭이처럼) 일부일처제거나 (고릴라처럼) 한 남성이 여러 가족들을 독점하는 일부다처제다. [……] 설명은 간단하다. 여성들이 통상적으로 많은 다른 남성들의 씨를 받을 때, 남성 유전자들은 그것들을 실어 나를 정액을 많이 생산함으로써 이익을 볼 수 있다. 어느 남성이 그의 DNA를 주어진 난자 속에 넣느냐 하는 것은, 경쟁하는 정자들의 무리들이 지하 전투를 벌이는 과정에서, 순전히 양의 문제일 수 있다. 한 종의 불알들은 그래서 그 종의 여성들의 긴 세월에 걸친 성적 모험의 기록이다. 우리 종에서, 상대적 불알 무게는 침팬지의 그것과 고릴라의 그것 사이에 있어서, 여성들이 침팬지 암컷들만큼 방탕하진 않지만 천성적으로 좀 모험적임을 가리킨다.

물론, 모험적이라는 것이 부정하다는 것을 뜻하지는 않는다. 어쩌면 조상들의 환경 속에서 여성들은 그들의 헌신적이고 일부일처적 시기들만이 아니라 그들의 방탕하고 결합하지 않은 시기들을—그 시기에 상당히 무게가 나가는 불알들은 사내들에게 이익을 주었을 것이다—가졌는지도 모른다. 그러나 다른 편으로는, 그렇지 않았을지 모른다. 여성 부정의 진실에 더 가까운 기록을 고려해보자: 가변적 정액 밀도. 당신은 남편의 사정액 속의 정자 세포들의 수가 그가 마지막으로 성교한 뒤 지난 시간에만 달렸으리라고 생각할 것이다. 당신의 생각은 틀렸다. 베이커와 벨리스의 연구에 따르면, 정액의 양은 사내의 배우자가 최근에 그의 눈길에서 벗어났던 시간의 양에 크게 달렸다. 한 여인이 다른 사내들로부터 정액을 모을 기회를 많이 가졌을수록, 그녀의 배우자는 그 자신의 병사들을 더 많이 들여보낸다. 다시, 자연선택이 그렇게 교묘한 무기를 설계했다는 것은 그 무기들이 싸우도록 된 무엇의 증거이다. (로버트 라이트, 『도덕적 동물』)

## 6. 여성 족외혼의 이점

아내의 부정을 막으려는 남성들의 노력은 당연히 사회 조직과 기구들에 반영되었다. 우리는 그런 자취들을 거의 모든 관행들과 제도들에서 볼 수 있다. 이런 추론은 여성 족외혼에 대해서도 시사하는 바가 크다.

사람의 조상들이 여성 족외혼을 고르게 된 사정은 알 길이 없다. 그리고 여성 족외혼은 높은 MPI보다 훨씬 먼저 나왔다. 그래도 여성 족외혼이 여성의 혼외정사의 기회를 줄여서 높은 MPI가 가능하도록 하는 장치로 기능해온 것은 거의 확실하다. 남성의 친족들로 이루어진 가족은 그의 아내가 다른 사내와 접촉하는 기회를 차단하는 데 결정적 도움을 줄 수 있다. 남성의 자식들은 모두 그의 가족의 가까운 친족들이지만, 여성이 외간 남자의 자식들을 낳으면, 모두 유전적 관계가 없는 남들이다.

남성 족외혼의 경우엔 사정이 다르다. 여성이 낳은 자식들은 아버지가 누구인가 가리지 않고 모두 그 가족의 친족들이다. 따라서 여성의 가족은 장가든 사내의 자식들을 선호할 까닭이 없고 여성이 다른 사내들의 자식들을 낳는 것을 굳이 막지 않을 것이다.

자연히, 남성 족외혼은 나오기 힘들다. 여성 족외혼이 어려운 환경에선, 순수한 남성 족외혼 대신 변형된 남성 족외혼인 '모계 사회'가 나와서, 최소한의 친족선택을 보장한다.

어떤 사회들에서, 남성들은 그들의 부계 가족들과 살면서 그들의 아내들과 자식들을 부양한다. 또 다른 사회들에서 남성들은 그들의 모계 가족들과 살면서 그들의 자매들과 생질녀들과 생질들을 부양한다. 둘째 제도는 남성들이 집에서 떨어져 오랜 기간을 보내야 하고 간통이 비교적 흔해서 그들이 자기 아내들의 자식들이 자기 자식들이라고 확신할 수 없는 사회들에서 발견되는 경향이 있다. 한 남성의 어머니의 딸의 자식들은 누가 누구와 동침했느냐 하는 것과 관계없이 그의 생물적 친족일 터이므로, 모계 중심 가족은 남성들이 그들의 유전자들의 상당 부분을 지녔다고 보장된 아이들에게 투자하는 것을 허용한다. (스티븐 핑커Steven Pinker, 『빈 석판: 현대의 인성의 부정 *The Blank Slate: The Modern Denial of Human Nature*』)

이런 유전적 고려사항은 흔히 인식되는 것보다 훨씬 강력한 힘으로 작용한다. 고모와 이모는 같은 삼촌이다. 그러나 대체로 고모보다는 이모가 조카들을 잘 보살핀다(간판에 '이모집'이라고 쓰인 것을 우리는 흔히 보지만, '고모집'은 보기 드물다. '고모집'에선 우리가 '이모집'에서 느끼는 푸근함이 느껴지지 않는다). 그런 차이를 낳는 힘은 혈연이다. 이모에게 있어서 자기 자매가 낳은 아이들은 모두 자기 피붙이들이다. 그러나 고모로선 조카들의 아버지에 대해 완전한 믿음을 지닐 수 없다.

이런 계산은 양친의 가족들 모두에게 해당된다. 외손주에 대한 사랑이 친손주에 대한 사랑보다 깊다는 것은 대체로 인정된다. 자기 딸이 낳았으므로 외손주들은 모두 자기 피붙이들이지만, 며느리가 낳은 친손주들은 자기 피붙이임을 완전히 믿을 수 없다. 이 미묘한 차이는 보기보다 큰 영향을 미치니, 몇 해 전에 독일에서 수행된 연구에 따르면, 친할머니가 맡은 아이들보다 외할머니가 맡은 아이들이 상당히 나은 환경에서 자란다고 한다.

이런 상황에서 남성들은 자기 아내들이 자신들의 자식들만을 낳도록 하기 위해서 여성 족외혼을 선호했을 터이고, 여성들은 높은 MPI를 얻기 위해 여성 족외혼에 동의했을 터이다. 여성들로선 남성 족외혼의 여러 이점들보다 여성 족외혼에서야 가능한 높은 MPI가 더 가치가 있었을 것이다. 즉 여성 족외혼은 여성과 남성 모두에게 이로운 제도이다.

여성 족외혼은 여성들이 동의했으므로 생겨나고 이어질 수 있었으리라는 점은 강조되어야 한다. 아마도 이런 사정이 대부분의 여성들이 급진적 여성운동에 호의적이지 않았던 까닭일 것이다. 그들은 본능적으로 느끼거나 의식적으로 인식했을 것이다, 여성 족외혼에 바탕을 둔 전통적 가족 체계가 자신들에게 다른 어떤 구도보다도 큰 혜택을 준다는 것을, 그리고 급진적 여성운동이 가족 제도에 위협이 된다는 것을.

물론 여성 족외혼에서 나온 남성 우월주의는 자칫하면 흉측한 모습으로 변태해서 여성들을 괴롭힌다. 여성 할례, 축첩, 조선조의 기생과 같은 공식적 성적 노예 제도, 회교권의 야만적 여성 억압과 같은 끔찍한 일들은 이내 눈에 뜨이는 변태들이다. 그러나 그것들이 여성 족외혼이나 그것에서 어쩔 수 없이 나온 남성 우월주의의 목적이나 본질은 분명히 아니다. 그것들을 바로 잡는 길이 없는 것도 아니다.


## 7. 여성 족외혼의 역사


여기서 우리가 고려해야 할 것은 여성 족외혼이 아주 오래된 전통이라는 점이다. 모든 유인원들apes은 여성들이 자기가 태어난 집단을 떠나 남성의 집단으로 들어가는 풍습을 지녔다.

고릴라들은 일부다처제 집단들을 이루어 사는데, 거기에선 하나보다 많은 남성이 나올 수 있지만, 한 남성에 의한 지배를 그래서 생식의 독점을 뚜렷이 드러내는 체계가 있다. 반면에, 보통 침팬지는 연합한 남성들이 보다 큰 집단들을 이루고 여성들이 서로 겹치는 터전들에서 반자율적(半自律的) 방식으로 떠돌아다니며 산다. 따라서 아프리카 호미노이드들에선 남성들이 사회적 집단들의 핵심을 이룬다. 대조적으로, 서코피테사인 남성들은 사회적 핵심을 이루는, 혈연이 있는 여성들의 집단들 사이에서 옮겨 다닌다. (로버트 폴리Robert Foley, 『또 하나의 독특한 종: 인류 진화 생태학에서의 구도들 *Another Unique Species: Patterns in Human Evolutionary Ecology*』)

위의 인용문에 나온 '서코피테사인cercopithecine'은 거농guenon, 비비 baboon 및 마카크macaque를 포함하는 아과subfamily이다. 이 아과는 긴꼬리원숭이과Cercopithecidae에 속한다.

사람Homo은 유인원이다. 유인원에는 다섯 속genus들이 있는데, 그것들 가운데 아프리카 유인원인 사람, 침팬지, 고릴라의 셋이 사회적이고 아시아 유인원인 긴팔원숭이gibbon와 오랑우탄은 뚜렷한 사회를 이루지 않는다. 그리고 사회적인 아프리카 유인원 세 속 모두 여성 족외혼을 한다.

따라서 사람, 침팬지 그리고 고릴라의 공통된 조상도 여성 족외혼의 풍습을 지녔었다고 추리할 수 있다. 현재 고생물학의 정설은 유인원들의 조상들이 원숭이들monkeys의 조상들로부터 대략 2000만 년 전에 갈라졌으리라고 추정한다. 아프리카 유인원의 조상과 오랑우탄의 조상이 갈라진 것은 대략 1200만 년 전이고, 사람과 가장 가까운 침팬지가 사람과 갈라진 것은 대략 500만 년 전에서 800만 년 전 사이였다.

이렇게 보면, 사람들에게서 여성 족외혼의 전통이 이어진 기간은 줄잡아도 1000만 년을 훌쩍 넘는다. 그 긴 세월 동안 우리는 여성 족외혼을 불변의 사회 환경으로 지니고 진화해온 것이다. 매트 리들리Matt Ridley가

지적한 대로, "어떤 종이 여성 족외혼에서 남성 족외혼으로 또는 그 반대로 바꾸는 것은 상당히 어려운 것으로 보인다." 자연히, 유전자들에 담겨진 우리의 천성은 여성 족외혼과 그것이 포함한 갖가지 사회적 기구들과 풍습들에 맞춰졌다.

이제 사람은 문명을 발전시켰고, 그런 문명에 걸맞은 이상들을 추구한다. 그 과정에서 필연적으로 전통을 이상에 맞게 바꾸려 시도하게 된다. 성적 평등은 그런 이상들 가운데 아주 중요한 것이다. 이렇게 보면, 호주제 문제는 본질적으로 천성과 이상의 충돌이라 볼 수 있다. 호주제는 우리의 천성에 맞지만 우리의 이상에는 거스른다.

그런 뜻에서 이 문제엔 반어적(反語的) 측면이 있다. 여성 족외혼과 그것이 뜻하는 여성의 열등한 사회적 지위를 통해서만 높은 MPI가 가능했고, 높은 MPI를 통해서만 발전된 문명이 가능했고, 발전된 문명을 통해서만 성적 평등과 같은 인류의 이상이 나올 수 있었다. 이제 성적 평등이라는 이상은 여성의 열등한 사회적 지위라는 눈에 보이는 악을 공격하고, 그런 공격은 궁극적으로는 이상 자신의 원천인 여성 족외혼을 공격하는 것이다.

## 8. 호주제의 생물학적 바탕

위에서 살핀 것처럼, 비록 눈에 이내 뜨이고 적잖은 사람들에게 받아들일 수 없는 시대착오적 악습으로 비치겠지만, 호주제는 뜻밖으로 깊은 뿌리를 지니고 있으면서 중요한 사회적 기능을 수행하는 기구이다. 그것은 여성 족외혼에 바탕을 둔 가족 제도가 질서와 정체성을 유지하는 수단들 가운데 중심적인 것이다.

　남성이 우선적으로 호주가 되는 것은 자연스럽고 합리적이다. 호주는 가족의 유지에서 유전적으로 가장 큰 이익을 볼 사람이다. 가족의 구성원들 모두가 그와 유전적으로 가깝거나 그들의 배우자들이다. 당연히 그는 자신의 모든 자원을 가족의 유지에 바친다. 가족의 유지에서 호주 다음으로 이익을 보는 것은 남성 구성원들이다. 그들은 모든 남성 구성원들과 친족 관계에 있고 자신들의 어머니와 자매들과 유전적으로 아주 가깝다.

　여성 구성원들의 경우엔 사정이 상당히 다르다. 자기가 태어난 집단을 떠나 가족으로 들어온 여성의 경우, 자신의 친족은 친정 식구들이다. 자신의 자식들이 태어나야, 비로소 그녀는 가족에 유전적 이익을 갖게 된다. 그래서 그녀가 친정에 대해서 지닌 유전적 이익의 발현을 억제하는 일은 가족에게 아주 중요한 일이다. 우리 사회를 포함해서 대부분의 사회들에서 엄격하게 지켜졌던 '출가외인(出嫁外人)'이라는 개념은 바로 그 일을 하는 장치다. 가족에서 태어난 여성의 경우, 그녀의 궁극적인 유전적 이익은 그녀가 낳을 자식들에 있다. 그런데 그 자식들은 다른 가족의 구성원들이다. 자연히, 자신이 태어난 가족에 대한 그녀의 충성심은 갈수록 약해진다. "딸자식은 기둥뿌리까지 뽑아간다"는 말은 이런 경향을 가리킨다.

　이런 사정을 고려하면, 호주를 남성이 우선적으로 맡는 것은 자연스럽고 합리적이다. 남성 구성원들만이 가족에 대해서 온전한 유전적 이익을 지녔고 가족의 유지에 헌신적이리라고 기대된다.

　실은 여성 구성원들의 승계 순서도 아주 합리적이다. '가족인 직계비속 여자'는 가족에 대해 지닌 유전적 이익이 다른 여성 구성원들의 경우보다 훨씬 크고, 자연히 가족에 대해 훨씬 헌신적일 터이다. 그들이 호주 승계에서 우선적 지위를 지닌 것은 자연스럽다. '피상속인의 처, 가족인 직계존속 여자, 그리고 가족인 직계비속의 처'라는 승계 순서도 유전적으로 자연스럽고 합리적이다. 이렇게 보면, 호주제는 오랜 진화를 통해서 가족의 형성과 유지에 가장 기여할 수 있는 형태로 다듬어진 셈이다.

## 9. 호주제의 사회적 효용

물론 가족을 대표하는 가장이라는 제도를 아예 없애는 길도 생각할 수 있다. 불가능한 일은 아니다. 그러나 그 길은 거래 비용에서 큰 대가를 치러야 한다. 사람은 '집단적 마음hive mind'을 이룰 수 없다. 그래서 모든 사회적 집단들은 특정 개인에게 결정 권한을 위임해서 집단을 대표하도록 한다. 회사엔 대표이사가 있고 나라엔 왕이나 대통령이나 수상과 같은 지도자가 있다. 그렇게 해야 집단의 내부에서나 외부에서나 거래 비용을 줄일 수 있다. 긴급한 상황을 늘 상정해야 하는 배나 비행기에서 선장이나 기장에게 거의 절대적 권한을 부여하는 관행도 거기서 나왔다. 따라서 가족을 대표하는 가장이라는 제도는 실질적으로 필요하다.

가장이 거래 비용을 줄이는 제도라는 점과 관련하여 우리가 고려할 사항이 또 하나 있다. 가족처럼 긴밀하게 짜여진 집단에선 정보처리에서 뚜렷한 분업이 이루어진다. 그래서 가족의 구성원들은 다른 구성원들의 기억과 판단에 크게 의존한다. 미국의 심리학자 다니엘 웨그너Daniel Wegner는 그것을 '거래적 기억transactive memory'이라 부른다.

한 가족에서, 이런 기억 공유의 과정은 한결 더 두드러진다. 우리들은 대부분 어떤 시점에서 우리 가정생활의 일상적 세부사항들과 역사들의 일부만을 기억한다. 그러나 우리는 암묵적으로 안다, 우리의 물음에 대한 답을 찾으려면 어디로 가야 하는지. 우리가 우리의 열쇠들을 어디에 두었는가 기억하는 것이 우리 배우자의 일이며 컴퓨터를 쓰는 방법을 알아내는 일

이 우리의 열세 살 난 아이의 일이며 또는 우리 어린 시절의 자세한 일들을
알아내는 것이 우리 어머니의 일이라는 식으로. 아마도 더 중요하게도, 새
로운 정보가 나오면, 우리는 그것을 저장할 책임이 누구에게 있는지 안다.
이것이 한 가족에서 전문적 지식이 나타나는 방식이다. (맬콤 글래드웰
Malcolm Gladwell, 『변환점 *The Tipping Point*』)


가족이 결정할 사항들 가운데 중요한 것들은 대부분 외부와의 거래에서
나온다. 자연히 상업적·법률적·정치적 측면이 두드러진다. 가족의 구성
원들 가운데 상업이나 법률이나 정치에 대해서 가장 잘 아는 사람은 대개
남편이다. 그가 밖에서 활동하면서 소득을 올리기 때문이다. 자연히, 그
가 가장을 맡아서 대외적으로 가족을 대표하는 것이 가족에게나 외부 사
회에나 편리하다.

웨그너의 '거래적 기억'은 실은 우리가 잘 아는 '비교 우위'의 한 형태이
다. 긴밀하게 짜여진 조직들에선 지식의 습득과 보관에서 분업이 자연스
럽게 나오고, 그런 분업은 비교 우위를 고려해서 이루어진다. 여기서 우
리가 경계해야 할 것은 물론 비교 우위와 절대 우위를 혼동할 위험이다.
거의 모든 가족들에서 남편은 밖에서 활동하고 아내는 안에서 집안일을
맡는다. 꼭 남편이 아내보다 대외적 활동에서 낫기 때문에 그런 것은 아
니다. 아내가 남편보다 대외적 활동에서 나은 경우들도 드물지 않을 것이
다. 그런 경우에도, 아내는 가사와 육아에 주력하고 남편은 대외적 일들
에 주력하는 편이 대체로 무난하다. 그 길이 비교 우위를 살리는 길이기
때문이다.

# 10. 호주제의 사회적 기능

가족이 여성 족외혼에 바탕을 두는 한, 남성 우월주의와 남성 가장은 필연적이다. 남성 우월주의와 가장 제도가 없어지면, 여성 족외혼의 본래 목적인 높은 MPI를 이루기가 조금이라도 어렵게 될 가능성이 있다. 아울러 우리가 아는 가족 제도는 피류이 약해질 것이다.

따라서 여성 족외혼과 MPI라는 맥락에서 남성 우월주의와 호주제를 살피지 않은 채 갑작스럽게 호주제를 폐지한 것은 신중한 처사라 하기 어렵다. 호주제를 "신분관계 형성에서 정당한 이유 없이 남녀를 차별한 것"으로 본 판결은 분명히 무지에서 나온 진단이다. 호주제가 남녀를 차별한 것은 분명하지만, 위에서 살핀 바처럼, 그런 차별이 이유 없는 것이 아님은 물론이고, 그것은 삶의 궁극적 목적을 위한 양성(兩性)의 협력 과정에서 나온 외형적 차별에 지나지 않는다. 그런 목적과 협력을 시야에서 놓치고 그저 겉으로 드러난 차별에만 주목한 것은 안타깝다.

호주제에 적대적인 태도는 본질적으로 사람을 고립된 존재로 보는 '원자적 견해atomistic view'를 바탕으로 삼았다. 데카르트와 루소에 연원을 둔 그런 견해는 물론 가족에 대해서 적대적이다. 프리드리히 하이에크Friedrich A. Hayek는 그런 견해를 '거짓된 개인주의false individualism'라 부르면서 그것은 필연적으로 전체주의로 나아간다고 지적했다. 실제로 전체주의는 개인과 국가 사이에 가족과 같은 사회적 단위가 존재하는 것을 바람직하게 여기지 않는다. 반면에, 스코틀랜드의 자유주의자들에 연원을 둔 '참된 개인주의true individualism'는 개인들이 자발적으로 이룬 연합들이, 특히 가족이, 사회의 구성과 발전에 필수적이라고 본다.

호주제는 일단 가족이라는 집단의 맥락에서 살피는 것이 합리적이고 온당하다. 그리하면, 그것은 가족의 내적 필요에 의해 나타났음이 이내 드러난다. 사람을 원자적 존재로 여기고 인류 사회에서 가족이 지닌 거의 절대적인 가치를 가볍게 여기는 '거짓된 개인주의'의 관점에서 살피면, 호주제의 본질은 사라지고 오직 남성 우월주의의 특질만 드러난다. 이것이 많은 사람들의 생각을 움켜쥔 덫이다.

## 11. 남녀 사이의 차이와 차별

이 문제를 합리적으로 다루려면, 우리는 아주 심중하고 어려운 물음 두 개에 먼저 답해야 한다: "여성 족외혼의 풍습을 바꾸는 것이 바람직한가? 만일 그렇다면, 우리는 그렇게 할 수 있는가?" 이 두 근본적 물음들에 대한 내 답변들은 회의적이다. 우리가 가볍게 옆으로 밀어내기엔 여성 족외혼이 시행된 천만 년이 넘는 세월이 너무 무겁다.

합리적 태도는 성적 평등에 관한 논점들을 적절한 맥락 속에 놓고서 그것들의 유래와 기능들을 먼저 살피는 것이다. 그렇게 함으로써, 우리는 자연스러운 것들과 변태적인 것들을 구별할 수 있고, 무엇이 바람직할 뿐 아니라 실제로 가능한가 판별할 수 있고, 무모한 수술로 생살을 도려내는 위험을 줄일 수 있을 것이다.

그런 태도에서 불가결한 요소는 여성과 남성 사이의 본질적 차이를 인식하는 것이다. 남성과 여성은 우리가 일상적으로 여기는 것보다 훨씬 깊은 차원에서 서로 다르고 그런 차이는 진화의 과정에서 나온 것이어서 우리가 어떻게 영향을 미칠 수 없다. 그것은 우리가 추구하는 사회적 평등과는 다른 차원의 일이다. 양성 사이의 관계를 바라보는 시각에 혁명을 일으킨 진화생물학자 로버트 트라이버스Robert Trivers가 지적한 대로,

"상대의 성은 살아남는 자식들을 가장 많이 낳는 데 연관이 있는 자원이 므로, 우리는 결과적으로 양성을 다른 종들인 것처럼 다룰 수 있다(One can, in effect, treat the sexes as if they were different species, the opposite sex being a resource relevant to producing maximum surviving offspring)." 그렇게 서로 '다른 종들'을 같다고 여겨서 둘 사이의 산술적 동등을 기계적으로 추구하는 일은 어리석고 위험하다.

아마도 여기서 내가 언급해도 될 것이다, 사람들이 실제로 같지 않다는 점 덕분에 우리가 그들을 평등하게 대우할 수 있다는 사실을. 만일 모든 사람들이 그들의 재능들과 취향들에서 완전히 같다면, 어떤 종류의 사회적 조직이든 이루기 위해선 우리가 그들을 차별적으로 대우해야 할 것이다. 다행히, 그들은 같지 않다. 그리고 기능들의 차별화가 어떤 조직하는 의지의 자의적 판단에 의해 결정되어야 할 필요가 없고, 모든 사람들에게 같은 방식으로 적용되는 규칙들의 형식적 평등을 만들어낸 뒤엔, 개인이 그 자신의 일을 찾도록 내버려둘 수 있는 것은 오직 이것 덕분이다.

사람들을 같게 대우하는 것과 그들을 같게 만들려는 것 사이엔 천양지차가 있다. 전자는 자유 사회의 조건이지만, 후자는, 드 토크빌이 묘사한 것처럼, '새로운 형태의 굴종'을 뜻한다. (프리드리히 하이에크, 『개인주의와 경제적 질서 *Individualism and Economic Order*』)

여성과 남성은 서로 다르다. 애초에 '유전자 뒤섞음gene-shuffling'을 위해서 성이 발명되었으므로, 여성과 남성은 본질적으로 서로 다르고, 서로 달라야, 비로소 정체성과 존재 가치를 지닌다. 바로 그렇게 다른 점이 가족의, 그리고 나아가서 사회의, 바탕이 된다. 그런 다름을 인정하는 것은 성적 차별과는 전혀 다른 일이다. 양성이 서로 다르다는 사실을 애써 무시하고서, 사회적 문제들에 대한 좋은 처방이 나올 수는 없다.

모든 여성들의 궁극적 목표는 배우자들의 MPI를 극대화하는 것이다. 따라서 여성의 권리와 복지를 늘리려 애쓰는 이들은 MPI를 격려하는 기구들과 정책들을 도입해야 한다. MPI가 부족한 가족들이 사회적 지원을 받는 것을 반대할 사람은 없을 것이다. 자유롭고 민주적인 사회에서 특권을 누릴 계층이 있다면, 그것은 가임기의 여성들일 터이다. 그리고 임신했거나 수유하는 여성들에 대한 지원보다 효율이 높은 사회적 투자는 없다. 태아들이 좋고 안정적인 환경을 누리도록 하는 일은 특히 중요하다. 사람의 운명은 실질적으로 어머니의 뱃속에서 결정되기 때문이다. 그러나 그런 특권엔 나름의 책무가 따른다. 윌리엄스의 통찰대로, 여성과 남성의 자식들에 대한 투자는 나름으로 균형을 이루게 마련이다. 그런 균형의 존재를 인식하지 못한 채 그저 산술적 동등을 기계적으로 추구하는 것은 궁극적으로 여성이 누려야 할 특권을 근본적 수준에서 해친다.


## 12. 호주제의 변호


성적 평등이 워낙 중요한 이상이고 호주제는 우리 감성을 크게 거스르는 제도여서, 호주제가 그대로 살아남기는 어려웠을 터이다. 그렇다고 해서, 호주제가 안은 문제들이 아주 크고 풀기 어려운 것들이었다고 하기도 어렵다. 호주제의 바탕인 여성 족외혼과 높은 MPI가 다치지 않도록 하면서, 호주제의 문제점들을 풀어나가는 길이 과연 없었을까?

호주제의 문제점들 가운데 여성운동가들의 특히 격앙된 반응을 불러낸 것은 호주제가 이혼한 여성에게 불리하게 작용한다는 점이다. 이것은 분명히 진지한 성찰을 요구하는 일이다.

여기서 본질적 고려 사항은 이혼이 '실패한 결혼'이라는 사실이다. 다른 모든 사회적 실패들과 마찬가지로, 이혼은 복잡한 현상이어서 깔끔하게 풀리지 않는 문제들을 여럿 안게 마련이다.

그리고 가족과 결혼에 관한 사회적 기구들, 풍속들, 관행들, 그리고 법들은 대부분 결혼을 장려하고 가족을 유지하고 아이들을 기르는 데 도움이 되도록 만들어졌다. 그래서 그것들은 결혼이 실패해서 가족이 해체되는 상황에 대한 대처가 부족하다. 실은 부족할 수밖에 없다. 별거나 이혼에 관한 장치들이 아무리 정교하게 마련되더라도, 그것들이 모든 경우들에 대처할 만큼 충분할 수는 없다.

이런 사정은 기업들의 파산에서 잘 드러난다. 파산은 이혼보다 훨씬 간단한 사건이다. 그것엔 감정적 차원이 없고 자식들의 양육이라는 심각한 고려 사항이 없다. 게다가 그것을 합리적으로 처리하기 위해 고안된 법들과 관행들이 존재한다. 그래도 파산한 기업의 채권자들, 종업원들, 그리고 주주들의 이익들을 가려내고 재산을 배분하기는 무척 어렵다. 때문에 각박한 주장들이 마주쳐서 끝내 비용이 많이 드는 소송을 거쳐 여러 해 뒤에 모든 당사자들의 불만 속에 파산 절차가 끝나는 경우들이 흔하다.

비록 호주제가 이혼한 여성들의 권익에 해롭다는 비난을 많이 들었지만, 그런 비난은 과녁을 잘못 고른 것이다. 호주제가 이혼한 여성들의 권익에 해로운 경우가 있다 하더라도, 그것이 호주제 폐지의 근거가 될 만큼 크다고 보기는 어렵다. 위에서 살핀 것처럼, 호주제는 가족의 유지에서 보다 중요한 기능을 맡고 있기 때문이다.

이혼한 여성이 맞는 갖가지 문제들과 불이익들은 본질적으로 여성이 생식에서 보다 큰 임무를 수행한다는 사실에서 나온다. 결혼이 생식을 위한 기구이므로, 그 기구의 실패에서 생식을 주도하는 여성이 남성보다 큰 손해를 보는 것은 어쩔 수 없다. 그리고 여성이 보는 불이익들의 나머지는 여성 족외혼에서 나오며, 여성 족외혼이 지속되는 한, 여성은 어쩔 수 없이 그런 불이익들을 볼 것이다.

역설적으로, 바로 그런 사정 때문에, 결혼과 가정을 효율적 기구로 만드는 호주제는 본질적으로 여성의 이익에 봉사한다. 호주제가 지닌 그런 본질적 기능에 비하면, 그것의 결점들은 사소하고 고치기 어려운 것도 아니다.

어떤 사회적 기구가 폐기되는 과정은, 그것이 폐기되었다는 사실을 떠나, 그 나름의 부차적 효과들을 낳는다. 성적 평등의 이상을 이루는 과정에서 부딪히는 문제들을 적절한 맥락에서 살피고 논의하려는 태도는 그 이상을 이루기 위해서 어쩔 수 없이 치러야 할 비용을 줄일 것이다.


## 13. 부성주의(父姓主義)


호주제에 대해 헌법불합치 판결을 내린 데 이어, 헌법재판소는 2005년 말엽에 부성주의를 규정한 민법 제781조 1항에 대해 헌법불합치 결정을 내렸다. 재판부는 결정문에서 "자녀에게 본인 의사와 달리 '생물학적 아버지'의 성(姓)을 강요할 경우 인격권과 가족생활을 침해하게 된다"고 밝혔다.

이름은 그것이 가리키는 사물에 대한 정보를 제공한다. 이름은 해당 사물이 다른 것들과 변별되도록 하고 그것의 성격에 대해 알려준다. 자연히 이름의 사회적 효용은 크며, 그것의 효용을 줄이는 조치는 사회의 효율적 움직임에 해롭다.

일상생활의 수준에서 사람의 성(姓)은 아버지와 부계 조상들에 관한 정보를 제공한다. 부모 가운데 한 사람의 성을 쓰게 되면, 성은 그저 부모

가운데 한 사람이 그 성을 지녔다는 정보만을 지닌다. 이런 사정은 이름의 사회적 효용을 크게 줄일 터이다.

물론 성은 다른 정보들도 제공한다. 성은, 적어도 본(本)이 같은 경우엔, 부계 조상들을 공유하는 사람들과 혈연이 있음을 알려준다. 그리고 그런 친척들은, 특수한 경우들을 빼놓고는, 조상의 Y 염색체를 공유한다. 혈연이 생명체들에게 가장 중요한 관계이므로, 이것은 상당히 중요한 정보이다.

부성주의의 폐기로부터 나올 이득이 이런 사회적 효용의 감소를 덮을 만큼 크다고 보기는 어렵다. 성적 평등을 위한 효과라야 상징적 효과를 넘기 어렵다. '재혼이나 입양이 노출됨으로써 받는 불이익'은, 소수 의견을 낸 권성(權誠) 재판관의 지적처럼, "사회적 편견이 원인이며 부성주의가 원인일 수 없다." 그리고 그런 불이익을 줄이는 길은 부성주의를 폐기하지 않고도 찾을 수 있을 것이다.

여기서 우리는 부성주의가 거의 예외 없이 모든 사회들에서 나왔다는 사실에 주목해야 한다. 무엇이 부성주의를 보편적 관행으로 만들었는가? 가장 근본적 요인은, 호주제와 마찬가지로, 여성 족외혼이다. 자연히, 부성주의도 호주제와 똑같은 생물적 바탕을 지녔다.

천만 년 넘게 이어진 여성 족외혼에서 나온 관행들은 눈에 거슬린다고 함부로 고칠 성질의 것이 아니다. 그런 관행들이 나오게 된 생물적 논리를 먼저 살핀 뒤에 조심스럽게 다듬어가는 것이 옳다.

# 성매매에 대한 합리적 태도

1

지난 2004년 9월 23일, '성매매처벌법 및 피해자보호법'이 발효되었다. 이것은 아주 엄격한 법이어서, 성매매의 당사자들은 큰 위험을 진다. 그리고 이 법의 효과를 늘리기 위해서, 경찰청은 성매매 신고에 대해 금전적 보상을 하는 제도를 도입했고 성매매의 단속에 열성을 보이지 않은 경관들을 문책까지 했다. 시민들의 반응은 법률 자체에 대해선 대체로 호의적이다.

다른 편으로는, 매춘부들이 아주 어려운 처지로 몰렸다. 아무런 대책도 없이, 그녀들의 생계를 끊었기 때문이다. 그래서 그 법에 항의해 자살을 기도한 여인도 나왔고, 인천에선 매춘부들이 항의 집회를 열었다. 안타깝게도, 그들의 호소에 대한 시민들의 반응은 차가웠다.

참으로 불행한 일이다. 성매매를 막으려는 법은 사람의 본성에 대한 그른 가정들에 바탕을 두었다. 그리고 피해자가 없거나 뚜렷하지 않은 행위들을 굳이 범죄로 만든다. 당연히, 그런 법은 사회의 자원을 크게 허비하면서도 아무것도 이루지 못한다. 사회에서 가장 비참한 사람들을 더 비참하게 만드는 것을 빼놓고는. 역사는 성매매를 줄이려는 시도가 성공한 적이 없음을 잘 보여주었고, 생물학과 사회과학은 그런 까닭을 점점 설득력 있게 제시해왔다.


2


개인들의 성매매를 사회가 강제로 막는 일이 안고 있는 문제들은 철학적 문제들과 현실적 문제들로 나누어 살피는 것이 깔끔하다. 성매매의 사회적 금지가 워낙 많은 부작용들을 부르므로, 성매매에 관한 논의들은 거의 언제나 현실적 문제들에 초점이 맞추어진다. 철학적 문제들은 그래서 흔히 잊혀지지만, 잠시만 생각해 보아도, 그것들에 대한 성찰 없이 현실적 문제들을 풀기 어렵다는 점은 뚜렷해진다.

철학적 문제들 가운데 가장 근본적인 것은 성매매의 사회적 금지가 우리 사회의 기본 원리인 자유주의에 어긋난다는 점이다. 자유주의는 모든 사람들이 사회적 강제를 되도록 적게 받아 자유를 한껏 누려야 한다는 이념이다. 사회적 강제에서 가장 중요한 기준은 다른 사람들의 자유에 대한 침해이다. 개인들이 하는 행위들이 다른 사람들의 자유를 해치지 않는다면, 사회가 개인들의 자유를 제약할 논리적 근거는 없다. 자유로운 개인들의 자발적 거래들은 대체로 이런 범주에 속한다. 그런 거래들에서 나오는 부작용들은, 이른바 '부정적 외부효과negative externality'들은, 원천적으로 적고 세금과 같은 합리적 대책들로도 충분히 줄일 수 있다.

자유로운 개인들의 자발적 성매매는 분명히 다른 사람들에게 피해를 입히지 않는다. 물론 당사자들에겐 아주 큰 이익을 준다. 실은 성범죄의 감소와 같은 긍정적 효과들을 지녔다. 따라서 사회가 그것을 막을 철학적 근거는 전혀 없다. 성매매의 사회적 금지는 정당화되지 않은 사회적 강제의 표본이다.

성매매의 사회적 금지를 주장한 사람들은 아직까지 이 문제에 대해 합리적 답변을 내놓지 않았다. 지금까지 그들이 내놓은 논거는 성매매의 허용이 '인신매매'를 부른다는 주장뿐이다. 이것은 아주 허술한 주장이다. '인신매매'를 통한 '성 노예'는 성매매와는 실질적 관계가 없다. 그것은 본질적으로 폭력의 문제며 폭력에 대한 사회적 대응을 필요로 하는 일이다. 성매매가 성 노예를 낳으므로 성매매를 막아야 한다는 주장은 고용이 강제 노역을 낳으니 고용을 막아야 한다는 주장과 논리적으로 같다. 게다가 그런 주장은 현상에 대한 그릇된 인식에서 나왔다. 성매매의 금지는 필연적으로 조직범죄를 낳고 성 노예의 양산을 부추긴다. 모든 사례들은 자유로운 성매매가 성 노예를 막는 가장 현실적 방안임을 가리킨다.

이처럼 개인들의 자유에 맡겨야 옳은 일을 사회가 강제로 막는 것은 전체주의적 태도로서 우리 사회의 구성 원리인 자유주의에 어긋난다. 이번 일을 더욱 안타깝고 걱정스럽게 만드는 것은 그것이 지금 우리 사회를 휩쓰는 전체주의 사조의 징후들 가운데 하나라는 점이다. 시장경제에 대한 적대감, 재산권에 대한 제도적 및 자의적 침해, 정부 부문의 꾸준한 확장, '과거사 청산'과 같은 학문의 영역에 대한 정부의 침투, 이혼에 대한 규제의 강화와 같은 시민들의 사생활에 대한 사회적 간섭, 이것들 모두가 빠르게 높아진 전체주의적 사조의 징후들이다. 이번 '성매매처벌법'은 이런 추세와 깊은 관련이 있고, 그래서 더욱 걱정스럽다.

3

성매매는 성욕의 해결을 위한 거래이다. 따라서 성매매는 일차적으로 성욕의 해결이라는 관점에서 살펴야 한다. 성욕은 생명체들의 생식을 돕는 장치다. 그래서 성욕은 무슨 욕구보다도 강하다.

이 점은 성의 본질을 살피면 이내 뚜렷해진다. 성sexuality의 본질적 특질은 반수염색체 배우자들haploid gametes을 만들 수 있는 능력이다. 같은 종류의 염색체를 하나만 가진 반수염색체 배우자들은 뒤에 배우자융합syngamy을 통해서 배수염색체들을 갖춘 접합자zygote를 이루어 개체로 자라나게 된다. 반수염색체 배우자들이 서로 만나는 과정은 큰 비용과 위험이 따르므로, 그것을 이루기 위해선 많은 투자가 필요하다. 그런 투자가 제대로 이루어지도록 하는 장치가 바로 성욕이다.

성욕이 강해서 되도록 많은 이성 개체들과 성교하려 애쓰고, 성교를 위해서 다른 많은 것들을 희생하는 개체들은 자식들이 더 많다. 이 과정이 오래 반복되면서, 모든 개체들은 거센 성욕을 갖게 되었다. 즉 성욕은 자연에 의해서 선택되었다. '유전자적 관점gene's-eye view'에서 살피면, 개체들은 그 안에 든 유전자들의 생존과 전파를 위한 '수레vehicle'들이다. 따라서 결정적 순간에선 유전자들의 전파를 위한 생식이 개체의 목숨의 유지보다 우선한다. 자연히, 성욕은 다른 무엇보다도 강력한 힘이다.

성욕에 대한 논의에선 이 점이 늘 강조되어야 한다. 성욕은 생명의 본질에서 나온 핵심적 욕망이므로, 그것은 개인들이 의지로 통제하기 어렵고 사회가 깔끔하게 정리할 수 없다.

인류 사회에서 성욕을 해결하는 기구는 결혼이다. 결혼은 멋진 기구이다. 그것은 성욕을 잘 해결할 뿐 아니라 결혼을 통한 가족의 성립은 성욕의 궁극적 목적인 출산과 육아에 잘 이바지한다. 결혼이라는 기구 없이는 인류 사회가 나오고 문명이 발전할 수 없었을 터이다.

그러나 결혼이 성욕을 늘 만족스럽게 해결하는 것은 아니다. 성욕이 워낙 거센 욕망이므로, 어떤 사회 기구도 그것을 깔끔하게 처리할 수는 없다. 우리는 성욕이 결혼에 맞추어 진화한 것이 아니라는 점을 늘 인식해야 한다. 지구의 생물들이 성을 발명한 것은 아주 오래전이다.

가장 원시적인 생명 체계들도 융합과 그들의 자가촉매적 입자들의 결합 및 재결합을 할 수 있었다는 점에서, 성적 생식이 생명만큼 오래되었다는 [엘스워스] 도허티의 견해에 나는 동의한다. 현대적 유기체들은 이 원시적 재결합 능력을 규제하고 그것으로부터 끌어낼 수 있는 혜택들을 극대화하는 정교한 메커니즘들을 진화시켰다. 이 육체적 기계는 자신들을 효과적으로 재생할 수 있는 능력에 바탕을 둔 유전자들의 자연선택에 의해서 점차 완벽하게 되었다. (조지 윌리엄스, 『적응과 자연선택』)

안정된 메커니즘을 지닌 성적 생식이 나타난 것도 20억 년가량 된다. 인류가 나온 것은 몇백만 년 전이고, 결혼은 물론 그보다 훨씬 뒤에 나왔다. 그래서 우리가 주목할 것은 결혼이 성욕의 해결과 생식이라는 중요한 기능들을 완벽하게 수행하지 못한다는 사실이 아니라 그렇게 뒤늦게 나타난 기구가 그렇게 중요한 기능들을 그렇게 잘 수행한다는 사실이다. 따지고 보면, 결혼은 자연에서 찾기 힘든 기구이다. 그것은 몇 안 되는 동물 종(種)들만이 지녔고, 사람처럼 결혼을 잘 다듬어낸 종은 물론 없다. 그렇게 예외적인 기구이므로, 결혼은 늘 위협에 부딪힌다.

결혼을 위협하는 요인들 가운데 가장 중요한 것은 생식과 결혼에 대해서 여성과 남성이 지닌 이해가 다르다는 사실이다. 먼저, 정자는 아주 작고 만들기 쉽지만, 난자는 훨씬 크고 만들기 어렵다. 다음엔, 수정은 여성의 몸 안에서 이루어지고, 수정란이 자라나서 개체가 되는 긴 과정을 모두 여성 혼자 감당해야 한다. 출산 뒤에는, 여성은 아이에게 젖을 먹여야 하고 육아의 책임을 대부분 진다. 즉 남성은 생식에 투자하는 비용이 아주 적고, 여성은 아주 많다. 따라서 자식을 낳는 일에서 남녀는 다른 전략을 고르게 마련이니, 남성은 생식의 기회를 되도록 많이 가지려 하고 여성은 아주 조심스럽게 배우자를 고른다. 그리고 결혼이 뒤늦게 나온 기구이므로, 인류가 진화해온 기간 대부분에 걸쳐 남성은 많은 여성들과 성적 관계를 맺어왔다. 그런 남성의 천성을 결혼이라는 기구가 완전히 관리하기는 어렵다. 혼외정사는 그래서 어느 사회에서나 나온다.

성적 활동이 왕성한 사람들이 결혼의 혜택을 늘 누리는 것도 아니다. 지금 대부분의 사회들에서 초혼은 대체로 20대 후반에 이루어진다. 따라서 사람의 일생에서 성적 활동이 가장 왕성한 10년 동안, 사람들은 결혼의 혜택을 누리지 못하고 다른 방식으로 성욕을 해결해야 한다. 결혼 연령이 높아지고 이혼이 늘어난다는 사실도 사정을 악화시킨다. 배우자와 성적 관계를 원만하게 유지하기 어려운 사람들도 물론 많다.

지금 그런 사람들에게 열린 길들 가운데 사회가 공인한 것은 금욕뿐이다. 그러나 성욕이 워낙 근본적 욕구이므로, 그것을 억제하기는 아주 어렵다. 거의 모든 종교들에서 성적 금욕이 성인(聖人)의 기본적 특질로 여겨진다는 사정이 그 점을 잘 말해준다. 지금 우리 사회에서 혈기 방장한 젊은이들은 성인들처럼 행동하도록 강요된다.

4

그렇게 결혼이 해결하지 못하는 많은 부분을 메워주는 것이 성매매이다. 성적 상대에 대한 수요가 많으므로, 공급이 자연스럽게 나오는 것이다. 우리가 주목할 점은 문명의 발전이 성매매의 중요성을 높인다는 사실이다. 도시의 발달, 유동 인구의 증가, 그리고 빈부 격차의 심화는 성매매의 필요를 급격히 늘린다. 결혼이 성욕을 비교적 잘 해결하고 빈부 격차가 그리 크지 않은 원시사회들에선 노골적인 성매매가 거의 나오지 않는다.

이렇게 보면, 성매매는 결혼을 위협하는 현상이 아니라 그것을 보완하고 궁극적으로 그것을 지켜주는 관행이라는 사실이 드러난다. 만일 성매매가 없다면, 사회가 신성한 기구로 보호하는 결혼에 대한 직접적 위협이 부쩍 커질 터이다. "매춘부들은 당신의 아내와 누이의 정절을 지키는 보호자들이다"라는 얘기는 거기서 나왔다.


5


당연히, 성매매는 없애기 어렵다. 성매매를 억지로 없애려고 시도하면, 그것을 잠복하게 만들 뿐 정작 그것을 그다지 줄이지 못한다. 성매매를 줄이려는 정책에서 특히 해로운 것은, 성매매가 나오도록 한 환경을 조금이라도 바꾸려는 노력 없이, 그저 성매매에 대한 벌을 무겁게 하고 유곽을 폐쇄하는 일이다. 그런 조치는 성범죄를 늘리고 성병의 통제를 어렵게 하며 범죄 조직의 터전을 마련해준다. 무엇보다도, 매춘부들의 처지를 어렵게 하니, 성매매가 불법이 되면, 그들은 전보다 훨씬 열악한 환경에서 일하게 된다. 1920년대의 미국 시카고, 1930년대의 아르헨티나, 그리고 1940년대의 프랑스는 20세기의 두드러진 예들이다. 1960년대에 '서종삼(서울의 종로삼거리에 있던 사창가)'을 없앤 일에서 우리는 씁쓸한 교훈을 배웠다.

성매매를 없애려는 시도가 무모하다는 사실이 뚜렷해지자, 반성도 나왔다. 1954년 아르헨티나 정부는 천주교회의 거센 반대를 무릅쓰고 유곽들의 영업 재개를 허용했다. 1937년의 유곽 폐쇄가, 기대와는 달리, 성매매를 줄이지 못하면서 성병의 창궐, 성도착증의 확산, 범죄의 증가와 같은 부작용들만 불러왔기 때문이다. 유곽 폐쇄와 매춘 금지 입법을 주도한 프랑스 여성 운동가 마르트 리샤르Marthe Richard가 뒤에 자신의 잘못을 인정한 것도 성매매 금지 운동을 펴는 이들이 새겨야 할 대목이다.


6


이런 경험들은 자연스럽게 사회 정책에 반영되었다. 지금 세계적으로 성매매에 관한 정책은 금지에서 규제로 옮아간다. 현실적으로 막을 수 없는 행위들을 아예 금지해서 문제를 악화시키기보다는 적절히 규제해서 부작용을 줄이는 것이 합리적이라는 얘기다. 이런 추세는 실은 동성애나 춘화의 이용과 같은 일에서도 나오며, 마약 문제도 그렇게 다루어야 한다는 주장이 점점 큰 지지를 받고 있다.

안타깝게도, 근년에 우리 사회는 그런 추세를 줄곧 거슬러왔다. 성매매를 종교적 관점에서 바라보고 죄악으로 여기는 주장이 득세해서, 성매매를 범죄로 규정하는 법들이 잇달아 만들어졌고 형벌이 점점 가혹해졌다. 그나마 그런 시대착오적 조치들이 불러올 부작용들에 대한 최소한의 방책도 없이 법이 서둘러 시행되곤 했다.

당장 문제가 되는 것은 성매매로 생계를 꾸려가는 여성들을 위한 대책이 전혀 없다는 사실이다. 종교가 삶의 모든 부면들을 지배했고 '암흑기'라 불렸던 유럽의 중세에서도 일을 그렇게 하지는 않았다. 매춘을 꾸짖으면서도, 기독교 승려들은 매춘부들을 위한 사업들을 활발하게 벌였다. 교황들까지 매춘부들의 복지에 마음을 썼으니, 이노켄티우스 3세는 매춘부와 결혼하는 일이 칭찬받을 일임을 역설했고, 그레고리우스 9세는 총각들이 회개한 매춘부들과 결혼하도록 권유하면서 회개한 매춘부들을 수녀원에 받아들이라고 성직자들에게 지시했다. 그런데, 자신들에게도 삶을 영위할 권리가 있다고 처절하게 외치는 '거리의 여인들'을 외면하는 이 사회는 과연 어떤 사회인가?

7

성매매를 벌하는 것은 형벌의 관점에서도 비합리적이다. 자발적 성매매는 일단 당사자들에게 혜택을 준다. 무릇 자발적 거래는 경제학자들이 '파레토 개선Pareto improvement'이라 부르는 상태를 부른다. 다른 사람들의 처지를 나쁘게 하지 않으면서, 당사자들의 처지를 낫게 만든다는 얘기다. 그렇지 않다면, 거래가 이루어질 리 없다. 따라서 성매매에 관련해서 사회가 해야 할 일은 모든 성매매들이 자발적 거래들이며 매춘을 강요받는 사람들이 없도록 하는 일이다. 그리고 그 일에 그쳐야 한다. 달리 할 일이 없다.

성매매를 형벌의 관점에서 살필 때 긴요한 것은 그것이 다른 사람들에게 뚜렷한 해를 입히지 않는다는 사실이다. 만일 범죄로 규정된다면, 그것은 '피해자 없는 범죄victimless crime'에 속한다. 그런 행위를 범죄로 규정하는 것은 자유주의의 근본 원칙을 어기는 일이다. 그런 '범죄'에 징역형까지 내릴 수 있게 만든 것은, 어느 모로 보더라도, 너무 지나치다. 그렇게 형평을 잃은 규정은 법의 권위와 정의의 내용에 손상을 입힌다.

게다가 '피해자 없는 범죄'의 억제에 투자하는 일은 방범에 쓸 수 있는 사회적 자원을 아주 비효율적으로 쓰는 일이다. 사람들을 감옥에 가두는 것은 엄청난 사회적 비용을 뜻하기 때문에, 지금 모든 앞선 사회들에선 감옥에 갇힌 사람들을 줄이려고 애쓴다. 그래서 사회의 안전에 직접적 위협이 되지 않는 범죄들에 대해선 가석방이나 공공 봉사와 같은 '중간형 intermediate sanctions'을 시도한다. 사정이 그러한데, 사회에 위협이 되지 않고 다른 사람들에게 피해를 주지 않는 방식으로 성욕을 해결한 사람들을 감옥에 가두겠다는 것이 어떻게 합리적 정책일 수 있겠는가?

그렇지 않아도, 지금 우리 사회의 치안 활동은 너무 비효율적이다. 경찰이 북한의 간첩들을 잡았다는 얘기는 들어본 지 오래지만, 시민들이 잡아준 범죄자들을 경찰이 놓쳤다는 얘기는 심심찮게 들린다. 방범에 쓸 수 있는 자원이 제한되었으므로, 사회의 안전에 직접적 위협이 되는 반국가 범죄들과 살인, 강간, 폭행, 강도와 같은 폭력 범죄들의 억제에 자원을 집중해야 한다. 실제로 앞선 사회들에선 경찰이 그런 범죄들과 사회에 별다른 위협이 되지 않는 범죄들을 뚜렷이 구분하고 전자를 줄이는 데 자원을 쏟는다. 성매매를 무겁게 벌하는 것은 이미 비효율적인 우리 사회의 치안을 더욱 비효율적으로 만들 것이다.

8

성매매를 뿌리 뽑겠다고 나선 이들은 물론 선의에서 나섰을 것이다. 그러나 "지옥으로 가는 길은 선의로 포장되었다"는 서양 격언이 일깨워주는 것처럼, 생물학과 사회과학 이론의 도움을 받아 실증적 조사를 거치지 않으면, 선의는 사회에 존재하는 고통의 총량을 늘릴 수 있다.

이런 사정을 바꾸려면, 먼저 성매매를 사악한 일로 여기는 사람들의 생각이 바뀌어야 한다. 성매매가 사악하다는 견해는 생물학과 사회과학의 지지를 받지 못한다. 그런 견해는 실제로는 성의 본질과 진화 과정에 대한 무지에서 비롯했다. 따라서 성의 본질과 진화 과정에 관한 지식이 널리 퍼지도록 하는 일은 이 문제를 합리적으로 푸는 바탕이 된다.

성매매를 비난하는 사람들은 성이 거래의 대상이 되는 것을 혐오한다. 그들은 성교가 성욕이 타오른 당사자들 사이에서 그것 자체를 위해서 이루어지는 것이 바람직하다고 여긴다. 이런 낭만적 견해는 널리 퍼졌지만, 실은 그것은 근거가 없다. 한쪽이 성욕이 없음에도 의무감과 같은 이유에서 성교에 응하는 경우가 얼마나 많은가. 실제로, 우리 전통 사회를 포함한 많은 사회들에서 여성이 성교를 즐기는 것은 온당치 못한 일로 여겨왔다. 그런 사회들에서 여성은 남편의 성욕을 충족시키고 자식을 낳아야 한다는 의무감에서 성교에 응해야 한다고 교육받았다. 따라서 성매매가 죄악이나 범죄가 된다면, 현금이 오갔다는 사실 때문일 터이다. 현금이 오갔다는 사실이 과연 그렇게 사악한 일일까? 그러면 부유한 사내가 신분이 높은 젊은 여인에게 보석과 모피를 사주면서 구애하는 것은 어떻게 되나?

앞에서 살핀 것처럼, 모든 종들에서 여성과 남성은 생식에 대한 공헌에서 큰 차이를 보이고, 그래서 생식을 위한 전략에서도 다르다. 배우자를 고르는 일에서 궁극적 고려 사항은 좋을 자식들을 낳을 능력이다. 남성이 여성에게 구애하는 데서 근본적 재산은 자신의 유전자들이 훌륭함을 나타내는 건강한 몸이다. 그러나 자식들을 잘 낳아서 키우려면, 육체적으로나 물질적으로나 큰 비용이 든다. 자연히, 자식들을 낳아서 키우는 데 도움이 될 물질도 중요한 재산이다. 여성의 생식 능력을 높일 영양가 높은 먹이에서 둥지를 짓는 재료에 이르기까지, 갖가지 '지참금'들을 남성은 여성에게 내민다.

어떤 침팬지 무리가 숲에서 콜로부스 원숭이 무리를 만나면, 그들은 때로는 원숭이들을 사냥하기도 하고 때로는 안 하기도 한다. 침팬지 무리가 크면, 그들은 사냥을 시작할 가능성이 높으니, 그들이 성공할 가능성이 높으므로 그것은 합리적 결정이다. 그러나 침팬지들이 사냥할 것인가 말 것인가에 관해서 두드러지게 가장 믿을 만한 예측의 지표는 무리에 성적으로 수용적인 여성들의 존재 여부이다. 만일 무리의 여성들 가운데 하나가 발정을 가리키는 음부의 성적 팽창을 지닌 '부풀어 오른' 여성이면, 남성들은 통상적으로 사냥을 시작한다. 원숭이를 잡으면, 그들은 부풀어 오른 여성에게 특혜적으로 원숭이 고기의 일부를 준다. 그리고, 놀랍게도, 놀랍게도, 그 여성은 고기를 더 많이 준 남성들과 교미를 할 가능성이 높다.

이것은 전갈 파리들 사이에선 흔한 습관이니, 남성은 죽은 곤충과 같은 큰 뇌물을 가져와서 여성에게 먹이고, 여성은 남성이 자신과 교미하도록 허용한다. 그런 흥정은 침팬지들 사이에선 그렇게 노골적이지 않지만, 그래도 그것은 분명히 존재한다. 남성들은 식량을 성교와 교환해서 수용적인 여성들과 나누어 가진다. (매트 리들리Matt Ridley, 『덕성의 기원들 *The Origins of Virtue*』)

이처럼 '지참금'은 합리적이고 보편적인 관행이다. 사람의 경우, 놀랍지 않게도, '지참금'은 훨씬 정교한 계산을 거쳐서 산출된다. 의사나 변호사처럼 사회적 지위와 수입이 보장된 사람들을 배우자로 맞으려면, 여성은 거기에 걸맞는 지참금을 마련해야 하며, 그런 지참금의 액수는 상당히 정확하게 산출된다. 그래서 그 액수에 못 미치는 지참금을 가져간 여성은 시댁에서 구박을 받는다. 다른 편으로는, 여성들은 배우자를 고르는 데서 그가 지닌 재산을 아주 중요한 조건으로 꼽는다. 따라서 결혼도 치밀한 계산에 바탕을 둔 거래가 된다. 결혼은 남성이 자식들에게 큰 투자를 한다는 것을 뜻한다. 사람은 유난히 양육 기간이 길고 사회적 교육에 대한 투자가 크므로, 여성이 그런 투자를 감당할 남성을 배우자로 선호하는 것은 당연하다.

거래라는 점에서 성매매와 결혼 사이에 두드러지게 다른 점은 거의 없다. 이내 눈에 뜨일 만큼 두드러진 차이가 있다면, 성매매는 일회성 거래이고 결혼은 '장기적 거래'라는 점뿐이다. 물론 결혼은 자식들을 낳아서 기른다는 궁극적 목적을 지녔고, 그래서 사회의 기본적 기구이며, 당연히 사회의 존중과 보호를 받아야 한다. 결혼과 가정을 미화하고 신성시하는 것은 그래서 정당화된다. 그러나 그런 미화나 신성시가 성매매에 대한 그른 비난을 필요로 하는 것도 아니고 그것의 근거가 될 수도 없다.

9

성매매는 이처럼 심각한 함의들을 품은 사회적 문제이다. 성매매를 법으로 금지해놓고 태연하게 손을 털기엔 성은 너무 본질적 현상이고 성욕은 너무 강렬한 욕구이다. 이 복잡하고 어려운 문제를 우리는 어떻게 풀어나가야 하는가?

당장 할 일은 정부가 '성매매처벌법'이 사회에 미치는 영향들을 꾸준히 측정하는 것이다. 그리고 그런 측정에서 나온 결론에 따라, 정책과 법을 합리적으로 손질해야 한다. 이처럼 기본적인 일에서 우리 정부는 너무 소홀했다. 거의 틀림없이, 그런 결론은 성매매를 처벌을 통해서 없애려는 일이 어리석음을 보여줄 것이다. 이미 신문들이 한 조사들에 따르면, 유곽에서 쫓겨난 매춘부들은 대부분 다시 유곽으로 돌아갔다.

자유주의적 관점에서 살피면, 성매매는 정상적 거래이다. 매춘부들과 고객들 사이의 관계는 '성적 서비스'라는 상품의 거래이다. 그리고 자발적인 한, 그런 거래들은 당사자들의 복지를 크게 늘린다. 그런 관점은 비록 전통적 견해나 감수성에 어긋나겠지만, 현실을 가장 잘 파악한 것이다.

일단 그런 관점을 받아들이면, 성매매에 대한 합리적 정책은 이내 떠오른다. 자발적인 성매매 거래들을 보호하고 사회적 편견을 줄여서, 결혼이라는 기구 안에서 성욕을 해결하지 못한 시민들이 최소한의 비용과 위험을 지면서 성매매를 통해서 성욕을 해결하도록 도와야 한다. 실제적 조치로서 중요한 것은 매춘부들을 기업가들로 대접해서 그들이 마음 놓고 사업을 할 수 있도록 하는 것이다. 이 방안은 실은 헝가리 경찰이 맨 먼저 제안했다. 성매매를 단속하는 입장에 있고 그래서 성매매의 실상에 대해 가장 잘 아는 경찰이 그런 제안을 했다는 사실은 음미할 만하다. 모든 계층의 사람들이 성욕의 해결에서 다소간 문제를 맞는다는 사실을 생각하면, 이 방안이 사회의 복지를 크게 늘리리라는 것은 분명하다.

# 혼혈인들에 대한 차별

1

우리나라와 관련하여 우리 국민들이 가장 자주 쓰는 말은 '단일민족'이다. 그 말을 쓰는 사람들이 그 말로 무엇을 뜻하든, 그리고 그 말이 얼마나 튼실한 사실적 바탕을 지녔든, 일단 그 말은 우리 사회에 큰 영향을 미친다.

우리가 단일민족으로 이루어진 사회라는 생각은 자연스럽게 그 민족에 속하는 사람들과 그렇지 않은 사람들의 뚜렷한 구별로 이어진다. 그런 구별은 어쩔 수 없이 '속하지 않는 사람들'에 대한 차별을 불러온다. '속하지 않는 사람들'의 대부분은 외국인들인데, 우리 사회에서 그들에 대한 차별은 다른 사회들에서보다 심한 편이다. 또 하나 심각한 차별의 대상은 내국인이면서도 '혈통'과 외모가 주류 시민들과 다른 혼혈인들이다.

이런 사정은 도덕적으로나 실제적으로나 심각한 문제이다. 앞으로 세계화가 진전되면서, 그 문제는 점점 심각해질 터이다.

2

우리 사회의 외국인들은 대부분 잠시 머무는 사람들이다. 그들에 대한 차별은 제도적이고 공식적이지만, 국제법과 관행에 따라 외국인들에게 부여되는 권리들을 누린다. 그리고 그들에겐 보살펴줄 조국이 있다. 자연히, 외국인들에 대한 차별은 제한되었고 차별에 나오는 문제들은 잔류적 수준을 크게 넘지 않는다. 두드러진 차별 사례들인 화교들에 대한 차별과 근년에 나온 외국인 노동자들에 대한 차별과 착취도 내외에서 큰 관심을 끌었고 아쉬운 대로 대응책들이 마련되었다.

혼혈인들은 우리 사회에 속하고 시민의 권리를 지녔다. 다른 시민들로부터 갖가지 형태들로 차별을 받아도, 그들은 따로 도움을 요청할 조국이 없다. 자연히, 그들에 대한 차별은 특히 폐해가 크고 대처하기도 힘들다.

우리 사회에서 혼혈인들에 대한 차별이 중요한 사회적 문제가 된 것은 6·25전쟁 뒤였다. 국제연합군의 참전으로 많은 외국 군인들이 오래 머무르면서, 상당히 많은 혼혈인들이 나왔다. 역사적으로, 조선은 외침을 여러 번 겪었는데, 그때마다 조선 사회에선 상당한 혼혈인들이 나왔을 터이다. 중국 대륙으로부터 들어온 귀화인들도 많았다. 그러나 그들은 거의 모두 몽골인종에 속해서 조선 사람들과 외양이 비슷했다. 자연히, 혼혈인들은 쉽게 토착 주민들 속으로 흡수되었고, 그들에 대한 차별이 심각한 문제가 되지 않았을 것이다. 그러나 6·25전쟁 뒤엔 사정이 달랐으니, 국제연합군 군인들은 대부분 한국 사람들과 인종적으로 달랐고, 그들이 남긴 혼혈인들은 일반 시민들과 뚜렷이 구별되었고, 차별 문제도 심각해졌다.

조선 사회가 전통적으로 폐쇄적이었고 그래서 혼혈인들을 받아들일 준비가 전혀 없었다는 사실은 사정을 더욱 어렵게 만들었다. 조선조 사회의 혼혈인들에 대한 차별적 태도에 대해서, 이규태(李圭泰)는 「한국인의 순혈주의(純血主義)」에서 이렇게 말했다.


　인조 5년 경주 외해에 표류한 화란 선원 벨테브레는 훈련도감의 외인부대장으로 병자호란에 참여했었다. 한국 여성과 결혼, 아들딸 하나씩 낳고 여생을 살았다. 하멜 일행이 제주도에 표착했을 때 현지에 내려가 통역을 했으며 정 붙이고 살면 살 만한 나라라고 불안에 떨고 있던 일행을 안심시키기도 했다. 이 벨테브레의 혼혈 후손들이 어딘가에 살아 명맥을 이었음 직한데 흔적을 찾을 수 없다. 하멜 일행 중 전라도에 분산돼 살았던 22명의 화란인들 가운데 몇은 조선 옷을 입고 조선말을 했으며 조선인 아내를 얻고 아들딸 낳고 살다 처자식 남겨놓고 일본으로 도망쳤다. 그중 얀 클라즈젠은 처자식을 못 버려 남원 땅에 눌러 살았다. 전라도에 적지 않은 화란계 혼혈아가 후손을 퍼뜨렸을 텐데 역시 흔적이 없다. 혼혈로 살아남기에는 가혹한 분위기였음을 짐작케 한다.


　난파한 화란 선원들의 후손들이 뚜렷이 계보들을 이어오지 못했다는 사실은, 이규태의 추론대로, 조선조 사회가 백인 혼혈인들에게 호의적이지 않았음을 말해준다. 그러나 조선 사회가 인종적으로 다른 외국인들이나 외모가 상당히 다른 혼혈인들에 대해서 늘 차별적 태도를 지녔던 것은 아니다.

　고려조에선 송(宋)과의 해상 무역이 성했고, 송을 중계지로 해서 사라센 제국 상인들과도 교역을 했으며, 예성강(禮成江) 하구 벽란도(碧瀾渡)는 국제항으로 번창했다. 국제무역보다 더 강력하게 열린 사회로 만드는 힘도 없으므로, 당시 고려 사회는 상당히 열린 사회였을 터이다. 이어 원(元)의 지배와 영향을 받았을 때는 열린 사회의 특질을 더욱 짙게 띠었다.

아시아 대륙의 대부분과 유럽 대륙 동부를 아우르는 대제국이었으므로,
몽골제국은 많은 종족들과 문화들을 거느렸고 그런 종족들과 문화들을 포
용하고 교류를 장려하는 현명한 정책을 폈다. 원의 지배 아래서, 고려의
국왕들은 원의 수도 연경(燕京)에서 젊은 시절을 보내고 원 황실의 여인들
을 왕비로 맞았다. 자신들이 혼혈인들이었던 터라, 고려의 국왕들은 당연
히 외국인들과 혼혈인들에 대해 호의적이었을 터이다. 그리고 몽골제국
이 정책적으로 색목인(色目人)들을 우대했으므로, 적잖은 아랍인들과 서역
인들이 고려에 들어왔고 귀화했다. 고려 가사 「쌍화점(雙花店)」은 이런 사
정을 생생하게 증언한다.

그런 귀화인들 가운데 적잖은 이들이 고려조에서 높은 벼슬과 지위를
누렸다. 그들의 후손들도 별다른 차별을 받지 않았으니, 귀화인을 시조로
삼은 명문 씨족들이 이 점을 말해준다. 덕수장씨(德水張氏)는 본래 이슬람
교도로 세조(世祖) 치하 원의 조정에서 벼슬을 하다가 공민왕비(恭愍王妃)
노국대장공주(魯國大長公主)의 배행으로 고려에 왔다가 귀화한 장백창(張伯
昌)이 시조인데, 조선조 중기의 뛰어난 문신 유(維)를 배출했다. 경주설씨
(慶州偰氏)는 고려조에 귀화한 위구르인의 후손들로 고려조와 조선조에서
여럿이 높은 벼슬을 했다. 임천이씨(林川李氏)도 귀화한 위구르인의 후손
들이다.

반면에, 조선조 중기 이후엔 인종이 다른 외국인들은 귀화해도 높은 벼
슬을 하지 못했다. 발전된 서양의 전쟁 기술로 전쟁에서 공을 세웠어도,
화란인들이 큰 혜택을 받지 못했다는 사실은 고려조의 열린 태도가 조선
조에서 사라졌음을 가리킨다. 자연히, 외모가 크게 다른 화란인들의 후손
들은 차별을 받았을 터이고, 그들은 따로 씨족을 이루지 못하고 다른 씨
족들에 흡수되었을 것이다.

3

국제연합군의 주둔으로 나온 혼혈인들은 인종적 차이로 흡수되기 어려웠고, 대부분 입양되어 해외로 나갔다. 남은 사람들은 심한 차별을 받았고 어려운 삶을 살아야 했다. 그러나 국제연합군이 대부분 떠나고 주력인 미군도 점차 줄어들면서, 혼혈인 문제는 차츰 누그러졌다. 이제는 대신 남아시아 출신 노동자들의 이입으로 인한 혼혈인 문제가 점점 심각해진다.

우리 사회가 외국인에 대한 거부감과 혼혈인들에 대한 차별이 심한 것은 분명하다. 그리고 우리 사회가 조선조의 성립 이후 무척 폐쇄적이 되었다는 사실에서 그런 특질의 큰 부분이 나온 것도 분명하다.

그러나 그런 특질은 어느 사회에서나 나온다는 사실도 있다. 모든 사회들에서 정치적 권리는 외국인들에겐 주어지지 않는다. 실은 귀화인들에게도 제대로 주어지지 않는다. 이 점에서 가장 너그러운 미국도 귀화인은 대통령이 될 수 없다. 경제적으로도, 외국인들은 갖가지 공식적 차별을 받고 시장에서도 높은 진입 장벽을 만난다. 거의 모든 사람들이 그런 제도적이고 공식적인 차별을 당연하게 여긴다.

동서고금을 가릴 것 없이, 외부인들에 대한 의심과 거부감을 보이지 않은 집단은 없었다. 그리고 혼혈인을 가리키는 영어 낱말들이 'half-breed' 'half-blood' 그리고 'mixed blood'라는 사실이 가리키듯, 어느 집단에서나 혼혈인들은 '순수한 혈통'보다 경멸과 열등한 대우를 받았다. 따라서 우리 사회와 다른 사회들 사이의 차이는 종류의 차이가 아니라 정도의 차이라 할 수 있다.

이런 사정은 외국인들과 혼혈인들에 대한 비우호적 태도에 사회적 풍토보다 훨씬 깊은 바탕이 있으리라는 생각을 낳는다. 지금 어느 사회에서나 인종적 차별을 드러내놓고 주장하는 사람들은 드물다. 거의 모든 사람들은 그러한 차별을 도덕적으로 옳지 않다고 생각한다. 그래도 차별은 계속된다. 따라서 우리는 그것이 생물적 바탕을 지녔고, 도덕적 훈계는 아주 제한된 효과만을 낼 수 있으며, 실질적으로 문제를 누그러뜨리려면 먼저 그러한 생물적 바탕을 밝혀야 한다고 일단 추론할 수 있다.

4

사람은 자신과 혈연적으로 가까운 사람들에게 마음이 끌리고 그들을 차별적으로 돕도록 되어 있다. 사람은 자신을 가장 소중히 여긴다. 누구에게나 자신은 혈연적으로 100% 동일하기 때문이다. 다음엔 부모와 자식 사이가 가깝고, 이어 형제들이 가깝고, 차츰 멀어지는 친족들이 있다. 사람들이 그렇게 자신에게 가까운 사람들에게 끌리고 차별적으로 돕는 성향은 '친족선택kin selection'이라 불린다. 에른스트 마이어Ernst Mayr의 정의를 따르면, 친족선택은 "같은 유전형의 일부를 공유하는 개체들 사이의 이타적 상호작용에 기인한 선택적 이점selective advantage due to the altruistic interaction of individuals sharing part of the same genotype"이다. 사람들이 '단일민족'이라는 개념에 마음이 끌리고 자신들과 외모가 상당히 다른 외국인들이나 혼혈인들을 차별하는 행태는 궁극적으로 친족선택에 바탕을 두었다.

친족선택은 다윈의 이론에 바탕을 둔 개념이다. 다윈의 진화론은 '변이적 진화론theory of variational evolution'이라 불리는데, 개체군population들에 속한 개체individual들의 변이가 자연선택의 대상이 되어 진화가 이루어진다는 주장이다. 간략하게 얘기하면, 자연선택 이론은 생존에 적합한

특질을 지닌 개체들이 살아남아서 자손들을 남기며 그런 과정을 통해서
진화가 이루어진다는 주장이다.


5


다윈주의 진화론은 자연선택이 진화의 방식이라는 이론이므로, 자연
히, 다윈주의 진화론에서 근본적인 문제들 가운데 하나는 자연선택이 작
용하는 단위이다. 오랫동안 다윈주의 진화론은 유기체organism가 그런 단
위라고 상정해왔다. 모두 자명한 이치라고 여겨온 이 가정은 그러나 큰
문제를 안았으니, 그것에 바탕을 둔 이론들로는 설명하기 어려운 현상들
이 너무 많았다. 마침내 그것의 타당성에 근본적 의문을 제기하는 학자들
이 나타났다. 그들은, 진화의 기본적 단위는 '복제자replicator'인데, 지구
생명체들의 경우, 복제자는 유전자들이고 유기체는 본질적으로 유전형
genotype과 환경 사이의 상호작용에서 나온 표현형phenotype이라고 주장
했다. '유전자적 관점gene's-eye view'이라 불린 그 이론은 다윈주의 진화
론을 한껏 밀고 나간 이론으로, 진화론에 혁명적 충격을 주었다. 그런 관
점에서 살피면, 사람과 같은 유기체들은 유전자의 뜻을 수행하고 유전자
를 다음 세대로 나르는 '수레vehicle'들이다.

유전자가 자연선택의 기본 단위인 '복제자'이고 진화의 주역이면, 유전
자의 영향은 아주 멀리 미칠 수밖에 없다. 도킨스는 그렇게 멀리 미치는
유전자의 영향을 '확장된 표현형extended phenotype'이라 불렀다.

한 유전자의 표현형적 효과들은 보통 그것이 자리 잡은 몸에 대해 그것이
지닌 모든 효과들로 여겨진다. 이것이 전통적 정의이다. 그러나 우리는 한

유전자의 표현형적 효과들은 그것이 세계에 대해 지닌 모든 효과들로 생각될 필요가 있음을 보게 될 것이다. 〔……〕 한 유전자의 표현형적 효과들은 그것이 자신을 다음 세대로 옮기는 데 쓰는 도구들이다. 내가 덧붙이고자 하는 것은 그 도구들은 개체적 몸의 울타리 밖까지 미친다는 것이다.

자연은 같은 또는 다른 종들의 다른 것들을 조종하는 동물들과 식물들로 들끓는다. 자연선택이 조종을 위한 유전자들을 선호한 모든 경우들에서, 같은 유전자들이 조종당한 유기체의 몸에 (확장된 표현형적) 효과들을 지녔다고 말하는 것은 정당하다. 유전자가 육체적으로 어떤 몸 안에 있느냐 하는 것은 문제가 되지 않는다. 그것의 조종의 표적은 같은 몸이거나 다른 몸일 수 있다. 자연선택은 자신들의 전파를 확보하기 위해 세계를 조종하는 유전자들을 선호한다. 이런 사정은 내가 '확장된 표현형의 중심적 정설'이라고 부른 것으로 이끈다: 한 동물의 행태는 그 행태를 '위한' 유전자들의 생존을, 그 유전자들이 〔그 행태를〕 수행하는 특정 동물의 몸 안에 자리 잡았든 아니든, 최대화하는 경향이 있다. 나는 동물 행태의 맥락에서 썼지만, 물론 그 정리는 빛깔, 크기, 모양 등 모든 것들에 적용될 수 있다. (리처드 도킨스, 『이기적 유전자』〕)

6

유전자들은 자신들의 복제들을 널리 퍼뜨리려 애쓴다. 그것은 그들의 가장 높은 목표이고, 다른 목표들은 모두, 예외 없이, 그것에 종속된다. 그 목표를 이루려면, 유전자들은 먼저 널리 퍼진 자신들의 복제들을 알아보아야 한다. 그 뒤에야 그들은 자신들의 복제들이 살아남고 전파하는 것을 도울 수 있다.

그러나 실제로 행동하는 것은 유전자들이 아니고 그들의 '수레'들인 개체들이다. 따라서 '복제자'들인 유전자들의 목표가 이루어지려면, 개체들이 유전자들을 자신들과 많이 공유한 다른 개체들을 인식하는 것이 필요하다.

야생동물들은 그들의 친족이 누구인지 어떻게 '알' 수 있는가, 달리 말하면, 그들이 친족 관계에 대해 아는 것처럼 만드는 간접적 효과를 지닌 어떤 행태적 규칙들을 그들은 따를 수 있는가? 〔……〕 동물들은 그들의 유전자들에 의해 행동을 위한 단순한 규칙이, 행동의 궁극적 목적에 대한 전지적 인식을 포함하지 않는 규칙이, 그러나 적어도 평균적 조건들 아래에선 그럼에도 불구하고 작동하는 규칙이 주어져야 한다. 〔……〕 동물들이 신체적으로 그들을 닮은 개체들에게 이타적으로 행동하는 성향을 지녔다면, 그들은 그들의 친족에게 간접적으로 좋은 일을 조금 할 것이다. 많은 것들은 당해 종들의 세부적 사항들에 달렸다. 그러한 규칙은 어쨌든 통계적 뜻에서 '옳은' 결정들로 이끌 수밖에 없다. (리처드 도킨스, 같은 책)

따라서, '유전자적 관점'에서 보면, 사람을 포함한 동물들은 자신들의 몸 안에 든 유전자들의 복제들을 위해서 자신들과 유전자의 상당수를 공유한 친족에게 이타적 행태를 보이며, 그러한 친족을 식별하는 방법은 자신들과 모습이 비슷한 개체들을 고르는 것이다. 바로 '친족선택'이다. 부모가 자식들에게 보이는 호의적 태도로 대표되는 친족선택이 그렇게도 원초적이고 강력한 까닭이 바로 거기 있다.

유전자들이 복제자들이고 유기체들은 수레들인 이상, 친족선택은 필연적이다. 그래서 친족선택은 모든 개체들에게 늘 자연스럽다.

그러나 인류 문명이 발전하면서, 사회가 커지고 많은 종족들이 섞이게 되자, 문제가 생겼다. 여러 인종들과 많은 종족들이 모여 협력하면서 비영합non-zero의 공동 이익을 얻어야 하는데, 사람들이 타고난 '친족선택' 성향은 이런 협력을 어렵게 만든다.

만일 조건들이 바뀌면, 예컨대 만일 어떤 종이 훨씬 커다란 집단들을 이루어 살기 시작하면, 〔그런 규칙은〕 그른 결정들로 이끌 수 있다. 상상하건대, 인종적 편견은 신체적으로 자신을 닮은 개체들과 동일시하고 외모가 다른 개체들은 고약하게 대하려는 친족선택 성향의 비합리적 일반화로 해석될 수 있다. (리처드 도킨스, 같은 책)

사람의 경우, 친족선택은 사회의 규모가 그리 크지 않았던 원시시대에 다듬어졌다. 인류 문명이 빠르게 발전해서 사회의 규모가 갑자기 커졌으므로, 사람이 지닌 친족선택 성향은 자연선택을 통해서 누그러질 틈이 없었다. 그래서 원시시대엔 당연한 적응이었던 친족선택이 이제는 '잘못된 적응maladaptation'이 되어버렸다. 인종차별주의와 거칠고 공격적인 민족주의의 뿌리들 가운데 가장 깊은 것은 그런 잘못된 적응이라 할 수 있다. 현대 사회들에서 좀처럼 시원스러운 대책이 발견되지 않는 문제들을 살피면, 신체적 비만에서 '부러움의 정치'에 이르기까지, 원시시대의 적응들이 현대 사회에서 잘못된 적응들이 되었다는 사정이 문제의 핵심으로 드

러나는 경우가 많다. 외국 사람들과 혼혈인들에 대한 차별도 그러한 잘못
된 적응이 문제의 본질이다.

8

현대 문명에서 친족선택이 잘못된 적응이 되어 비합리적 행태들을 부른
다는 문제는 문화적 요인에 의해 한층 더 악화되었다. 문화가 비합리적
행태에 힘을 실어주기 때문이다.

문화는 확장된 표현형들 가운데 가장 두드러지고 흥미로운 것이다. 다
원주의 진화론자들은 문화도, 사람의 그것을 포함해서, 궁극적으로 진화
의 법칙의 지배를 받는다고 믿는다. 유전자와 비슷한 문화의 단위는 '밈
meme'이라 불린다. 유전자와 마찬가지로, 밈은 '복제자'이다.

밈들의 예들은 가락들, 아이디어들, 구호들, 의상의 유행들, 냄비들을
만들거나 홍예들을 짓는 방식들이다. 유전자들이 정자들이나 난자들을 통
해서 몸에서 몸으로 건너뛰면서 유전자 풀에서 자신들을 전파하는 것과 똑
같이, 밈들은 넓은 뜻에서 모방이라고 불릴 수 있는 과정을 통해서 뇌에서
뇌로 건너뛰면서 밈 풀에서 자신들을 전파한다. (리처드 도킨스, 같은 책)

따라서 문화를 지닌 종들에선 진화가 유전적 요인들만이 아니라 문화적
요인들에 의해서도 이루어진다. 이러한 '유전자-문화 공진화'는 물론 사
람에서 가장 두드러지고 중요하다.

본질적으로, 〔유전자-문화 공진화의〕 개념은, 첫째, 사람의 계통은 유

전적 진화에 문화적 진화라는 평행적 진로를 더했다는 것과, 둘째, 진화의 그 두 형태들은 연결되었다는 것을 관찰한다. 〔……〕

문화는 공동체적 마음에 의해 창조되고, 각 마음은 유전적으로 구조화된 사람 뇌의 산물이다. 따라서 유전자들과 문화는 떼어놓을 수 없도록 연결되었다. 그러나 그 연결은 아직 대체로 측정되지 않은 정도로 유연하다. 그 연결은 또한 꼬불꼬불하다: 유전자들은 개체신생적 규칙들을 정하는데, 그것들은 개별적 마음이 자신을 조립하는 일에서 의존하는 신경 경로들과 인식적 발생에서의 규칙성들이다. 마음은 출생에서 죽음까지, 개별적 뇌가 물려받은 개체신생적 규칙들을 통해서 인도된 선택들을 함으로써, 그것에 이용 가능한 기존 문화의 부분을 흡수함으로써 자라난다. 〔……〕

어떤 문화적 규범들은 또한 경쟁적 규범들보다 더 잘 살아남고 생식하며, 그렇게 함으로써 문화가 유전적 진화와 평행인 진로를 따라 그리고 통상적으로 그것보다 훨씬 빠르게 진화하도록 만든다. 문화적 진화의 속도가 빠를수록, 유전자들과 문화 사이의 관련은, 비록 완전히 끊어질 수는 없지만, 점점 느슨해진다. 문화는 상응하게 정확한 유전적 규정 없이 발명되고 전수되는, 정교하게 조율된 적응들을 통해서 환경에서의 변화들에 대한 빠른 조정을 허용한다. 이런 면에서 인류는 모든 다른 동물 종들과 근본적으로 다르다. 〔……〕

유전자-문화 공진화는 자연선택에 의한 진화의 보다 일반적인 과정의 특별한 확장이다. (에드워드 윌슨Edward O. Wilson, 『지식의 대통합』)


9


복제가 쉽고 전파력이 큰 밈들을 살피면, 그것들은 모두 사람들의 직관에 맞는 것들이라는 사실이 드러난다. 생각해보면, 당연한 일이다. 사람들은 근본적으로 직관을 통해서 세상을 살피고 직관에 비추어 옳고 그름을 판별한다. 그래서 직관에 맞는 밈들은 사람들의 뇌에 이내 자리를 잡는다. 반면에, 직관으로 이내 이해할 수 없는 복잡한 생각들이나 직관에 거스르는 생각들은 사람들의 뇌에서 복제가 어렵고, 자연히, 전파력이 약하다. 민족주의는 직관에 완전히 부합하는 밈이다.

여기서 주목할 점은 도덕적 감정이 친족선택에서 나왔고 그것을 돕는다는 점이다. 에드워드 윌슨은 이 점을 간결하게 설명했다.

이제 협력하거나 빠지는 사람의 성향이 유전될 수 있다고 상정하자: 어떤 사람들은 내재적으로 협력적이고, 다른 사람들은 덜 그렇다. 이 면에서 도덕적 적성은 지금까지 연구된 거의 모든 다른 정신적 특질들과 바로 같을 터이다. 기록된 유전성을 지닌 특질들 가운데, 도덕적 적성과 가장 가까운 것들은 다른 사람들의 괴로움에 대한 공감과 아이들과 그들을 돌보는 사람들 사이의 특정한 애착 형성 과정이다. 도덕적 적성의 유전성에 협력적 개인들이 일반적으로 오래 살아남고 더 많은 자손들을 남긴다는 역사의 풍부한 증거를 더해보자. 그러면 진화적 역사 과정에서 사람들을 협력적 행태로 기울도록 하는 유전자들이 전체 인류 개체군에서 압도적 지위를 차지하게 되리라 기대할 수 있다.

수천 세대 동안 되풀이된 그러한 과정은 필연적으로 도덕적 감정들을 낳았다. 완전한 정신병자들을(만일 그런 사람이 정말로 존재한다면) 빼놓고는, 누구나 이 본능들을 양심, 자존심, 회한, 동감, 부끄러움, 겸허, 그리고 도덕적 분개와 같이 다양한 형태로 생생하게 경험한다. 그것들은 문화적 진화를 명예, 애국심, 이타주의, 정의, 동정, 너그러움, 그리고 도덕적 구원과 같은 보편적 도덕률들을 나타내는 관행들로 기울게 한다. (에드워

드 윌슨, 같은 책)

불행하게도, 위에서 살핀 것처럼, 사회가 커지면서 친족선택은 잘못된 적응 행태들을 낳았다. 민족주의는 본질적으로 그렇게 잘못된 적응이다. 문명사회에선 혈연적으로 별다른 관련이 없는 사람들이 모여 협력하면서 산다. 그런 사회에서 친족선택이 사회의 차원으로 확대되면, 구성원들이 비영합의 공동 이익을 추구하기 어렵게 된다. 민족주의는 본질적으로 오랫동안 적응이었던 친족선택이 사회적 환경의 변화에 따라 잘못된 적응이 된 데서 나왔다.

도덕적 행태로 이끄는 태생적 성향의 어두운 면은 외족 혐오이다. 사회적 거래들엔 개인적 친숙함과 공통의 이익이 중요하므로, 도덕적 감정들은 선택적이 되도록 진화했다. 늘 그러했고, 앞으로도 늘 그러할 터이다. 사람들은 노력을 해야 낯선 사람들을 신뢰할 수 있고, 진정한 동정은 만성적으로 공급이 부족한 상품이다.

부족들은 조심스럽게 정의된 조약들과 다른 협약들을 통해서만 협력한다. 그들은 자신들이 경쟁적 집단들의 음모들의 희생자들이라고 쉽게 상상하며, 그들은 격심한 갈등의 시기들엔 그들의 적수들을 비인간화하고 살해하는 경향이 있다. 그들은 성스러운 상징들과 의식들로 자신들의 집단적 충성심들을 단단하게 한다. 그들의 신화들은 위협적인 적들에 대한 서사적 승리들로 채워진다. (에드워드 윌슨, 같은 책)

사정이 그러하므로, 민족주의는 복제가 쉽고 전파력이 아주 강력한 밈이다. 어떤 이념도 민족주의에 맞설 수 없다. 모든 이념들이 일단 현실로 나오면 조만간 민족주의에 오염된다. 실은 민족주의의 뛰어난 전파력을 이용하려고 다른 이념들은 민족주의와 결합하려 애쓴다.

민족주의가 '단일민족'과 같은 신화의 모습을 하고 유통되면, 그것이 밈으로서 지닌 복제력과 전파력은 한층 더 강해진다. '순수한 피'라는 밈은 특히 강력하다. 따라서 우리 사회에서 외국 사람들과 혼혈인들에 대한 차별은 여러 민족들로 이루어진 사회들에서보다 클 수밖에 없다.


10


그런 사정을 우리는 어떻게 바꿀 수 있는가?

먼저 우리는 외국 사람들과 혼혈인들에 대한 차별이 본질적으로 생물적 바탕을 지녔고 그래서 아주 힘이 강력하다는 사실을 인식해야 한다. 우리는 우리 자신의 생물적 구조를 벗어나거나 그 구조에서 나오는 원리를 거스를 수 없다. 우리는 우리 몸과 마음의 생물적 구조에 대한 지식을 통해서 우리를 몰아가는 힘들을 이해하고 그것들이 우리에 대해 지닌 영향력을 조금 조절할 수 있을 따름이다.

다행히, 진화의 과정이 진전되면서, 효율적 정보처리를 위해서 뇌가 생겨났고, 뇌가 발달하자, 의식과 의지가 나타났다. 개체들이 유전자들의 전제로부터 부분적으로 벗어날 수 있는 물질적 바탕이 마련된 것이다.

아마도 의식은 뇌의 세계 모사가 아주 완전해져서 자신의 모형을 포함해야만 되었을 때 일어난다. 분명히 생존 기계의 사지와 몸은 모사된 세계의 중요한 부분을 이룬다. 생각건대 같은 종류의 까닭 때문에, 모사 자체는 모사되는 세계의 부분으로 여겨질 수 있다. 〔……〕

의식에 의해 제기된 철학적 문제들이 무엇이든, 이 이야기의 목적을 위해서 그것은 그들의 궁극적 주인들인 유전자들로부터 판단을 얻어서 집행하는 존재들인 생존 기계들의 해방으로 향하는 진화적 추세의 절정으로 생각될 수 있다. 뇌들이 생존 기계의 일들의 일상적 처리를 맡았을 뿐 아니라, 그것들은 미래를 예측하고 그것에 따라 행동하는 능력도 얻었다. 그것들은 유전자들의 명령들에 반항하는 힘까지도 얻었으니, 예컨대 그것들은 가능한 한 많은 아이들을 갖는 것을 거부할 수 있다. (리처드 도킨스, 『이기적 유전자』)


이런 물질적 바탕 위에서, 사람은 단순히 유전자들의 목적에 맹목적으로 봉사하는 존재에서 부분적으로나마 벗어나 스스로 설정한 도덕률의 구현을 위해 애쓰는 존재가 될 수 있다. 그리고 바로 거기에 우리가 인종 차별과 닫힌 민족주의를 퍼뜨리는 밈들에 대해 상당히 효과적으로 대항할 수 있는 바탕이 있다.

그런 대항의 논리를 제공해주는 것은 물론 과학적 지식이다. 생물학 지식은 직관적으로 그리도 당연하게 다가오는 밈들이 왜 그른가 뚜렷이 보여준다. 그러한 지식의 인도를 받지 않으면, 누구도 그렇게 강력한 밈들에 효과적으로 대항할 수는 없다.

먼저, '순수한 핏줄'이라는 밈이 전혀 근거가 없음을 밝히기는 그리 어렵지 않다. 이러한 밈을 퍼뜨리는 사람들은 그것을 우리 민족이 '단일민족'이라는 사실에서 끌어낸다. 우리 민족이 '단일민족'이라는 주장은 대체적으로 옳다. 우리 사회의 시민들은 거의 모두 신체적으로나 문화적으로 아주 동질적이다. 인종적으로는, 소수의 귀화인들과 혼혈인들을 빼놓고는, 몽골 인종에 속한다. 몽골 인종이라는 개념 자체가 아주 넓고 느슨하지만, 시민들의 다수가 일단 인종적으로 몽골 인종이라는 하나의 집단에 속한다는 사실은 분명히 뜻을 지닌다. 문화적으로도, 역사, 언어 그리고 다른 중요한 전통의 요소들을 공유하므로, 시민들 사이의 편차가 상당히 작다. 즉, 우리 민족은 '동질적 민족homogeneous nation'의 이상형에 가깝다.

그러나 그러한 사정에서 우리 시민들 다수가 '순수한 핏줄'을 공유한다는 주장이 바로 나오는 것은 아니다. '순수한 핏줄'은 생물학의 가장 근본적 수준인 분자유전학에선 민족의 구성원들이 유전자들을 많이 공유한다는 것을 뜻한다. 그러나 어느 민족이든 그 구성원들이 실제로 유전자들을 아주 많이 공유하는 것은 아니다. 유전형에 관한 한, 민족 안의 개인들 사이의 편차는 민족들 사이의 편차보다 오히려 크다. 본질적으로, 사람들은 유전자들을 거의 다 공유한다. 인종들이나 민족들 사이에 유전자들을 아주 많이 공유하지 않는다면, 교배가 이루어질 수 없을 터이다.

이러한 사정을 매트 리들리Matt Ridley는 『후천을 통한 선천 *Nature via Nurture*』에서 이렇게 설명했다.

종의 바깥에서 보면, 인류는 눈에 뜨이도록 비슷하다. 침팬지나 화성인에겐, 인류의 다른 인종적 집단들은 별개 인종들로 분류될 가치가 거의 없는 것처럼 보일 터이다. 한 인종이 시작하고 다른 인종이 끝나는, 뚜렷한 지리적 경계가 없고, 인종들 사이의 유전적 변이는 같은 인종의 개인들 사이의 유전적 변이에 비기면 작은데, 이것은 오늘날 살아 있는 모든 사람들의 공통 조상이 최근까지 살았다는 사실을 — 그 공통 조상이 살았던 때부터 3,000세대 남짓 지났다 — 반영한다.

게다가 사람은 다른 생물들과 유전자들을 많이 공유한다. 생명의 유지에 필수적이고 기본적인 활동들을 관장하는 유전자들은 거의 모든 생명체들이 공유한다. 아울러 민족의 차원에서 '핏줄'을 따지는 것은, '유전자적 관점'에서 살피면, 유기체에 너무 중요한 무게를 두는 태도이고 근본적으로 비합리적이며, 자연히, 풀 수 없는 문제들을 낳는다.

따라서 어떤 인종이나 어떤 민족을 다른 인종들이나 다른 민족들로부터 구별하는 특질들은 실은 아주 표피적 현상들이다. 그것들은 깊은 바다의 물결들과 같다.

여기서 혈연에 관해서 널리 퍼진 오류 하나를 밝히는 것이 필요하다. 혈연은 친족선택과 민족주의의 뿌리인데, 혈연은 실은 어느 종에서든 유전자 풀gene pool의 아주 작은 부분에 관한 얘기다.

혈연을 측정하는 문제는 많은 사람들이 아래와 같은 방식으로 틀리게 한다. 한 종의 어떤 두 구성원들은, 같은 가족에 속하든 속하지 않든, 그들의 유전자들의 90퍼센트 이상을 공유한다. 그렇다면, 우리가 형제들 사이의 혈연이 1/2이라거나 사촌들 사이의 그것이 1/8이라고 말할 때 우리는 무엇에 대해 얘기하는 것인가? 답은 형제들이 모든 개체들이 어차피 공유하는 90퍼센트(또는 어느 다른 수치든)를 넘어선 그들의 유전자들의 1/2을 공유한다는 것이다. 한 종의 모든 구성원들이 공유하는, 실은, 덜한 정도로, 다른 종들의 구성원들이 공유하는 일종의 기선적 혈연이 있는 것이다. 이타주의는, 그 기선이 무엇이든, 그 기선보다 높은 혈연을 지닌 개체들에 대해 발휘될 것으로 기대된다. (매트 리들리, 같은 책)

사정이 그러하므로, '단일민족'이란 개념을 지나치게 강조하고 '순수한 핏줄'이란 개념을 숭상하는 것은 이론적 근거가 무척 약하고 현실적으로 모두에게 해롭다.

민족이 내구적 단위라는 생각도 그르다. 민족에 가장 가까운 생물학적 단위는 개체들의 모임인 개체군population인데, 위에서 살핀 것처럼, 개체군은 아주 연약하고 안팎으로 끊임없이 바뀌는 집단이다. 따라서 민족을 단단하고 불변적이며 내구적인 단위로 여기는 민족주의는 언뜻 보기보다 근거가 튼실하지 못하다.

그렇게 부실한 주장이 힘을 얻어서 중요한 사회적 이념과 기준으로 쓰이면, 어쩔 수 없이 갖가지 폐해들이 나오게 된다. 그런 폐해들 가운데 지금 특히 문제가 되는 것은 민족에 대한 그른 생각이 우리 사회의 진화를 방해한다는 사실이다. 환경이 빠르게 바뀌므로, 현대의 모든 사회들은 끊임없이 적응하면서 발전해야 한다. 그러나 민족이 단단하고 불변적이며 내구적인 단위라는 생각과 우리 민족이 '단일민족'이라는 생각이 결합하면, 아주 배타적이고 과거지향적인 사조가 필연적으로 사회를 덮는다.

셋째, '단일민족'의 주요 특질인 동질적 문화도 근거가 부실하기는 마찬가지다. 지금 국가를 이룬 사회들 가운데 바깥 세계와 문화의 대부분을 공유하지 않는 사회는 없다. 독자적 문화라 불리는 것들도, 찬찬히 뜯어보면, 공통된 문화의 변이들에 지나지 않는다. 우리 문화의 경우, 전통적인 부분에서 중국에서 발원하지 않은 것을 빼면 무엇이 남을지 상상하는 일은 쉽지 않고, 현대적 부분에서 일본을 거쳐서 이입되거나 근년에 직접 이입된 서양 문화를 빼놓으면 역시 남을 것이 거의 없다.

이왕 나온 김에 '핏줄'이라는 개념을 쓰면, 혼혈인들은 종래의 견해처럼 '더러운 피'가 아니라 '새로운 피'다. 그들은 민족이라는 개체군에 이입된 새로운 개체들이며, 종래의 유전자 풀에 새로운 유전자들을 더하고, 만일 그들이 외국인 부모의 문화적 영향을 받았다면, 밈 풀meme-pool에도 새로운 밈들을 더한다. 그들이 더한 새로운 유전자들과 밈들은 자연선택의 재료가 되어 사회를 보다 낫고 건강하게 만드는 데 도움을 준다. 이것은 생물학의 지지를 받는 주장이다.

## 11

    이처럼 혼혈인들에 대한 차별은 생물학적으로나 문화적으로 뿌리가 깊으며 인종 차별의 한 부분이다. 자연히, 그 문제의 대한 합리적이고 효과적인 방책은 인종 차별을 줄이는 길이다. 인종적 편견과 외국인들에 대한 불필요한 차별 대우가 줄어들어야, 혼혈인들에 대한 차별도 줄어들 수 있다.

    실제로 혼혈인들의 어려움을 덜어주는 조치들 가운데 당장 시급한 것은 우리 사회에 들어와 일하면서 귀화하기를 바라는 외국인들에 대한 차별을 줄이는 것이다. 지금 빠르게 늘어나는 혼혈인들은 한국인들을 배우자들로 맞은 남아시아인들의 자식들이다. 시민권이 없는 부모를 가진 어린이들이 실질적 차별을 받는다는 것은 새삼 강조할 필요도 없다. 그러한 실질적 차별은 도덕적으로 혐오스러울 뿐 아니라 우리 사회의 건강을 해친다. 영국의 위대한 자유주의자 월터 배저트Walter Begehot가 말한 것처럼, "당신은 네로와 티베리우스의 압제를 말하겠지만, 진정한 압제는 당신의 바로 이웃의 압제이다(You may talk of the tyranny of Nero and Tiberius, but the real tyranny is the tyranny of your next-door neighbor)."

## 12

    사람의 뇌는 4억 년 동안의 진화 과정을 통해서 지금의 모습으로 다듬어졌다. 그래서 그것에 바탕을 둔 사람의 마음은 그 긴 진화 과정의 역사를 담고 있다. 그래서 그것엔 고귀함과 야비함이 뒤섞였다. 바로 거기에 사람의 위대성이 있는 것이다.

만일 신적 공학자가 인류의 생물적 역사에 제약을 받지 않고 설계했다면, 그는 자신의 모습에 맞추어 빚어진 삶이 유한하지만 천사와 같은 존재들을 골랐을 터이다. 생각건대 그들은 합리적이고, 멀리 내다보고, 현명하고, 자비롭고, 반항적이 아니고, 이기적이 아니고, 죄로부터 자유로우며, 바로 그대로 그들에게 남겨진 아름다운 행성의 적합한 관리자들이었을 터이다. 그러나 우리는 그런 존재가 아니다. 우리는 원죄를 지었고, 그것은 우리를 천사들보다 '낮게' 만든다. 우리가 지닌 선이 무엇이든, 그것은 길고 힘든 진화의 역사를 통해서 우리가 스스로 얻은 것이다. (에드워드 윌슨, 『지식의 대통합』)

인종 차별이나 닫힌 민족주의는 진화의 길고 힘든 과정을 통해서 사람이란 종이 힘들여 이룬 성취를 깎아내리는 일이다. 우리는 이 점을 기회가 있을 때마다 강조해야 한다. 우리가 진화의 역사에서 얻어야 할 교훈이 있다면, 그것은 '사람다운 감정과 행동'은 우리가 당연히 기대할 수 있는 것이 아니라 우리가 의식적으로 애써야 비로소 이룰 수 있는 가치라는 것일 터이다.

# 제 2 부

# 진화적 진보

# 제1장 진화의 뜻

1

진화는 1859년에 찰스 다윈Charles Robert Darwin이 『종의 기원 *On the Origin of Species by Means of Natural Selection*』을 펴내면서 생물학의 중심적 개념이 되었다. 이미 1809년에 라마르크Jean-Baptiste de Lamarck가 체계를 제대로 갖춘 진화론을 내놓았지만, 그 영향은 미미해서 1859년까지는 『성경』에 바탕을 둔 세계관이 서양에서 그대로 통용되었다. 다윈의 진화론은 수천 년 동안 당연한 진리로 여겨져왔던 이론들을 근본적 차원에서 부정했고, 과학적 증거들로 떠받쳐진 대안적 체계를 내놓았다.

리처드 도킨스Richard Dawkins는 그의 혁명적 저작 『이기적 유전자 *The Selfish Gene*』에서 다윈의 진화론이 지닌 뜻과 중요성을 이렇게 설명했다.

어떤 행성의 지능을 가진 생명은, 그것이 자신의 존재 이유를 처음 알아냈을 때, 성년이 된다. 외계의 우수한 생명체들이 언젠가 지구를 찾아온다면, 우리 문명의 수준을 가늠하기 위해서 그들이 던질 첫 물음은 '그들은 이제 진화를 발견했는가?'일 터이다. 살아 있는 유기체들은, 왜 존재하는가 전혀 알지 못한 채, 30억 년 동안 존재했었는데, 마침내 그들 가운데 하나에게 진실이 떠올랐다. 그의 이름은 찰스 다윈이었다. 공정하게 말하면, 다른 사람들도 진실을 어렴풋이 알았지만, 우리의 존재 이유에 대한 일관되고 변호할 수 있는 설명을 처음 만들어낸 것은 다윈이었다. 다윈은 이 장의 제목「'왜 사람이 있나요?'」라는 물음을 던진 호기심 많은 아이에게 우리가 이치에 맞는 대답을 내놓을 수 있도록 만들었다. '삶에 뜻이 있는가?' '우리는 무슨 목적을 지녔는가?' '사람은 무엇인가?'와 같은 심오한 문제들과 마주쳤을 때, 우리는 이제 미신에 의존하지 않게 되었다. 이 물음들 가운데 마지막 물음을 제기하고 나서, 뛰어난 동물학자 조지 게이로드 심슨은 이렇게 말했다: "지금 내가 지적하고자 하는 점은 그 물음에 대답하려는 시도들 가운데 1859년 이전에 나온 것들은 모두 쓸모가 없으며 그것들을 아예 무시하는 편이 우리에게 낫다는 것입니다."

주제가 그렇게 중심적이었고 설명이 심오하고 옳았으므로, 다윈의 진화론은 아주 위대하고 중요한 업적이었다. 에른스트 마이어Ernst Walter Mayr의 "아마도 인류가 경험한 가장 큰 지적 혁명perhaps the greatest intellectual revolution experienced by mankind"이라는 평가에 대부분의 생물학자들은 동의한다.


2


진화에 관한 다윈의 이론은 '변이적 진화론theory of variational evolution'이라 불린다. 개체군population들에 속한 개체individual들의 변이가 진화의 원동력이라는 주장이다. 진화에서 가장 중요한 단위들은 선택의 직접적 대상이 되는 개체들과 다양화하는 진화의 무대인 개체군들인데, 실제로 진화가 이루어지는 단위unit of evolution는 개체군이다. 따라서 진화는 "시간이 지나면서 나타나는 유기체들의 개체군 특질들에서의 변화change in the properties of population of organisms over time"라 정의될 수 있다.

다윈의 이론은 종래의 본질론essentialism에 대립되는 통찰이었다. 그는 종species들이나 개체군들은 유형type들이나 본질론적으로 정의된 계층 class들이 아니라 유전적으로 독특한 개체들로 이루어진 생물적 개체군 bio-population들이라고 보았다. '개체군 사고population thinking'라 불리는 이런 관점은 현대 생물학의 가장 중요한 개념들 가운데 하나이며, 이것에 대한 이해 없이는 다윈의 진화론을 제대로 이해할 수 없다.

개체군 사고의 가정들은 유형론자의 그것들과 대척적으로 맞선다. 개체 군론자는 유기적 세계의 모든 것들의 독특성을 강조한다. 인류에 맞는 것, 즉 어느 두 개인들도 똑같지 않다는 것은 동물들과 식물들의 모든 다른 종 들에도 맞는다. 실은 동일한 개체까지도 평생 동안 꾸준히 그리고 다른 환 경들에 놓였을 때 바뀐다. 모든 유기체들과 유기적 현상들은 독특한 특질 들로 이루어지며 통계적 용어들을 통해서만 집단적으로 기술될 수 있다. 개 체들 또는 어떤 종류의 유기적 존재들도 우리가 산술적 평균과 변이의 통계 치들을 결정할 수 있는 개체군들을 이룬다. 평균들은 통계적 추상들에 지 나지 않고, 개체군들을 이룬 개체들만이 실재한다. 개체군론자의 궁극적 결론과 유형론자의 그것은 정확하게 대립된다. 유형론자에게 유형(아이도 스)은 실재하며 변이는 환상일 따름이지만, 개체군론자에게 유형(평균)은 추상이며 변이만이 실재한다. 자연을 바라보는 길들 가운데 어떤 두 길들 도 그보다 더 다를 수는 없다. (에른스트 마이어, 『다윈과 생물학에서의

3

이런 개체군 사고에 바탕을 두고서 다윈은 방대하면서도 일관된 이론 체계를 세웠다. '다윈주의'라고 불리는 그의 이론은 실제로는 대략 다섯 개의 서로 다른 이론들로 이루어졌다.

1) 종들의 비항상성nonconstancy of species
2) 모든 유기체들의 공통 조상들로부터의 파생descent of all organisms from common ancestors
3) 진화의 점진성gradualness of evolution
4) 종들의 증가multiplication of species
5) 자연선택natural selection

종들의 비항상성은 진화론의 기본 이론이다. 종들은 늘 같은 모습을 하는 것이 아니라 시간이 지나면서 모습이 바뀐다. 고대부터 이 세계의 내력에 대해서 많은 설명들이 나왔는데, 그것들은 대체로 셋으로 나뉜다. 하나는 '영구적 세계a world of infinite duration'로서, 이 세계는 늘 존재했다는 주장이다. 아리스토텔레스는 이런 주장을 편 사람들을 대표한다. 둘째는 '단기적 항상 세계a constant world of short duration'로서, 『성경』에 나온 기독교적 세계관이다. 그리고 셋째는 '진화하는 세계an evolving world'이다. 근대까지 사상의 주류는 영구적 세계나 단기적 항상 세계였고, 진화하는 세계는 과학혁명 뒤에 비로소 나오기 시작해서 최근에야 주류를 이루었다. 다윈의 이론은 종들의 비항상성을 다른 모든 진화론들과 공유한다.

모든 유기체들이 공통 조상들로부터 나왔다는 다윈의 주장은 '공통 파생 이론theory of common descent'이라 불린다. 종의 분화speciation라 불리는 종의 형성 과정이 밝혀지면서, 이 이론은 튼실한 근거를 얻었다.

다윈의 공통 파생 이론은 모든 유기체들의 집단들이 한 조상 집단으로부터 나왔다고 가정한다. 그래서 한 조상 집단은 여러 파생 집단들을 가질 수 있다. 이론적으로는, 화석이나 아직 살아 있는 유기체의 모든 집단들의 계보를 확립할 수 있을 것이다.

1859년 다윈이 『종의 기원』을 펴냈을 때, 진화론자들은 이 목표에서 아직 멀었다. 어떤 문(門)에 관해서도 가장 가까운 친척들이 알려지지 않았다. 그러나 토머스 헨리 헉슬리는 조류 강(綱)이 의심의 여지없이 파충류를 조상으로 가졌음을 보일 수 있었다.

그 뒤로 140년 동안 이어진 계통발생학 연구는 주요 파생 계보들의 일견 충실해 보이는 재구성을 이루었다. 예를 들면, 파충류는 양서류의 한 집단에서 나왔고 양서류는 리피디스티아 어류에서 나왔다. 계보가 멀리 캄브리아 전기로 거슬러 올라가면, 듀터로스토미아와 바이러티리아와 같은 집단들의 인식은 연관된 문들을, 비록 그들의 파생에 관한 세부 사항들이 아직 밝혀지지 않은 경우에도, 함께 묶는다.

아주 흡족한 것은 모든 발견들이 다윈의 공통 파생 이론과 일치한다는 점이다. 분자 서열과 함께, 화석의 기록은, 많은 빈자리들에도 불구하고, 진화의 발생에 대한 가장 반박할 수 없는 증거이다. (에른스트 마이어, 『진화란 무엇인가What Evolution Is』)

5

　다윈의 점진적 진화 이론은 개체군들의 점진적 재구성을 통해서 진화가
이루어진다는 주장이다. 개체군들의 변이를 통해서 나오는 현상이므로,
진화는 점진적 과정일 수밖에 없고 갑작스러운 변화나 불연속적 진화처럼
보이는 사례들도 실은 모두 개체군들의 점진적 재구성을 통해서 이루어진
다는 얘기다.

　진화 현상들을 살피면, 우리는 그것들을 비교적 쉽게 두 부류로 나눌 수
있음을 알게 된다. 하나는 개체군들의 변이성, 개체군들에서의 적응적 변
화들, 지리적 변이들, 그리고 종의 형성과 같은 종의 수준이나 그 아래 수
준에서 일어나는 모든 사건들과 과정들로 이루어진다. 이 수준에선 거의
전적으로 개체군적 현상들만이 다루어진다. 이 부류의 현상들은 미세진화
라 불릴 수 있다. 〔……〕

　다른 부류는 종 수준 위에서 일어나는 과정들을, 특히 새로운 상위 분류
단위들의 시원, 새로운 적응적 지대들로의 침입, 그리고 그것과 연관된,
흔히 새들의 날개나 사족동물들의 지상 환경에 대한 적응이나 조류와 포유
류의 온혈과 같은 진화적 신형들의 획득을 가리킨다. 진화 현상들의 이 둘
째 부류는 거대진화라 불린다. 〔……〕

　다윈의 시절부터 지금까지, 다윈과 그의 추종자들이 주장한 것처럼, 거대
진화가 미세진화의 끊어지지 않는 연속에 지나지 않느냐, 아니면 그의 반대
자들이 주장한 것처럼, 거대진화는 미세진화와 분리되었고 다른 이론들에
의해 설명되어야 하느냐, 하는 문제에 관해서 열띤 논쟁이 있었다. 〔……〕

　'모든 거대진화적 과정들은 개체군들 안에서 그리고 개체들의 유전형들

에서 일어나고 그래서 동시적으로 미세진화적 과정들이다'라는 사실을 강조하는 일은 중요하다. 살아 있는 개체군들의 진화적 변화를 연구할 때마다, 우리는 그러한 점진성을 본다. 세균의 약에 대한 저항을 고려해보자. 페니실린이 1940년대에 처음 도입되었을 때, 그것은 많은 유형들의 세균들에 대해서 놀랍도록 효과적이었다. 예컨대 연쇄상구균들이나 스피로헤타에 의한 감염은 어느 것이나 거의 즉시 치료되었다. 그러나 세균들은 유전적으로 변이가 가능하고 가장 취약한 것들이 가장 빠르게 제거되었다. 돌연변이에 의해 보다 저항적인 유전자들을 얻은 몇은 보다 오래 살아남았고 몇은 치료가 끝났을 때도 살아남았다. 이런 식으로, 좀 저항적인 종류들이 사람들 사이에서 점차 늘어났다. 동시에, 더욱 큰 저항성을 부여하는 새로운 돌연변이들과 유전자 이전들이 일어났다. 더욱 강력한 투여량의 페니실린이 사용되었고 치료 기간이 늘어났지만 보다 큰 저항성을 향한 이런 의도되지 않은 선택은 이어졌다. 마침내 완전히 저항적인 종류들이 진화했다. 이렇게 점진적 진화에 의해서 거의 전적으로 취약한 세균의 종들이 완전히 저항적인 종으로 진화했다. 말 그대로 몇백 건의 비슷한 경우들이 의료와 농업(구충제 저항에 관해서) 분야 문헌들에 보고되었다. (에른스트 마이어, 같은 책)

미세진화를 통한 점진적 진화가 현재의 생물적 다양성을 다듬어내는 데는 물론 긴 시간이 걸릴 터이다. 실제로 지구 생명의 역사는 점진적 진화에 충분한 시간을 제공했다.

복제하는 분자에서 원생동물로의 변화는 아마도 진화에서 일어났던 가장 복잡한 변화였을 것이고, 그것은 원생동물에서 사람으로 변화하는 데 걸린 것만큼 오래 걸렸을지 모른다. 30억 년이 넘는 생명의 역사에선, 시간은

이런 일에도 충분하다. (조지 게이로드 심슨George Gaylord Simpson, 『진화
의 뜻*The Meaning of Evolution*』)


6


종들의 증가 이론은 종들의 다양성의 기원origin of diversity을 설명하는
이론이다. 다윈은 개체군적 종의 분화populational speciation 과정을 거쳐
서 종들의 다양성이 증가한다고 주장했다. 즉 한 종의 개체군들의 일부가
변이를 거쳐서 새로운 종으로 진화하며 그러한 과정이 끊임없이 이루어지
면서 종들이 다양해졌다는 얘기다.

만일 〔주어진 개체군에서 일어나는 진화 과정들이〕 진화 과정의 전부라
면, 비록 각 종들은 진화하더라도, 세상에 존재하는 종들의 총수는 늘 같
을 것이다. 그리고 만일 멸종이 있다면, 이런 사정은 '대치하는 종들은 어
디서 오는가'라는 물음에 대한 답을 필요로 한다. 라마르크는 이 문제를 인
식했고 자발적 발생에 의한 새로운 종들의 이어지는 기원을 가정함으로써
그것을 풀었다. 그것들은 그에게 알려진 가장 단순한 유기체들일 터였지
만, 점차 고등식물들이나 동물들로 진화할 터였다. 이제 우리는 안다, 현
재의 지구 대기의 구성 때문에, 38억 년 전에 가능했던 그러한 새로운 생
명의 자발적 발생은 더 이상 일어날 수 없다는 것을. 우리는 다른 답을 찾
아야 한다. (에른스트 마이어, 『진화란 무엇인가』)

이 물음에 대한 답들은 아주 느리게 나왔고, 다윈 자신은 종의 형성에
관해서 만족할 만한 설명을 찾는 데 실패했다.

종의 형성에 관해서 진전을 보이려면 전혀 다른 방법론을— 한 종의 다른 개체군들의 비교를, 즉 지리적 변이의 연구를— 채택하는 것이 필요했다. 그리고 이 길은 실제로 진화 분류학자들에 의해, 특히 영국, 독일, 그리고 러시아의 학자들에 의해, 채택되었다. 조류, 포유류, 나비들, 그리고 몇몇 다른 동물 집단들의 지도적 전문가들이 이런 지리적 접근이 종의 형성 문제를 푸는 길이라는 합의에 이르는 데는 1859년부터 60년 넘게 걸렸다. 그들은 한 개체군이 모 개체군으로부터 격리된 동안에 격리 메커니즘을 얻으면 새로운 종이 진화한다는 지리적 종 형성 이론을 채택했다. (에른스트 마이어, 같은 책)

7

자연선택 이론은 다윈과 월리스Alfred Russel Wallace가 거의 같은 시기에 독자적으로 세웠다. 간략하게 얘기하면, 자연선택 이론은 생존에 적합한 특질을 지닌 개체들이 살아남아서 자손들을 남기며 그런 과정을 통해서 진화가 이루어진다는 주장이다.

모든 종들은 세대마다 살아남을 수 있는 것들보다 훨씬 많은 자손들을 낳는다. 어떤 개체군의 모든 개체들은 유전적으로 서로 다르다. 그들은 환경의 어려움에 노출되고, 그들의 거의 대부분은 죽거나 생식하지 못한다. 그들 가운데 몇만이— 평균적으로 한 쌍의 부모들에 대해서 둘만이— 살아남아서 생식한다. 그러나 이들 생존자들은 개체군의 무작위적 표본이 아니다. 그들의 생존은 생존에 도움이 되는 어떤 특질들을 지녔다는 사실에 의

해 도움을 받았다. (에른스트 마이어, 같은 책)

자연선택이란 말은 자연이 선택의 주체라는 것을 암시한다. 그러나 실제로는 자연이 의도적으로 선택하는 것은 아니다. 자연선택에서의 선택은 의도적이란 뜻이 담기지 않았다. 이 사실을 인식하는 것은 자연선택의 성격을 이해하는 데 긴요하다.

다윈이 자연선택이라고 부른 것은 실제로는 제거 과정이다. 다음 세대의 생산자들은 그들의 부모들의 자식들 가운데 운 덕분에 또는 그들을 지배적 환경 조건들에 특히 잘 적응하도록 만든 특질들을 보유한 덕분에 살아남은 개체들이다. 그들의 형제들은 모두 자연선택의 과정에 의해 제거되었다. [……]

선택의 과정은 '가장 나은' 또는 '가장 적합한' 표현형의 결정이라는 구체적 목표를 지녔을 터이다. 어떤 주어진 세대에서 비교적 적은 개체들만이 선택 과정에서 자격이 있고 살아남을 것이다. 그 작은 표본은 모 개체군의 전체적 변이에서 작은 부분만을 보존할 수 있을 것이다. 그런 생존 선택은 고도로 제약적일 터이다.

대조적으로, 덜 적합한 개체들의 단순한 제거는 상당히 많은 개체들이, 그들이 적합성에서 뚜렷한 결함들을 지니지 않았으므로, 생존하도록 허용할 수 있다. 그렇게 늘어난 표본은 예컨대 성적(性的) 선택의 작용에 필요한 재료를 제공할 것이다. 이것은 또한 생존이 계절마다 그렇게 고르지 않은 까닭을 설명한다. 어떤 개체군에서 덜 적합한 개체들의 비율은 각 연도의 환경적 조건들의 가혹함에 달렸을 터이다. (에른스트 마이어, 같은 책)

자연선택은 실제로는 성격이 본질적으로 다른 두 개의 단계들로 이루어진 과정이다. 첫 단계는 '변이의 생산production of variation' 단계인데, 여기에선 우연이 거의 전적으로 지배한다. 다음 단계는 '생존과 생식survival and reproduction' 단계인데, 여기에선 우연의 역할이 훨씬 작고 비우연적 제거와 생식의 과정이 크게 작용한다.

새로운 접합체의 생산에 이르는 모든 과정들로(감수분열, 배우자 형성, 그리고 수정을 포함하는) 이루어진 첫 단계에서, 새로운 변이가 나온다. 이 단계에선, 어떤 주어진 유전자좌에서의 변화들의 성격이 크게 제약된다는 것을 빼놓고는, 우연이 군림한다.

선택(제거) 단계인 둘째 단계에선, 새로운 개체의 '좋음'이, 유충(또는 배) 시기에서부터 성체 및 생식 시기에 이르기까지, 늘 시험된다. 환경의 도전들을 다루는 데 그리고 그들의 개체군의 다른 구성원들 및 다른 종들의 구성원들과 경쟁하는 데 가장 효율적인 개체들이 생식 연령까지 살아남아서 성공적으로 생식할 가장 좋은 기회를 누릴 것이다. [……] 이 둘째 단계는 우연과 결정의 혼합이다. 분명히, 당시 환경에 대한 최고 적응성을 부여하는 특질들을 지닌 개체들은 가장 큰 생존 확률을 지녔다. 그러나 많은 우연적 제거 요인들도 있어서, 이 단계에서도 순수한 결정은 없다. 모든 것들은 상당히 확률적이다. (에른스트 마이어, 같은 책)


8


다윈의 변이적 진화론은 당시 거의 절대적으로 받아들여진 종교적 신념들 및 철학적 이념들과 부딪혔다. 자연히, 그의 이론은 거센 저항을 만났고, 그것을 떠받친 많은 증거들에도 불구하고 널리 받아들여지는 데는 무려 80년이 걸렸다. 놀라운 것은 생물학의 혁명적 발전에도 불구하고, 그의 이론이 별다른 수정 없이 거의 그대로 남았다는 사실이다.

비록 유전의 기본 원리들은 1900년에서 1930년대 사이에 나왔지만, 유전의 성격에 대한 진정한 이해는 분자 혁명을 통해서야 이루어졌다. 〔분자 혁명〕은 유전자의 물질이 단백질들이 아니라 핵산들임이 확립된 1944년에 에이버리와 다른 학자들에 의해 시작되었다. 1953년에 왓슨과 크릭은 디엔에이의 구조를 발견했고, 이 중요한 발견 뒤에 또 하나의 발견이 따랐는데, 그것은 1961년에 니렌벅에 의한 유전 부호의 발견으로 절정을 이루었다. 마침내, 유기체의 성장 과정에서 나오는 유전적 정보 변환의 모든 단계들이 원리적으로는 이해되었다. 뜻밖에도, 다윈의 기본적 개념들인 변이와 선택은 어떤 식으로도 영향을 받지 않았다. 유전적 정보의 전달자가 단백질들에서 핵산들로 대치된 것까지도 진화론에서의 변화를 요구하지 않았다. 오히려, 유전자적 변이의 성격에 대한 이해는 다윈주의를 크게 강화했으니, 그것은 획득 형질의 유전이 불가능하다는 유전학자들의 발견을 확인했다. (에른스트 마이어, 같은 책)

획득 형질이 유전되지 않는다는 주장은 '중심적 정설central dogma'이라 불린다. 이것은 실제로는 분자유전학과 발생학에서의 정설들로 이루어졌다. 분자유전학의 중심적 정설은 '유전 정보는 핵산에서 단백질로 번역될 수 있지만, 그 역은 성립되지 않는다'는 것이다. 발생학의 중심적 정설은 유기체의 거대형태macroscopic form와 행태는 어떤 뜻에선 유전자들에 부호들로 들어 있을 수 있지만, 그 부호들은 불가역적이며, 그래서 신체적 형태와 행태는 거꾸로 단백질로 번역될 수 없다는 것이다. 즉 중심적 정설은 획득 형질의 유전이 이루어질 수 있는 메커니즘의 존재를 부정한다.

다윈의 진화론이 차츰 받아들여지자, 종래의 신념들과 이념들은 근본적 수준에서 허물어졌다. 다윈의 이론과 부딪힌 신념들과 이념들 가운데 가장 중요한 것들은 기독교 신념, 본질주의essentialism 그리고 궁극주의finalism였다.

『성경』의 모든 말들을 그대로 믿는 기독교 신념은 다윈의 이론과 양립하기 어려웠고 초기에는 그것에 대한 가장 강력한 저항의 근거였다. 그러나 창조주의자creationist들을 빼놓고는, 기독교도들도 차츰 다윈의 이론을 받아들였다. 그 과정에서 기독교 신념은 어쩔 수 없이 상당한 변화를 겪었다.


9


오랫동안 진리로 받아들여진 이론이었던 까닭에, 본질주의는 다윈의 이론으로부터 가장 크고 깊은 손상을 입었다.

본질주의는 고대인들부터 다윈의 당대까지 거의 보편적으로 받아들여진 세계관이었다. 피타고라스학파와 플라톤에 의해 창시된 보편주의는 자연의 모든 변이적으로 보이는 현상들이 부류들로 분류될 수 있다고 가르쳤다. 매 부류는 그것의 정의(그것의 본질)에 의해 특징지어진다. 이 본질은 항상적(불변적)이고 모든 다른 그러한 본질들로부터 뚜렷이 구분된다. 예를 들면, 삼각형은 어떤 형태를 하든 늘 삼각형이며 사각형들이나 어떤 다른 기하학적 도형들과 중간적 존재들에 의해 연결되지 않았다고 피타고라스학파는 말했다. 나무들의 부류는 줄기와 엽관(葉冠)으로 정의된다. 말(馬)은 신분이 높은 이들과 발가락이 하나인 발로 특징지어진다(정의된다). 기독교의 종교적 신념에선 종류마다, 유형마다, 종마다 따로 창조되었다고 믿어지고 어떤 종의 지금 살고 있는 모든 구성원들이 신에 의해 창조된 첫 쌍의 후손들이라고 믿어진다. 어떤 부류(유형)의 본질이나 정의는 완전히 항상적이고, 그것은 창조 당일이나 지금이나 똑같다. 본질주의는 기독교도들만이 아니라 대부분의 불가지론 철학자들도 따랐다. 어떤 부류의 구성원들에서 변이로 보이는 모든 것들은 '우연적'이고 상관이 없다고 여겨졌다. 종은 본질주의자들에 의해 그러한 부류로 여겨졌고 철학자들에 의해 '자연적 종류'라고 불렸다. (에른스트 마이어, 같은 책)


10


본질주의에 바탕을 둔 진화 이론들은, 크게 보아, 둘이다. 하나는 진화가 돌연변이에 의한 새로운 종들의 출현을 통해서 이루어진다는 변성론transmutationism이고, 다른 하나는 진화가 이미 존재하는 종들이 새로운 종들로 점차 바뀌는 과정을 통해서 이루어진다는 변형론transformationism이다. 이 두 이론들 가운데 변성론이 본질주의에 보다 충실하다.

만일 어떤 사람이, 본질주의 철학이 얘기하는 것처럼, 이 세상의 모든 현상들이 밑에 있는 항상적 유형들의 표현들이라고 믿으면, 변화는 새로운 유형의 기원을 통해서만 나올 수 있다. 유형(본질)은 점진적으로 진화하지 못하므로(유형은 항상적이라고 여겨진다!), 새로운 유형은 존재하는 유형의 즉각적 '돌연변이'를 통해서만 나올 수 있으며, 그것에 의해 새로운 부류나 유형이 나온다. 흔히 돌연변이론자들이라고 불리는 이 견해의 지지자들에게 세계는 단절들로 가득하다. 변성론자들은 돌연변이가 새로운 종류의 개체의 갑작스러운 기원에서 나온다고 가정한다. 이 개체는 그것의 자식들과 후손들과 함께 새로운 종을 이룬다. 〔……〕

많은 다른 관찰들과 주장들이 변성론의 궁극적 논파(論破)로 이어졌다. 먼저 나온 것은 종이 새로운 유형으로 변성할 수 있는 유형이 아니라 많은 개체군들을 포함한다는 사실의 인식이었다. 어떤 개체군의 모든 개체들이 동시에 같은 돌연변이를 겪을 수는 없다. 따라서 새로운 종이 즉각적으로 나올 수 없다. 변성이 단 하나의 새로 변성된 개인의 기원을 통해 나온다고 가정한 사람들은 다른 커다란 어려움들에 부딪혔다. 어떤 개체의 유전형은 수백만 년 동안 모여지고 세대마다 자연선택에 의해 섬세하게 조율된, 조화되고 균형이 잘 잡힌 체계이다. 대부분의 유전자좌들에서 잠재적 돌연변이들이 해롭거나 치명적인 효과를 지녔음이 잘 알려졌는데, 대대적인 돌연변이에 의한 유전형 전체에 걸친 대대적인 변화가 어떻게 살아갈 수 있는 개체를 만들어낼 수 있는가? 믿기 어려울 만큼 드문 개체만이 (〔미국 동물학자 리처드 베네딕트〕 골드슈미트가 '희망적 괴물'이라고 부른) 생존과 성공의 기회를 얻을 터이지만, 그러한 거대돌연변이 개체들의 대부분은 실패작들일 터이다. 그러나 그러한 거대돌연변이 과정에서 나온 이들 수백만 실패작들은 모두 어디 있는가? 이제는 아주 분명해진 것처럼, 그렇게 가정된 거대돌연변이 과정이 일어나지 않으므로, 그것들은 발견되지 않았다. (에른스트 마이어, 같은 책)


변형론은 본질주의의 약화된 형태라 할 수 있다. 이것은 라마르크로 대표되는 다윈 이전의 진화론자들이 따랐던 이론이다.

18세기에 진화의 증거는 아주 널리 퍼지고 대단하게 되어서 고전적 유형학과 양립할 수 없게 되었다. 그래서 본질주의 이론은 좀 누그러졌다: 비록 유형은 어떤 주어진 순간엔 아직 불변이었지만, 그것은 시간이 지나면서 차츰 '변형'될 수 있다. 어떤 유형은 바뀔 수 있었지만, 그것은 같은 사물로 남는다. 어떤 종의 진화는 접합체가 수정된 난자에서 성체로 자라나는 것과 같다고 말해졌다. 〔……〕 이러한 점진적 진화의 개념은 '변형론'이라 불린다. 〔그 개념〕은 어떤 사물이나 그것의 본질의 점진적 변화에 바탕을 둔 이론들에 적용된다. 무생물계의 모든 외견적으로 진화적인 과정들이 이 범주에 속한다. 별의 한 유형(백색, 황색, 적색, 청색)에서 다른 유형으로의 변화나 지각구조적 힘들에 의한 산맥의 점진적 융기와 이후의 침식에 의한 파괴는 그런 예들이다. 두 속성들이 변형론의 특징이다: 특정 사물의 변화와 변화의 점진적 연속성. (에른스트 마이어, 같은 책)

생물계에 적용되면, 변형론은 다시 두 가지 서로 크게 다른 이론들로 나뉜다. 하나는 변형이 환경의 영향이라는 이론이고 다른 하나는 변형이 완전성을 지향하는 힘에서 나온다는 이론이다.

흔히 그러나 아주 정확하지는 않게 라마르크적 이론이라 불리는 〔환경적 영향들로 인한 변형〕 이론에 따르면, 진화는 구조나 다른 특성의 '사용과 불용'에 의한 또는 유전 물질에 대한 환경의 직접적 영향에 의한 유기체들의 점진적 변화에서 나온다. 이 이론은 유전 물질이 '무르고' 환경적 영향들에 의해 빚어질 수 있으며, 이런 변화들은 그 뒤엔 '획득 형질들의 유전'에 의해 미래의 세대들에 전달될 수 있다고 가정한다. 이 이론은 '무른 유전'에 대한 믿음에 바탕을 둔다.

획득 형질 유전의 경우로 가장 흔히 제시되는 것은 기린의 긴 목이다. 라마르크에 따르면, 〔기린의 목은〕 매 세대에서 먹이를 찾아 가장 높은 나뭇가지들에 닿기 위해서 애쓴 기린 각자에 의해 한껏 당겨졌고 이런 목의 늘어납은 다음 세대가 물려받았다. 같은 방식으로, 동굴 속 동물들의 눈처럼, 어떤 구조가 쓰이지 않으면, 그것은 차츰 시든다. 사용과 불용이 유전될 수 있는 변화들을 낳을 수 있을 뿐 아니라 환경의 직접적 영향도 유전될 수 있다고 주장되었다. 다윈 이전엔, 흑인들은 열대 태양의 살을 검게 하는 효과에 수천 세대 동안 노출되었기 때문에 검은 살갖을 지니게 되었다고 널리 믿어졌다. 유기체들의 많은 형질들이 환경의 그러한 직접적 영향에 돌려졌다. 〔……〕

라마르크주의는 점진주의를 설명했고 변성론의 반대자들에 의해 널리 받아들여졌다. 그러나 그것의 옳음을 드러내려 한 실험들은 모두 성공적이지 못했다. 유전자들의 항상성을 증명함으로써, 멘델주의 유전학은 무른 유전을 완전히 반박했다. 마침내, 정보는 몸의 단백질들로부터 성세포들의 핵산들로 전달될 수 없다는 것이, 말을 바꾸면, 획득 형질의 유전은 일어나지 않는다는 것이 분자생물학에 의해 밝혀졌다. 이것이 이른바 분자생물학의 '중심적 정설'이다. (에른스트 마이어, 같은 책)


변형이 완전성을 지향하는 힘에서 나온다는 이론은 본질주의와 궁극주의가 결합한 것이다. 그래서 이 이론의 논파는 본질주의와 함께 오랫동안 사람들의 마음을 사로잡았던 궁극주의에 치명적 타격이 되었다.


〔완전성 지향으로 인한 변형〕 이론은(또는 이론들의 집합은) 우주적 목적론(궁극주의)에 대한 믿음에 바탕을 둔다. 이 믿음에 따르면, 생명계는 늘 보다 큰 완전성을 향하여 움직이는 성향을 지녔다. 아이머, 베르흐, 베르그송, 오즈번과 같은 저자들 및 많은 다른 진화론자들이 지녔던 이런 유형의 이론들은 정향진화(定向進化) 또는 자동진화 이론들이라 일컬어진다. 그것들은 유형들(본질들)이 내재적 동인에 의해 꾸준히 나아진다는 것과

진화는 새로운 유형들의 기원에 의해서가 아니라 존재하는 유형들의 변형에 의해 이루어진다고 믿어진다는 것을 가정했다. 그런 추세들을 미는 메커니즘이 발견되지 않자, 이 이론들은 버려졌다. 게다가, 그러한 동인들은, 설령 존재하더라도, '직선적(곧은)' 진화 계통들을 낳을 터인데, 고생물학자들은 모든 진화적 추세들은 조만간 방향을 바꾸거나 심지어 거꾸로 가기도 한다는 것을 보여주었다. 마침내, 사람들은 직선적 추세들을 자연선택의 산물로 설명할 수 있게 되었다. 실제로 우주적 목적론에 대한 믿음을 지지할 증거는 전혀 없다.

궁극 원인에 관한 존재의 논파는 철학에 대해서 근본적 중요성을 지녔으니, 그것은 아리스토텔레스에 의해 가정된 원인들 가운데 하나였고 대부분의 철학자들의 가르침에서 중요한 자리를 차지했었다. 칸트가 목적론을 받아들인 것은 19세기 독일 진화론자들의 생각에 큰 영향을 미쳤다. (에른스트 마이어, 같은 책)


11


다윈주의 진화론은 사람을 포함한 지구 생물계를 살피는 일에 가장 근본적이고 튼실한 틀을 제공한다. 그것은 생물체들이 역사적으로 어떻게 바뀌었고 왜 지금의 모습을 하고 있는지 아주 설득력 있게 설명한다. 미국 유전학자 도브잔스키Theodosius Dobzhansky의 표현을 빌리면, "생물학의 어떤 것도 이치에 맞지 않는다, 진화에 비추어보지 않는 한(Nothing in biology makes sense, except in the light of evolution)."

다윈주의 진화론의 도움을 받지 않으면, 사람의 몸과 마음의 본질과 성격에 관해서 직관적이고 상식적인 이론에 의존할 수밖에 없다. 진화 과정을 통해서 살아남도록 다듬어졌으므로, 사람의 몸과 마음은 현상들의 아래에 있는 실재보다는 가까운 환경에 관한 정보들을 잘 처리하도록 만들어졌다. 이런 사정은 근본적 과학 이론들이 모두 반직관적(反直觀的)이라는 점을 깔끔하게 설명한다. 상대성 이론과 양자 역학은 반직관적인 이론들을 대표한다. 사회과학 분야에선, '비교우위 이론'이 훌륭한 예이다. 이 점을 깨닫기 위해선, 아쉽게도, 먼저 다윈주의 진화론의 추종자가 되어야 한다.

바로 이 점이 지적 모험을, 특히 사회과학과 인문학의 추구를 어렵게 만든다. 사회과학과 인문학의 모든 이론들은 본질적으로 사람의 본질과 성격에 대한 가정들에 바탕을 둔다. 그러나 다윈주의 진화론이 제공하는 강력한 추진력 없이는, 사람의 본질과 성격에 대한 가정들이 직관적이고 상식적일 수밖에 없다. 그리고 그렇게 얄팍한 견해를 바탕으로 삼으면, 사회과학과 인문학의 이론은 잘못에 빠질 가능성이 커질 뿐 아니라 주제를 깊이 그리고 멀리 추구할 수 없다.

미국의 생물학자 에드워드 윌슨Edward O. Wilson은 『지식의 대통합 Consilience』에서 이 점을 설득력 있게 지적했다.

역사는 오직 내성(內省)에서 출발한 논리는 추진력을 지니지 못하고, 그다지 멀리 가지 못하며, 대개 잘못된 방향으로 향한다는 것을 보여준다. 데카르트와 칸트 이래, 현대 철학의 역사의 대부분은 뇌의 실패한 모형들로 이루어졌다. 그런 부족함은 자신들의 방법들을 고집스럽게 한계까지 밀고 나간 철학자들의 잘못이 아니라, 뇌의 생물적 진화의 당연한 결과이다. 일반적으로 진화에 그리고 특정적으로 정신적 과정에 관해서 경험적으로 알려진 것들은 모두 뇌가 자신을 이해하기 위해서가 아니라 생존하기 위해서 조립된 기계임을 가리킨다. 이 두 목적들은 근본적으로 다르므로, 과학에서 나온 사실적 지식의 도움을 받지 않은 마음은 세계를 작은 조각들로만 본다. 그것은 다음날까지 살기 위해서 그것이 알아야만 하는 세계의 그런 부분들에만 집중 조명을 하고 나머지는 어둠 속에 남긴다.


12


다윈주의 진화론이 자연선택을 진화의 기구로 보는 이론이므로, 자연히 다윈주의 진화론에서 근본적인 문제들 가운데 하나는 자연선택이 작용하는 단위가 된다. 오랫동안 다윈주의 진화론은 유기체인 사람이 그런 단위라고 상정해왔다. 모두 자명한 이치라고 여겨온 이 가정은 그러나 여러 가지 어려움들을 만났다. 그것에 바탕을 둔 이론들로는 설명하기 어려운 현상들이 너무 많았다. 마침내 20세기 중엽에 여러 학자들이 그것의 타당성에 근본적 의문을 제기하기 시작했다.

성처럼, 우리가 당연하게 여겨왔지만 아마도 그렇게 하지 말아야 할 이 세상 생명의 한 가지 특질은 생명체들이 유기체들이라 불리는 분리된 꾸러미들로 나온다는 것이다. 특히, 기능적 설명에 관심을 지닌 생물학자들은 통상적으로 논의의 적절한 단위는 개별적 유기체라고 가정한다. 우리에게 '갈등'은 통상적으로, 각 유기체가 자신의 개인적 '적합성'을 최대화하기 위해 애쓰는, 유기체들 사이의 갈등을 뜻한다. 우리는 세포들과 유전자들처럼 보다 작은 단위들과 개체군들, 사회들 및 생태계처럼 보다 큰 단위들을 인정하지만, 행동의 분리된 단위로서의 개별적 몸이 동물학자들의—특히 동물 행위의 적응적 의미에 관심을 가진 사람들의— 마음에 강력한 지배력을 행사한다는 것은 의심할 수 없다. (리처드 도킨스, 『확장된 표현형 *The Extended Phenotype*』)

도킨스는 1976년에 펴낸 『이기적 유전자』에서 진화의 기본적 단위는 유기체가 아니라 유전자이며 그런 관점에서 살펴야 생명 현상과 진화 과정이 제대로 설명된다는 주장을 폈다. '유전자적 관점gene's-eye view'이라 불린 그 이론은 다윈주의 진화론을 한껏 밀고 나간 이론으로, 진화론에 혁명적 충격을 주었다.

> 가장 일반적 형태에서 자연선택은 존재들의 차별적 생존을 뜻한다. 어떤 존재들은 살고 다른 존재들은 죽는데, 그러나 이러한 선택적 죽음이 세계에 어떤 영향을 미치려면, 추가적 조건 하나가 충족되어야 한다. 각 존재는 많은 복제들의 형태로 존재해야 하며, 적어도 존재들의 몇은 복제들의 형태로 진화적 시간의 상당한 기간 잠재적으로 살아남을 수 있어야 한다. 작은 유전적 단위들은 이러한 특성들을 지녔다: 개체들, 집단들, 그리고 종들은 그렇지 않다. 유전적 단위들이 실제로는 나뉠 수 없고 독립된 입자들로 취급될 수 있음을 보여준 것은 그레고르 멘델의 위대한 성취였다. 〔……〕
>
> 유전자의 입자성의 또 하나의 측면은 그것이 늙지 않는다는 점이다. 그것은 겨우 백 살이 되었을 때보다 백만 살이 되었을 때 죽을 가능성이 높은 것이 아니다. 그것은 세대들을 거치면서, 자신의 방식으로 그리고 자신의 목적들을 위해서 잇따라 몸들을 조종하고 노쇠와 죽음으로 가라앉기 전에 죽게 마련인 몸들을 잇따라 버리면서, 몸에서 몸으로 건너뛴다. 〔……〕
>
> 성적으로 생식하는 종들에서 개체는 자연선택의 의미 있는 단위의 자격을 갖추기엔 너무 크고 너무 일시적인 유전적 단위이다. 개체들의 집단은 더욱 큰 단위이다. 유전적으로 말하면, 개체들과 집단들은 하늘의 구름들

이나 사막의 모래 폭풍들과 같다. 그것들은 일시적인 집합들이나 연합들이다. 그것들은 진화적 시간에서 안정적이지 않다. 개체군들은 오래 유지될지 모르지만, 그것들은 다른 개체군들과 항상 섞이고, 그래서 그것들의 정체성을 잃는다. 그것들은 또한 안에서의 진화적 변화를 맞는다. 개체군은 자연선택의 단위가 될 만큼 충분히 분리적이지 못하고, 또 하나의 개체군보다 선호되어 '선택'될 만큼 충분히 안정적이고 일원적이지 못하다.

개체적 몸은 그것이 유지되는 동안엔 충분히 분리적인 것처럼 보이지만, 그러나 아쉽게도, 얼마나 오랫동안 그러한가? 각 개체는 독특하다. 각 존재에 오직 하나의 복제만이 있을 때는 존재들의 선택에 의해서 진화가 나올 수 없다! 성적 생식은 복제가 아니다. (리처드 도킨스, 『이기적 유전자』)

'복제자replicator'라는 관점에서 자연선택이 이루어지는 단위를 찾으려는 생각은 다윈주의 진화론의 진화에서 중요한 전기였다. 도킨스 자신은 1966년에 나와서 이제는 고전이 된 조지 윌리엄스George C. Williams의 『적응과 자연선택*Adaptation and Natural Selection*』이 선구적 업적이며, 윌리엄스와 도킨스 자신은 1930년대에 '신다윈주의Neo-Darwinism'의 바탕을 놓은 피셔R. A. Fisher, 홀데인J. B. S. Haldane 그리고 라이트Sewall Wright가 정립한 원칙을 재천명한다고 생각했음을 밝혔다. 그러나 도킨스의 『이기적 유전자』가 다윈주의 진화론의 논리를 끝까지 밀고 나가서 새로운 경지를 연 것은 이제 모두 인정한다. 이어 도킨스는 1982년에 나온 『확장된 표현형』에서 자신의 주장을 떠받치는 또 하나의 근거로 획득 형질의 유전이 있을 수 없다는 분자생물학의 '중심적 정설'을 들었다.

유기체를 복제자로 보는 것은, 대벌레 암컷과 같은 무성 유기체까지도, 획득 형질의 불유전이라는 '중심적 정설'의 위반에 상당한다. 우리가 딸,

손녀, 증손녀 등으로 이루어진 계열을 늘어놓을 수 있고 그 안에서 각자는 계열 안에서 앞선 것의 복제처럼 보인다는 점에서, 대벌레는 복제자처럼 보인다. 그러나 그 사슬의 어디에서 결점이나 흠집이 나타난다고, 예컨대 어느 대벌레가 불행하게도 다리 하나를 잃었다고 상정해보라. 그 흠집은 그녀의 평생 동안 지속되겠지만, 그것이 사슬의 다음 고리로 전해지지는 않는다. 대벌레들에 영향을 미치지만 그것들의 유전자들엔 미치지 않는 잘못들은 영구적이지 않다. 이제 딸의 유전체, 손녀의 유전체, 증손녀의 유전체 등으로 이루어진 평행적 계열을 늘어놓아보라. 만일 이 계열의 어디에 흠집 하나가 나타나면, 그것은 사슬에서 이후의 모든 고리들에 전해질 것이다. 각 세대에서 유전자들로부터 몸에 이르는 원인의 화살들이 있으므로, 그것은 사슬에서 이후의 모든 고리들의 몸들에 반영될 수도 있다. 그러나 몸에서 유전자들에 이르는 원인의 화살은 없다. 대벌레의 표현형의 어떤 부분도 복제자가 아니다. 그녀의 몸 전체도 아니다.

'유전자적 관점'에서 살피면, 사람과 같은 유기체들은 유전자의 뜻을 수행하고 유전자를 다음 세대로 나르는 '수레vehicle'이다. 도킨스는 '수레'를 "통합되고 정연한 복제자 보존의 도구an integrated and coherent instrument of replicator preservation"로 정의했다.

수레는 복제자들의 모임을 깃들게 하고 그 복제자들의 보존과 전파를 위한 단위로 움직이는, 이름을 붙일 가치가 있을 만큼 분리적인 어떤 단위이다. 수레는 복제자가 아니라고 나는 되풀이한다. 복제자의 성공은 복제들의 형태로 살아남는 그것의 능력으로 측정된다. 수레의 성공은 그것에 탄 복제자들을 전파하는 그것의 능력으로 측정된다. 명백하고 전형적인 수레는 개별적 유기체인데, 그러나 이것은 삶의 위계에서 그 이름이 적용될 수 있는 단 하나의 수준이 아닐지도 모른다. 우리는 유기체 수준 아래의 염색체들과 세포들을, 그리고 그것 위 수준의 집단들과 공동체들을 수레들의 후보들로 살필 수 있다. 어느 수준에서든지, 만일 수레가 파괴되면, 그 안에 있는 모든 복제자들은 파괴될 것이다. 따라서 자연선택은, 적어도 어느 정도까지는, 그들의 수레가 파괴되는 것에 저항하도록 만드는 복제자들을 선호할 터이다. 원리적으로, 만일 집단이 파괴되면 그 안에 있는 모든 유전자들도 파괴되므로, 이것은 단일 유기체들과 함께 유기체들의 집단들에도 적용될 수 있다. (리처드 도킨스, 『확장된 표현형』)


13


유전자가 자연선택의 기본 단위인 '복제자'이고 진화의 주역이면, 유전자의 영향은 아주 멀리 미칠 수밖에 없다. 실은 유전자의 영향은 그것이 거주하는 유기체의 몸 밖까지 미친다. 도킨스는 그렇게 멀리 미치는 유전자의 영향을 '확장된 표현형extended phenotype'이라 불렀다.

한 유전자의 표현형적 효과들은 보통 그것이 자리 잡은 몸에 대해 그것이 지닌 모든 효과들로 여겨진다. 이것이 전통적 정의이다. 그러나 우리는 한 유전자의 표현형적 효과들은 그것이 세계에 대해 지닌 모든 효과들로 생각될 필요가 있음을 보게 될 것이다. 〔……〕 한 유전자의 표현형적 효과들은 그것이 자신을 다음 세대로 옮기는 데 쓰는 도구들이다. 내가 덧붙이고자 하는 것은 그 도구들이 개체적 몸의 울타리 밖까지 미친다는 것이다.

자연은 같은 또는 다른 종들의 다른 것들을 조종하는 동물들과 식물들로 들끓는다. 자연선택이 조종을 위한 유전자들을 선호한 모든 경우들에서,

같은 유전자들이 조종당한 유기체의 몸에 (확장된 표현형적) 효과들을 지녔다고 말하는 것은 정당하다. 유전자가 육체적으로 어떤 몸 안에 있느냐 하는 것은 문제가 되지 않는다. 그것의 조종의 표적은 같은 몸이거나 다른 몸일 수 있다. 자연선택은 자신들의 전파를 확보하기 위해 세계를 조종하는 유전자들을 선호한다. 이런 사정은 내가 '확장된 표현형의 중심적 정설'이라고 부른 것으로 이끈다: 한 동물의 행태는 그 행태를 '위한' 유전자들의 생존을, 그 유전자들이 〔그 행태를〕 수행하는 특정 동물의 몸 안에 자리 잡았든 아니든, 최대화하는 경향이 있다. 나는 동물 행태의 맥락에서 썼지만, 물론 그 정리는 빛깔, 크기, 모양에 모든 것들에 적용될 수 있다. (리처드 도킨스, 『이기적 유전자』)

확장된 표현형들 가운데 가장 두드러지고 흥미로운 것은 문화이다. 그리고 문화에서 압도적 중요성을 지닌 것은 사람의 문화이다. 다윈주의 진화론자들은 문화도 궁극적으로 진화의 법칙의 지배를 받는다고 믿는다. 이런 생각은 자연스럽게 진화의 과정이 작용하는 문화의 기본적 단위에 대한 탐구로 이어졌다. 여러 사람들이 그러한 단위를 상정하고 이름을 붙였는데, 가장 성공적인 것은 도킨스의 시도였다.

문화의 자연적 요소들은 아직 확인이 되지 않은 분리된 신경 회로들에 의해 부호들로 만들어진, 위계적으로 정리된 의미적 기억의 부품들이라고 합리적으로 상정될 수 있다. 모든 것들 가운에 가장 기본적 요소로서의 문화적 단위라는 개념은 30년 넘게 존재했었고 다른 저자들에 의해 네모타입, 아이디어, 아이딘, 밈, 소시오진, 컨셉트, 컬쳐진, 그리고 컬처 타입이라는 다양한 이름들을 얻었다. 가장 많이 퍼진 이름이며 이제 내가 승자라고 투표하는 것은 1976년에 리처드 도킨스가 그의 영향력이 큰 저작 『이기적 유전자』에서 소개한 '밈meme'이다.

그러나 내가 제안하는 밈의 정의는 도킨스의 그것보다 집중되고 그것과 조금 다르다. 그것은 이론 생물학자 찰스 럼스덴과 내가 1981년에 유전자-문화 공진화의 첫 완전한 이론의 대강을 그렸을 때 제시한 것이다. 우리는 이제는 밈이라 불리는 문화의 단위가 의미적 기억의 매듭과 뇌의 활동에서 그것의 상관물들과 같도록 하자고 제안했다. 개념(인식할 수 있는 가장 단순한 단위)이냐, 명제냐, 또는 개요냐 하는 매듭의 수준은 그것이 전반적 문화에서 유지되도록 돕는 생각, 행태, 또는 인공물의 복잡성을 결정한다. (에드워드 윌슨, 『지식의 대통합』)

밈에 관해서, 창안자인 도킨스는 이렇게 설명했다.

나는 바로 이 행성에서 근자에 새로운 종류의 복제자가 나왔다고 생각한다. 그것은 우리를 빤히 쳐다보고 있다. 그것은 아직 유년기에 있어서 그것의 원초적 수프 속에서 어색하게 떠다니지만, 그것은 이미 오래된 유전자를 멀찍이 따돌리는 속도로 진화적 변화를 이루고 있다.

새로운 수프는 인류 문화의 수프이다. 우리는 새로운 복제자를 부를 이름이, 문화적 전파의 단위 또는 모방의 단위라는 생각을 전달하는 명사가 필요하다. '미밈Mimeme'은 적절한 그리스어 어근에서 나왔지만, 나는 '진 gene'과 좀 비슷하게 소리를 내는 단음절을 바란다. 만일 내가 미밈을 밈으로 줄이더라도 내 고전학자 친구들이 나를 용서해주기를 바란다. 〔……〕 그것은 '크림cream'과 운이 맞도록 발음되어야 한다.

밈의 예들은 곡조들, 생각들, 구호들, 의복 유행들, 냄비들을 만들거나 홍예들을 쌓는 방식들이다. 유전자들이 정자들이나 난자들을 통해서 몸에서 몸으로 건너뛰면서 유전자 풀에서 자신들을 전파하는 것과 똑같이, 밈들은 넓은 뜻에서 모방이라고 불릴 수 있는 과정을 통해서 뇌에서 뇌로 건너뛰면서 밈 풀에서 자신들을 전파한다. (리처드 도킨스, 『이기적 유전자』)

문화적 복제자로서의 밈은 유전적 복제자로서의 유전자와 아주 비슷한 방식으로 자신을 전파한다.

밈은 뇌에 자리 잡은 정보의 단위로 간주되어야 한다. 그것은 뇌가 정보를 저장하기 위해서 쓰는 물질적 매체로 구체화된, 확정적 구조를 가진다. 만일 뇌가 정보를 시냅스 연결들의 구도로 저장한다면, 밈은 원리적으로 현미경 아래에서 시냅스 구조의 확정적 구도로 보여야 한다. 만일 뇌가 정보를 '분산된 형태'로 저장한다면, 밈은 현미경 슬라이드 위에서 국지화할 수 없을 터이지만, 그래도 나는 그것이 물질적으로 뇌에 자리 잡았다고 간주하고 싶다. 이것은 밈을 외부 세계에 대한 그것의 결과들인 표현형적 효과들과 구별하기 위해서이다.

밈의 표현형적 효과들은 낱말들, 음악, 시각적 심상들, 의복의 스타일들, 얼굴이나 손으로 하는 몸짓들, 박새들이 우유병을 열거나 일본 마카크 원숭이들이 밀을 이는 것과 같은 기술들의 형태라 할 수 있다. 그것들은 뇌 안에 있는 밈들의 바깥으로 드러나고, 볼 수 있는(들을 수 있는 등등의) 표현들이다. 그것들은 다른 개체들의 감각 기관들에 의해서 감지될 수도 있고, 그것들은 받아들이는 개체들의 뇌들에 자신들을 각인하여 원래의 밈의 복제(꼭 정확하지는 않은)가 받아들이는 뇌에 새겨지도록 할 수도 있다. 그 밈의 새로운 복제는 이제 그것의 표현형적 효과들을 널리 펼 수 있는 처지가 되고, 그것 자신의 더 많은 복제들이 또 다른 뇌들에서 만들어지게 된다.

뜻을 분명히 하기 위해서 우리의 전형적 복제자인 디엔에이로 돌아가면, 그것의 세계에 대한 결과들은 두 가지 중요한 유형들로 이루어졌다. 첫째,

세포의 복제 기구를 이용하는 방식 등으로, 그것은 자신의 복제들을 만든다. 둘째, 그것은 외부 세계에 영향을 미치는데, 그런 영향은 디엔에이 복제들의 생존 가능성에 영향을 미친다. 이 두 효과들 가운데 첫째는 밈이 자신의 복제들을 만들기 위해서 개체들 사이의 의사소통과 모방의 기구들을 이용하는 것에 상응한다. 개체들이 모방이 흔한 사회적 풍토에서 산다면, 이것은 디엔에이를 복제하는 효소들이 풍부한 세포적 풍토에 상응한다.

그러나 디엔에이의 둘째 효과에 관해선, 즉 종래에 '표현형적'이라 불린 종류에 관해선 어떠한가? 밈의 표현형적 효과들이 복제에서의 성공이나 실패에 어떻게 공헌하는가? 답은 유전적 복제자들에 대해서와 같다. 어떤 밈이 그것을 지닌 몸의 행태에 대해서 지닌 영향은 그 밈의 생존 가능성에 영향을 미칠 수도 있다. 그것의 몸들을 절벽 너머로 달려가도록 만든 밈은 그것의 몸을 절벽 너머로 달려가도록 만드는 유전자의 운명과 같은 운명을 가질 것이다. 그것은 밈 풀에서 제거되는 경향이 있을 것이다. (리처드 도킨스, 『확장된 표현형』)


따라서 문화를 지닌 종들에선 진화가 유전적 요인들만이 아니라 문화적 요인들에 의해서도 이루어진다. 이러한 '유전자-문화 공진화gene-culture coevolution' 또는 '유전자-밈 공진화gene-meme coevolution'는 물론 사람에게 가장 중요하다.


본질적으로, 〔유전자-문화 공진화의〕 개념은, 첫째, 사람의 계통은 유전적 진화에 문화적 진화라는 평행적 진로를 더했다는 것과, 둘째, 진화의 그 두 형태들은 연결되었다는 것을 살핀다. 〔……〕

문화는 공동체적 마음에 의해 창조되고, 각 마음은 유전적으로 구조화된 사람 뇌의 산물이다. 유전자들과 문화는 따라서 떼어놓을 수 없도록 연결되었다. 그러나 그 연결은 아직 대체로 측정되지 않은 정도로 유연하다. 그 연결은 또한 꼬불꼬불하다: 유전자들은 개체신생적 규칙들을 정하는데, 그것들은 개별적 마음이 자신을 조립하는 일에서 의존하는 신경 경로들과 인식적 발생에서의 규칙성들이다. 마음은 출생에서 죽음까지 개별적 뇌가 물려받은 개체신생적 규칙들을 통해서 인도된 선택들을 함으로써, 그것에 이용 가능한 기존 문화의 부분을 흡수함으로써 자라난다. 〔……〕

어떤 문화적 규범들은 또한 경쟁적 규범들보다 더 잘 살아남고 생식하며, 그렇게 함으로써 문화가 유전적 진화와 평행인 진로를 따라 그리고 통상적으로 그것보다 훨씬 빠르게 진화하도록 만든다. 문화적 진화의 속도가 빠를수록, 유전자들과 문화 사이의 관련은, 비록 완전히 끊어질 수는 없지만, 점점 느슨해진다. 문화는 상응하게 정확한 유전적 규정 없이 발명되고 전수되는, 정교하게 조율된 적응들을 통해서 환경에서의 변화들에 대한 빠른 조정을 허용한다. 이 면에서 인류는 다른 모든 동물 종들과 근본적으로 다르다. (에드워드 윌슨, 『지식의 대통합』)

# 제2장 진화론적 진보

1

　다윈주의 진화론의 관점에서 살피면, 자유주의 체제가 진화에 호의적이라는 사실이 이내 드러난다. 그것은 개인들의 실험들을 한껏 보장하며, 자연히, 많은 변이들이 끊임없이 나오도록 해서 자연선택 과정이 효율적으로 작용하도록 돕는다. 사회의 진화를 미는 힘은 개인들이 일상적으로 하는 갖가지 크고 작은 실험들이며, 그런 실험들의 총체는 흔히 시장이라 불린다. 자유주의 체제가 늘 시장경제와 친화적인 것은 바로 그런 사정 때문이다. 시장을 통해서, 자유주의 체제는 자신을 끊임없이 효율적인 모습으로 다듬는다.

　반면에, 전체주의 체제 아래에선 개인들이 그런 실험들을 하기 어렵다. 기본 계획들은 모두 중앙에서 집중적으로 만들어진다. 그런 중앙 집중적 계획들의 중요한 특질은 그것들의 한 부분에서 일어난 조그만 변화도 다른 부분들에 직접적으로 큰 영향을 미쳐서 그것들의 효율을 해친다는 점이다. 따라서 중앙 집중적 계획들은 조그만 변화도 허용하기 어렵고, 그런 뜻에서 전체주의 체제는 무척 경직되었다. 한번 계획이 마련되면, 그 것에 영향을 미칠 만한 모든 실험들은 체제에 해로운 활동으로 여겨져 적 극적으로 억제된다. 유전적 진화에서 거대진화macroevolution가 일어나기 어려운 것과 사정이 비슷하다.

이처럼 전체주의 체제 아래에서 개인들의 실험들은 그저 어려운 것이 아니라 뜻이 없다. 전체주의 사회들이 개인들의 자유로운 생각과 활동에 그렇게도 적대적인 것은 나름의 논리에 따른 것이다. 냉전 기간 동안, 자 유주의 사회들의 모습은 크게 바뀌었지만, 공산주의 사회들은 거의 바뀌 지 않았다는 사실은 조금도 이상하지 않다.


2


진화가 본질적 중요성을 지녔으므로, 사회의 운영에서 중요한 실제적 지침은 진화의 과정이 방해받지 않아야 한다는 것이다. 진화의 과정에 지 나치게 간섭하는 일은, 그것이 개혁이라는 이름으로 이루어지든 혁명이 라는 형태로 나오든, 거의 언제나 사회에 해롭다. 사회를 개혁하거나 혁 명으로 체제를 바꾸는 일은 본질적으로 그 일을 주도하는 소수 집단의 판 단이 나머지 다수의 판단보다 나을 뿐 아니라 다수의 실험들을 통해 검증 되는 절차를 생략해도 될 만큼 옳고 완벽하다는 생각을 전제로 삼는다. 그런 생각은 물론 이론적으로나 실제적으로나 근거가 아주 약하다. 그 점 에서 큰 변혁을 통해서 단숨에 사회를 근본적으로 바꾸려는 사람들은 본 질적으로 변성론자transmutationist들이다. 그리고 자연계에서 성공적인 거 대돌연변이macromutation가 나온 적이 없었다는 사실은 그들의 믿음에 짙 은 회의의 그늘을 던진다. 소수가 주도한 혁명들이 엄청난 사회적 비용들에도 불구하고 대부분 실패하며, 소수가 추진한 급진적 개혁들이 흔히 개악들로 판명되는 까닭이 거기 있다.

게다가 소수가 주도한 개혁이나 혁명은 소수의 뜻을 다수에게 강제할 수 있을 만큼 크고 힘센 권력 기구를 필요로 한다. 그런 권력 기구는 당연히 다수의 실험들을 어렵게 만들어서 사회 체제와 기구들이 진화할 여지를 크게 줄이고 다수에 대한 압제를 필연적으로 부른다. 전체주의 실험들은 그 사실을 더할 나위 없이 선명하게 보여주었다.

3

여기서 근본적 물음 하나가 나온다: '진화는 진보를 불러오는가?'

이 물음은 삶의 모든 부면들에 대해서 중요한 함의들을 지녔다. 자유주의자들에게 특히 중요한 것은 그것의 사회철학적 함의이다. 인류 문명이 유전자-밈 공진화의 산물이므로, 사회철학적 진보는 궁극적으로 진화적 진보에서 도출될 수밖에 없다. 그래서, 만일 진화가 진보를 불러온다면, 진화에 호의적인 자유주의 이념과 체제는 당연히 논거가 튼실해진다. 만일 그렇지 않다면, 자연적으로 나오는 질서들에 인공적 수정을 가하려는 충동을 늘 강하게 느끼는 전체주의자들의 입장이 일단 강화될 것이다. 과연 생명체들은 진화를 통해서 진보하는가?

대부분의 생물학자들은 생명체들의 진화엔 미리 정해진 방향이 없다고 말한다. 진화가 본질적으로 환경에 대한 적응이고 환경은 무작위적으로 바뀌고 유전자들은 미래의 환경을 예측해서 스스로 바뀔 수 없으므로, 진화에 미리 정해진 방향이 있을 수 없다는 얘기다. 조지 윌리엄스George C. Williams는 "자연선택 이론의 기본적 구조에는 어떤 종류의 누적적 진보를 시사하는 것이 없다(There is nothing in the basic structure of the theory of natural selection that would suggest the idea of any kind of cumulative progress)"고 말했다. 그리고 덧붙였다, "〔진화〕 이론 자체로부터 진보를 도출해낸 사람은 없었다고 나는 생각한다. 진보의 개념은 생명의 역사에 관련된 자료들의 인간 중심적 고려에서 나온 것이 분명하다(I suspect that no one would ever have deduced progress from the theory itself. The concept of progress must have arisen from an anthropocentric consideration of the data bearing on the history of life)."

4

월리엄스가 진보적 진화의 가능성을 부정한 학자들 가운데 가장 뛰어난 학자이므로, 그가 『적응과 자연선택』에서 편 주장은 찬찬히 살필 만하다. 진보가 다른 사람들에게 다른 것들을 뜻했다는 점을 지적하면서, 그는 다섯 개의 분리된 범주들에서의 진보를 살폈다: "유전적 정보의 축적으로서의 진보as accumulation of genetic information; 증가하는 형태학적 복잡성으로서의 진보as increasing morphological complexity; 증가하는 생리적 분업으로서의 진보as increasing physiological division of labor; 어떤 자의적으로 지적된 방향으로 나아가는 진화적 추세로서의 진보as any evolutionary tendency in some arbitrarily designated direction; 적응의 증가하는 유효성으로서의 진보as increased effectiveness of adaptation."

'유전적 정보의 축적'을 진보로 보는 견해에 대해서 그는 어떤 수준 이상의 유기체들은 대체로 같은 양의 유전적 정보를 지녔다는 점을 들어 회의적 태도를 보인다. 무작위화 과정이 자연선택에 의한 유전적 정보의 통제를 방해하므로, 유기체가 지닐 수 있는 최적의 정보량이 있고 그 이상은 정보의 축적이 어렵다는 얘기다.

[모토오] 기무라의 논의는 자연선택이 5억 세대 동안에 이룰 수 있는 것을 가리키는 데 쓸모가 있다. 나로선 정보의 축적에 관한 그의 설명을 받아들이되 그것을 캄브리아기가 아니라 디엔에이 부호 체계의 통제를 받는 세포 유기체들이 처음 나타난 때의 바로 뒤의 시기에 적용하는 쪽으로 기운다. 당시에 유전적 정보가 축적되었다고 기대할 수 있지만, 그것이 끝없이 축적되리라고 가정하는 것은 비합리적이다. 매 세대마다 선택에 의해서 상당한 양의 정보가 더해진다. 동시에, 무작위화 과정은 상당한 양을 덜어낸다. 더 많은 정보가 이미 저장되었을수록, 주어진 기간에서 돌연변이와 다른 무작위적 힘들이 그것을 더 많이 덜어낼 것이다. 무작위화의 힘들에 맞서 선택에 의해 유지될 수 있는 정보 내용의 최대치가 있으리라고 가정하는 것은 합리적이다. [……]
　여기서 제시된 견해는 조직에서 어떤 낮은 수준(어쩌면 보다 단순한 무척추동물들의 그것) 이상이고 어떤 지질학적 시기(어쩌면 캄브리아기) 이후의 모든 유기체들은 그들의 핵들 속에 대체로 같은 양의 정보를 지녔을 것 같다는 것이다. (조지 윌리엄스, 『적응과 자연선택』)


5


윌리엄스는 "증가하는 형태학적 복잡성으로서의 진보"에 대해서도 회의적이다. 종들이 형태학적으로 점점 복잡해졌다는 진술은 객관적 근거가 없다는 얘기다. 그런 진술은 흔히 성체 단계만을 고려하며, 자연히, 변태를 하는 종들의 형태학적 복잡성은 무시된다. 보다 근본적으로, 서로 다른 종들의 형태학적 복잡성을 비교할 객관적 기준은 아직 발견되지 않았다.

현세의 동물들은 고생대의 동물들보다 형태학적으로 더 복잡하다고 흔히 진술되거나 암시되지만, 나는 이 점에 관한 객관적이고 치우치지 않은 기록을 하나도 알지 못한다. 〔……〕

다른 유기체들의 상대적인 구조적 복잡성을 고려하는 일에선 논의를 각 유형의 성체들에 국한시키는 것이 관행이다. 이것은 성체 단계가 대개 생활환(生活環)에서 구조적으로 가장 복잡한 단계라는 사실에 의해서 부분적으로 정당화되지만, 그러나 이 제약은 또한 발생에 관한 비교적 순진한 견해를 가리킬 수도 있다. 개체 발생은 흔히 직관적으로 하나의 최종적 목표를, 즉 성체 단계의 표현형을 가진 것으로 여겨지지만, 발생의 진정한 목표는 모든 다른 적응들의 그것과 마찬가지로 딸린 성세포질의 연속이다. 눈에 보이는 육체적 생활환은 이 목표를 이루는 데 불가결한 기계이고, 각 단계들은 다른 어떤 단계와 마찬가지로 정당한 목표이다. 각 단계는 두 가지 이론적으로 나뉠 수 있는 임무들을 지녔다. 첫째, 그것은 당장 급한 생존의 문제들에 대처해야 하는데 이는 생태적 적응의 문제이다. 둘째, 그것은 다음의 이어지는 단계를 낳아야 한다. 형태 유전적 지시들은 이 두 일들을 마련해야 한다. 생태적 적응의 짐은 복잡하고 흔히 적대적인 환경에서 살아가는 단계에서 어쩔 수 없이 무거울 것이다. 그러나 불변적이고 정상적으로 좋은 환경에서 보내는 단계들에선 유전적 정보의 아주 작은 부분만이 생태적 적응을 다루는 데 필요하고, 발생적 타협들은 당장의 생태적 적응의 기구를 희생해서 효율적인 형태 유전적 준비에 크게 유리하도록 될 것이다. 〔……〕

나는 현재 양과 그것의 간에 있는 디스토마처럼 서로 다른 유기체들의 상대적인 형태적 복잡성을 평가하는 믿을 만한 길도, 어느 쪽이 그것의 접합자에 든 형태학적 지시들이나 유전적 정보의 총량에서 더 큰 부담을 지는지 결정할 길을 찾을 수 없다. (조지 윌리엄스, 같은 책)


6


윌리엄스는 "증가하는 생리적 분업으로서의 진보"라는 기준에도 이의를 제기한다. 그는 조직의 특수화가 척추동물에게만 제대로 적용된다고 말한다. 아울러 그는 특수화가 유연성이라는 특질과 맞바꾸기trade-off 관계에 있음을 지적한다.

동물 진화에서의 진보는 때로 증가하는 조직학적 분화를 뜻한다고 가정된다. 증가하는 형태학적 복잡성과 마찬가지로, 그런 진보는 모든 후생동물의 발생의 어느 부분에서 일어났음에 틀림없다. 또한 나는 포유류의 조직들이 어류의 그것들보다 생리적으로 좀더 특수화된 듯하다는 점을 인정하는 쪽으로 마음이 기운다. 그런 조직 특수화는 명백히 재생력이라는 값을 치르고 얻어졌다. 상당한 정도로 이것은 그저 추가적 적응들이 아니라 한 적응을 다른 적응으로 대치했다는 뜻을 품었다. 조직 특수화로서의 진보라는 개념은 아마도 척추동물을 넘어서는 적용에선 거의 매력이 없을 것이다. 윤충들이나 회충들과 같은 세포항상적 유기체들은 포유류보다 높은 동물들로 간주되어야 할 것이다. 그것들의 조직들은 하도 특수화되어서, 사소한 상처들을 치료하는 데 효과적인 메커니즘도 지니지 못했다. (조지 윌리엄스, 같은 책)

## 7

윌리엄스는 진화가 특정한 방향으로 나아가는 추세를 보이지 않는다고 주장한다. 여기서도 그는 진보적 변화를 측정할 기준이 없음을 지적했다.

또한 진보는 사람의 도구들의 기술적 향상과 유사한 방식으로 적응의 유효성에서의 향상을 뜻하는 것으로 흔히 여겨진다. 〔……〕 어떤 데본기 물고기들의 한계적이고 흔히 산소가 없는 서식지에의 특수화와 같은 진화적 발생들이 큰 중요성을 지닌 적응적 전파들을 초래할 수 있다는 것과 다른 발생들이 그런 결과들을 낳지 않는다는 것은 분명히 사실이다. 불행하게도, 우리가 선험적으로 진보적 변화들과 제약적 변화들의 범주들을 변별할 수 있는 어떤 객관적 기준을 누구도 제시하지 않았다. (조지 윌리엄스, 같은 책)

## 8

윌리엄스는 "적응의 증가하는 유효성"을 진보의 기준으로 삼은 것도 근거가 없다고 주장한다. 우리는 직관적으로 고등 유기체들이 보다 원시적인 유형들보다 적응적으로 우월하다고 여기지만, 증거들은 그런 직관적 결론을 떠받치지 않는다. 개체들이나 종들의 숫자가 기준이라면, 그런 결론은 근거를 잃을 것이다. 보다 발달된 종들과 직접 경쟁하면서도 제자리를 지키는 원시적 종들이 많기 때문이다.

가장 명백한 설명은 생명의 분류적 다양성이 '진보'라는 용어에 담긴 것처럼 적응의 집적이 아니라, 주로 서로 다른 계보들에서 독립적으로 한 적응을 다른 적응으로 대치하는 일이었다는 것이다. 원래의 사지동물들은 열등한 수영자들이 되는 값을 치르고서 더 나은 보행자들이 되었다. 원래의 정온동물들은 환경 온도에 대한 신진대사적 의존도를 줄였지만, 그렇게 함으로써 그것들은 먹이의 소요량을 늘렸다는 식이다. 의심할 여지없이 생명의 초기 진화에선 몇몇 중요하고, 장기적이고, 누적적인 추세들이 있었다. 몇은 정교한 염색체적 유전과 성적 생식의 확립에 의해서 진화가 정형화된 뒤에도 지속되었을지 모른다. 몇은 오늘날에도 뚜렷할 수도 있고, 몇은 '진보'라는 용어가 제시하는 종류의 것일지도 모른다. 〔……〕 다른 편으로는, 캄브리아기 이후 어떤 백만 년 단위의 기간에서도 그런 추세들이 매우 사소한 중요성을 지녔다는 것도 확실해 보인다. 그런 기간의 하나하나에서 중요한 과정은 모든 개체군들에서의 적응의 유지였다. 이것은 돌연변이에 의해 초래된 훼손의 끊임없는 교정을 필요로 했고, 때로 유전자 대치들을 포함했으니, 그런 대치는 대개 환경적 변화에 대한 반응이었다. 진화는, 그것이 포함한 모든 일반적 추세들과 함께, 적응의 유지의 부산물이었다. 백만 년 뒤에도 한 유기체는 거의 언제나 겉모양에서 처음의 그것과 약간 다를 터이지만, 중요한 면에서 그것은 여전히 똑같을 것이다. 그것은 여전히 적응의 독특한 생물학적 성질들을 보일 것이고, 그것은 여전히 특수한 처지들에 정교하게 적응되었을 것이다. 나는 자연선택 이론이 처음에 진화적 변화의 설명으로 자라났다는 것이 불행한 일이라고 여긴다. 그것은 적응의 유지에 대한 설명으로 훨씬 중요하다. (조지 윌리엄스, 같은 책)

9

윌리엄스의 주장은 튼튼한 사실들의 관찰에 바탕을 두었다. 그러나 그의 주장이 진보가 전혀 불가능하거나 나올 것 같지 않다는 얘기는 아니다. 전체적으로, 윌리엄스는 진보의 기준을 너무 엄격하게 잡았다고 할 수 있다. 에른스트 마이어는 이 점에 대해 다음과 같이 설명했다.

진화적 계열들을 살피면, 우리는 근년에 진화한 상당수의 분류 단위들이 생존에 특히 성공적인 적응들을 했음을 부정할 수 없다. 예컨대, 온혈은 유기체가 냉혈동물들에게 허용된 것보다 성공적으로 풍토와 기후의 변동들에 대처할 수 있도록 허용한다. 큰 뇌와 부모의 오랜 보살핌은 문화의 발전과 세대에서 세대로 이어지는 그것의 전승을 허용한다. 이 진전들은 모두 생존자들이 비생존자들에 대해서 우위를 지녔었다는 것에 바탕을 둔 자연선택의 결과였다. 이런 기술적(記述的) 뜻에서, 진화는 어떤 계통발생적 계통들에선 분명히 진보적이었다. [……] 모두 '진보'라는 말을 우리가 어떻게 해석하느냐에 달렸다. 그러나 다윈주의적 진보는 결코 목적론적이지 않다.
진화적 진보에 대해서 많은 정의들이 제시되었다. 나는 적응주의적 성격을 강조한 [리처드 도킨스의] 정의를 특히 좋아한다: 진보는 '적응적 복합체들로 통합되는 특질들의 수를 늘림으로써, 특정 생활 방식에 대한 자신들의 적응적 적합성을 누적적으로 늘리려는 계통들의 성향'이다. (에른스트 마이어, 『진화란 무엇인가』)

에드워드 윌슨도 같은 생각이다.

만일 우리가 진보라는 말이, 사람의 마음속에서 의도적으로 만들어진 것처럼, 미리 정해진 목표를 향한 진전을 뜻한다면, 미리 정해진 목표들을 지니지 않은 자연선택에 의한 진화는 진보가 아니다. 그러나 만일 우리가 시간의 경과에 따른, 적어도 상당수의 후계 계통들에서, 퇴보의 가능성이 늘 있다는 조건 아래, 점점 더 복잡하고 통제적인 유기체들과 사회들의 생산을 뜻한다면, 진화적 진보는 분명한 실재이다. 이 둘째 뜻에서, 사람이 이룬 높은 지능과 문명은 생명의 전반적 역사에서 나온 네 개의 큰 단계들의 마지막으로 꼽힌다. 그것들은 대략 10억 년 간격으로 이어졌다. 첫째는 단순한 세균과 비슷한 유기체들의 형태를 한 생명의 시작 바로 그것이었다. 다음엔 세포핵과 다른 막으로 둘러싸인 미세기관들이 고도로 조직된 단위로 조립되는 과정을 통한 복잡한 진핵생물 세포의 기원이 나왔다. 진핵생물적 건축 단위가 쓰일 수 있게 되자, 다음 진전은 감각 기관들과 중추신경 체계들에 의해 인도되어 움직이는 갑각류와 연체동물들과 같은 커다란 다세포 동물들의 기원이었다. 마지막으로, 이미 존재했던 생명 형태들에게 재앙이 된 인류가 나왔다. (에드워드 윌슨, 『지식의 대통합』)

수잔 블랙모어Susan Blackmore는 이런 사정을 '보편적 다윈주의Universal Darwinism'의 맥락에서 깔끔하게 요약한다.

〔진화적〕 알고리즘이 움직이게 되면, 필연적 결과는 설계가 느닷없이 창조된다는 것이다. 그러나 우리는 그것이 어떤 종류의 설계일지 정확하게 예측할 수 없다. 진화가 우리에서 끝났어야 할 까닭은 전혀 없다. 그것은 시작한 것보다 나은 무엇으로 끝났어야 한다. 그리고 그 무엇이 우리를 포함한 이 세상이 된 것이다.

진화에 진보가 있는가? 굴드가 〔진보는〕 없다고 주장하는 것은 잘 알려

졌지만, 나는 그가 내가 공유하는 것과는 다른 진보의 개념을 가졌다고 생
각한다. 그가 어떤 것을 향한 진보를 배제한 것은 옳다. 이것이 다윈의 영
감의 전적인 요점이다. 그리고 그의 이론을 그리도 아름답게 만드는 것이
다. 전반적 계획도, 최종적 지점도, 그리고 설계자도 없다. 그러나 물론 우
리가 지금 온갖 종류의 생명체들로 가득한 복잡한 세상에서 살고 몇십억 년
전에는 원초적 수프밖에 없었다는 뜻에서 진보는 있다. 비록 이 복잡성에
대해 전반적으로 받아들여진 척도는 없지만, 유기체들의 다양성, 개별적
유기체들 속의 유전자들의 수, 그리고 그것들의 구조적 및 행태적 복잡성
이 모두 증가해왔다는 것은 의심할 수 없다. 진화는 올라서기 위해서 자신
의 생산품들을 이용한다.

　도킨스는 이것을 '있을 법하지 않은 산에 올라가기'라고 묘사한다. 시간
이 가면서 자연선택은 완만한 경사들을 따라 조금씩 올라가서 점점 더 있을
법하지 않은 생명체들의 고지들에 이르고, 센 선택 압력이 있으면, 진보는
여러 세대들에 걸쳐 유지될 수 있다. 데네트는 진보를 '설계 공간에서의
올라가기'라고 묘사하는데, 자연선택의 기중기나 쐐기는 아주 천천히 그리
고 아주 작은 걸음들로 모든 이전의 올라가려는 노력들 위에다 쌓음으로써
훌륭한 설계 요령들을 찾아내서 집적해간다. 이런 뜻에서, 그래서, 진보가
있다. (수잔 블랙모어, 『밈 기계 *The Meme Machine*』)


10


　생명체들은 수십억 년 동안 점점 복잡해졌고 다양해졌고 환경에 대한
통제력이 늘어났다. 우리는 그런 진화에서 진보를 읽어낼 수 있다. 그런
진화적 진보에서 가장 두드러지고 결정적인 특질은 정보처리 능력의 향상

이다. 생명체들은 줄곧 정보를 효과적이고 효율적으로 이용하는 방향으로 진화해왔다. 알게 모르게 우리는 그 점을 인식하고 있으니, 생명체들을 정보처리 능력의 차이에 따라 고등생물들과 하등생물들로 나누고, 자신에겐 '현명한 인류Homo sapiens'라는 종(種) 이름을 붙였다.

생명체들이 보다 나은 정보처리 능력을 갖추는 방향으로 진화해온 것은, 생명의 본질이 정보처리라는 점을 생각하면, 당연한 결과이다.

생명은 정의하기가 애매한 것이지만, 그것은 두 가지 매우 다른 기술들로 이루어졌다: 복제할 수 있는 능력과 질서를 창조할 수 있는 능력. 살아 있는 것들은 자신들의 근사(近似)한 복제들을 낳는다: 토끼들은 토끼들을 낳고, 민들레들은 민들레들을 만든다. 그러나 토끼들은 그보다 더 많은 것들을 한다. 그것들은 풀을 먹고서 토끼 살로 변형시키고 어찌어찌해서 세상의 무작위적 혼돈으로부터 질서와 복잡성을 지닌 몸들을 만든다. 그것들은 닫힌 체계에선 모든 것들이 질서에서 무질서로 이행한다는 열역학 제2법칙을 거스르지 않으니, 토끼들은 닫힌 체계들이 아니기 때문이다. 토끼들은 몸들이라 불리는 질서와 복잡성의 꾸러미들을 만드는데, 그러나 그것은 큰 양의 에너지를 소비하는 값을 치르고서 이루어진다. 에르빈 쉬뢰딩거의 표현으로는, 생명체들은 환경으로부터 "질서성을 마신다."

삶의 이 두 특질들에 대한 열쇠는 정보이다. 복제하는 능력은 새로운 몸을 창조하는 데 필요한 정보라는 처방의 존재에 의해 가능해진다. 토끼의 수정란은 새 토끼를 조립하기 위한 지시들을 지녔다. 그러나 신진대사를 통해서 질서를 창조하는 능력 또한 정보에 질서를 창조하는 기구를 만들고 유지하기 위한 지시들에 의존한다. 생식하고 신진대사를 하는 능력을 지닌 어른 토끼는, 케익이 그것의 요리법에 미리 그려졌고 미리 상정된 것과 똑같은 방식으로, 그것의 살아 있는 필라멘트들에 미리 그려졌고 미리 상정된 것이다. 이것은 닭이라는 '개념'이 달걀 속에 내재하고 또는 도토리가 참나무의 구도를 문자 그대로 '통보받는다'고 말한 아리스토텔레스까지 바로 거슬러 올라가는 생각이다. 아리스토텔레스의 정보 이론의 흐릿한 인식이 여러 세대 동안 화학과 물리학에 묻혔다가 현대 유전학의 발견들 속에서 다시 나타났을 때, 맥스 델부르크는 그 그리스 현인이 디엔에이의 발견에 대한 공로로 노벨상을 추서받아야 한다고 농담했다.

디엔에이의 필라멘트는 정보이니, 그것은 하나의 화학 물질이 하나의 글자를 나타내는 화학 물질들의 부호로 씌어진 전언이다. 사실이기를 기대하기엔 너무 좋을 정도에 가깝지만, 그 부호는 우리가 이해할 수 있는 방식으로 씌어졌음이 밝혀졌다. 씌어진 영어와 마찬가지로, 유전적 부호는 직선으로 씌어진 선형 언어이다. 씌어진 영어와 마찬가지로, 모든 글자들이 똑같은 중요성을 지닌다는 점에서 그것은 디지털 방식이다. 게다가 디엔에이의 언어는 영어보다 훨씬 간단하니, 그것은 관행적으로 에이A, 씨C, 지G, 그리고 티T라고 알려진 네 개의 글자만으로 이루어진 알파벳을 가졌다. (매트 리들리Matt Ridley, 『유전체*Genome*』)


따라서 생명의 진화에서 정보처리 능력의 향상이라는 추세를 우리가 읽어낼 수 있는 것은 조금도 이상하지 않다. 그렇지 않다면, 오히려 그것이 이상할 터이다.

정보를 처리해서, 생명체들은 환경에 대한 지식을 얻는다. 진화는 정보처리 능력의 향상을 포함하므로, 진화는 당연히 지식의 집적을 부른다. 과감하게 말하면, 진화는 학습 과정이다.

1951년에 영국의 동물학자 프링글은 「배움과 진화의 유사성에 관하여」라는 이름을 단 기술적 논문을 썼다. 그것은 나쁘지 않은 비교였다. 자연선택은 그저 눈과 같은 새로운 기술들을 '발명하는' 과정이 아니다. 그것은 함축적으로 빛의 반사와 같은 물질적 세계의 특성들을 '발견한다.' 자연선택에 의한 진화의 본질적이고 예측할 수 있는 부분은 이러한 지속되는 발명과 함축적 발견이다. '배움'을 구체화한 특정 종들은 부수적이다. 그것의 내용이 다른 책들에서 살아가는 동안에도 절판될 수 있는 교과서처럼, 그것들은 지식의 일시적 저장소들일 따름이다. (로버트 라이트Robert Wright, 『비영Nonzero』)

자연히, 지식은 일반적으로 인식되는 것보다 훨씬 방대하다. 그것은 우리 유전자들에 들어 있는 정보들을 포함한다. 우리 몸 자체가 지식인 것이다. 헨리 플로트킨Henry Plotkin의 표현을 빌리면, "가장 흔한 뜻에서의 지식은 세계의 어떤 특질에 대한 특정한 관계를 지닌 정신적 상태를 가리킨다(knowledge, in its most common meaning, denotes a mental state that bears a specific relationship to some feature of the world)." 그러나 그런 뜻에서의 지식은 실제로 존재하는 지식의 작은 부분에 지나지 않는다.

적응들은 자체로 지식이며, 자체로 생명체들의 구조와 조직 속으로 세계를 '육화'한 형태들이다. 이것은 널리 받아들여진 뜻에서의 '지식'이라는 말을 — 지식은 대개 그저 사람들만이 그들의 머리 어디에 지닌 무엇이기에 — 잘못 쓰는 것처럼 보이므로, 만일 그 진술이 '적응들은 생물적 지식이고, 우리가 흔히 그 말로 이해하는 바로서의 지식은 생물적 지식의 특별한 경우다'로 된다면, 그 주장이 보다 쉬워질 것이다. (헨리 플로트킨, 『다윈 기계들과 지식의 성격Darwin Machines and the Nature of Knowledge』)

플로트킨의 말대로, "아는 것은 사는 것이고 생존하는 것knowing is

living and surviving"이므로, 정보처리 능력의 향상과 그것에 따른 지식의 축적은 진화에서 가장 두드러진 추세였다.

정보처리 능력의 향상은 정보를 얻는 감각 기관들과 정보를 처리하는 뇌의 발전을 통해서 이루어졌다. 감각들 가운데 가장 효율적인 것은 시각이므로, 감각 기관들 가운데 가장 중요한 것은 눈이다. 그래서 눈은 보편적 기관일 뿐 아니라 여러 번 발명되었고, 한번 발명되면 아주 효율적인 상태까지 진화하곤 했다.

눈에 이르는 계열들의 가장 단순하고 가장 원시적인 단계는 표피의 광선에 민감한 점이다. 그런 점은 바로 처음부터 선택적 우위를 지녔고, 이 광선에 민감한 점의 기능을 향상시키는 표현형의 어떤 추가적 변형도 선택에 의해 선호될 것이다. 이것은 광선에 민감한 점 둘레의 색소 침전, 그리고 렌즈, 눈을 움직이는 근육 및 다른 부속 구조들의 발생에 이르는 표피의 두꺼워짐, 또한 물론 가장 중요한 망막과 비슷한 감광성 신경조직의 발생을 포함할 것이다.

감광성이 있는, 눈과 비슷한 기관들은 동물 계열들에서 독립적으로 적어도 40차례나 발생했고, 광선에 민감한 점에서 척추동물들, 두족류들 및 곤충들의 정교한 눈에 이르는 모든 단계들이 각 분류 단위의 살아 있는 종들에서 아직도 발견된다. 그것들은 중간 단계들을 포함하며, 복잡한 눈의 점진적 진화는 생각할 수 없다는 주장을 논파한다. 무척추동물들의 감광성 기관들은 대부분 척추동물들, 두족류들 및 곤충들의 눈의 완벽성을 갖추지 못했지만, 그래도 그것들의 기원과 이후의 진화는 자연선택의 도움을 받았다. (에른스트 마이어, 『진화란 무엇인가』)

뇌의 크기도 일반적으로 커지는 경향을 보인다. 에른스트 마이어는 "뇌의 크기의 증가는 영장류만이 아니라 제3기 포유류의 진화에서 널리 퍼진 경향이다(An increase in brain size, not only in primates, is a widespread trend in the evolution of Tertiary mammals)"라고 지적했다.

뇌의 출현은 물론 개체들의 정보 처리에서 혁명적 변화를 불러왔다. 아울러 그것은 유전자들과 개체들 사이의 관계에서도 근본적 변화를 낳았다.

의식에 의해 제기된 철학적 문제들이 무엇일지라도, 이 얘기의 목적을 위해서 그것은 집행적 결정자들로서의 생존 기계들을 그들의 궁극적 주인들인 유전자들부터 풀어놓는 것을 향한 진화적 추세의 절정이라고 생각될 수 있다. 뇌들은 생존 기계들의 일들을 일상적으로 다루는 일을 맡았을 뿐 아니라, 미래를 예측하고 그에 따라 행동하는 능력도 얻었다. 그들은 유전자들의 명령들을 거스르는 힘까지 지녔으니, 예컨대 그들은 되도록 많은 아이들을 갖는 것을 거부할 수도 있다. (리처드 도킨스, 『이기적 유전자』)


11


이처럼 정보처리 능력의 향상은 진화의 중심적 추세이다. 우리는 정보처리 능력을 지능이라 부른다. 당연히, 지능은 생명체들에게 결정적으로 중요하다. 우리 모두가 잘 인식하는 것처럼, 사람의 지배적 지위도 발달된 지능 덕분이다.

어떤 기술도 지능보다 자연선택으로부터 더 많은 관심을 받지 못했고 자연선택을 통해서 더 정교하게 다듬어지지 못했다. 우리 둘레의 모든 곳들에 진화를 통해서 자라나는 지능의 경향에 대한 증거가 있다. 가장 눈부신 예는, 당연히 겸허한 마음으로 말해야 되겠지만, 우리다. 사람의 뇌는 더 크고 고동치고 끝없이 발명적인 '뇌'인 생물계가 아직까지 낳은 가장 큰 산물이다. (로버트 라이트, 『비영』)

지능이 높아지면, 자연스럽게 문화가 나온다. 그래서 진화 과정은 '유전자-밈 공진화'로 바뀐다. 문화가 "비유전적 수단들에 의한 개인에서 개인으로의 정보의 전송the transmission of information from one individual to another by non-genetic means"이므로, 이런 변화는 삶에서 이미 본질적인 정보의 중요성을 한층 더 높인다. 사람의 경우, 이런 현상은 극적으로 두드러졌다.

2백만 년 이전에, 첫 석기들을 갖추면서, 우리 조상들은 유전자-밈 공진화의 한가운데에 있었다. 뇌는 상당 기간 동안 생물적 진화를 통해서 자라나고 있었다. 그러나 문화적 진화도 또한 움직이고 있었다. 첫 석기들이 나오기 전에도, 덜 내구적인 재료로 만들어져서 후세에 남겨지지 못한 도구들이 분명히 있었다. 그리고 어쨌든, 오늘날 물질적 기술을 훨씬 넘어서는 문화는 그때에도 그러했다. 도구들을 떠나서, 새로운 요령들을 발명하고 모방하는 것은— 사냥에서 또는 먹을거리를 찾아 뒤지는 일에서 또는 채취에서 또는 싸움에서— 쓸모가 컸을 터이다. 실은 아주 쓸모가 커서, 생물적 진화는 이런 종류의 문화적 작용을 격려했을 것이다. 쓸모 있는 밈들이 유전적 번창을 도와서 다원주의적 기준으로 보답하는 한도까지, 따라서 자연선택은 밈들을 다루는 유전자들을, 혁신하고 관찰하고 모방하고 의사를 전달하고 배우는 유전자들을, 즉 문화의 유전자들을 선호할 것이다.

이런 종류의 공진화는 자기 지속적 과정이 될 수 있다: 동물들이 뇌의 사용에 능숙해지면, 그들은 가치 있는 밈들을 창조하고 흡수하는 데 더 능숙해진다. 그리고 가치 있는 밈들이 더 많이 떠돌아다니면, 그것들을 이해하는 것엔 더 큰 다윈주의적 가치가 있으므로, 동물들은 뇌를 쓰는 데 더 능숙하게 된다. 거의 확실히, 처음으로 석기들을 사용한 인류는 이미 이 공진화의 에스컬레이터에 타고 있었다. 그것은 그들을 똑똑하지 못한 오스트랄로피테쿠스 아파렌시스로부터 구별하는 뇌의 크기에서의 성장과 그 뒤를 잇는 긴 시기에서의 빠른 성장을, 전체적으로 3백만 년 동안에 거의 세 배로 늘어난 두개골의 용량을, 아울러 설명하는 데 도움이 될 것이다. (로버트 라이트, 같은 책)

12

여기서 우리는 정보처리 능력의 향상이 개체들에만 적용되는 추세가 아니라는 점을 인식해야 한다. 개체들의 유기적 집단들도, 인류 사회들만이 아니라 다른 종(種)들의 사회들도, 정보처리 체계들이다.

이 점은 가장 사회적인 동물이라 할 수 있는 개미들의 사회에서 잘 드러난다.

독립적으로 일한 수십 명의 생물학자들은 개미들이 그들의 집단들을 경보를 전달하는 데 쓰인 것들과 같은 많은 화학적 체계들로써 조직한다는 것을 증명했다. 그들의 몸들은 기호적 화합물들로 가득 찬 선(腺)들의 걸어다니는 조합들이라는 것을 우리는 발견했다. 개미들이 그들의 페로몬들을, 개별적으로 또는 조합해서, 그리고 양들을 바꾸어 방출할 때, 그들은 결과적으로는 다른 개미들에게 말하는 것이다. [……] 이 맛과 냄새의 부호들은 하도 널리 퍼지고 강력해서, 그것들은 모두 합쳐서 개미 집단들을 하나의 운영 단위로 묶는다. 결과적으로 각 집단은 초유기체로, 하나의 훨씬 큰 유기체처럼 움직이는 재래적 유기체들의 덩어리로 볼 수 있다. 집단은 신경망을 거칠게 본받은 원시적 기호망, 거대하게 만들어진 백 개의 입을 가진 히드라이다. 망의 한 가닥인 개미 한 마리를 건드리면, 그 전치(轉置)는 퍼져나가서 공동체적 지능과 마주하게 된다. (에드워드 윌슨, 『지식의 대통합』)


물론 인류 사회들은 개미들의 집단들보다 훨씬 크고 복잡하고 정교하다. 당연히, 인류 사회에선 정보처리의 특질이 훨씬 두드러진다. 찬찬히 살펴보면, 모든 사회 조직들, 제도들과 관행들은 사회적 정보처리를 보다 효율적으로 만드는 장치들임이 드러난다. 시장과 정부는 특히 두드러진 정보처리 장치들이다.

자유주의자들에게 근본적인 중요성을 지닌 것은 시장이 정보를 아주 잘 처리한다는 사실이다. 시장의 그런 우월성은 사회에 존재하는 정보들과 지식들의 모습에서 찾을 수 있다. 개체들이 유전자들을 위한 '생존 기계'들이고 '수레'들이며 자연선택이 작용하는 단위이므로, 개체들은 정보처리의 기본 단위이고 진화에서 얻어진 지식들의 궁극적인 저장소이다. 자연히, 어떤 사회에 존재하는 정보들과 지식들은 궁극적으로 개인들이 지녔다. 국가나 다른 사회 기구들이 지닌 것들도 궁극적으로는 개인들이 지녔거나 처리한다. 그렇게 개인들 사이에 흩어진 정보들과 지식들을 한데 모아서 처리하는 것은 물리적으로 무척 어렵고 경제적으로 큰 비용이 든다.

시장에선 개인들이 지닌 밈들이 경쟁한다. 그래서 우월한 밈들이 널리 퍼지고 열등한 밈들은 밀려난다. 문화가 '확장된 표현형'이란 관점에서 살피면, 이런 과정은 본질적으로 자연선택의 변형이다. 그래서 우리는 자연선택이 '발견'의 과정이라는 프링글의 지적을 떠올리게 된다.

흥미롭게도, 다윈의 이론과 멘델의 이론이 통합되어 다윈주의 진화론이 새롭게 정립된 시기에 자유주의 경제학자들도 경쟁에 담긴 '발견 과정'으로서의 성격에 주목했다. 이런 통찰을 낳은 계기는 20세기 사회철학에서 아마도 가장 중요한 논쟁이었을 '사회주의 계산 논쟁Socialist Calculation Debate'이었다.

프리드리히 하이에크Friedrich August von Hayek는 '시장 사회주의market socialism'를 주장한 오스카 랑게Oskar Lange의 비용 최소화 원칙cost-minimization rule을 비판하면서, 최소 비용은 미리 주어지는 것이 아니라 가격 경쟁을 통해서 비로소 발견될 수 있음을 지적했다.

이런 종류의 문제의 논의에선, 현재의 그렇게도 많은 경제 이론에 관한 논의에서와 마찬가지로, 물음은 흔히 마치 비용 곡선들이 객관적으로 주어진 사실들인 것처럼 취급된다. 여기서 잊혀진 것은 주어진 조건들 아래서 가장 싼 방법은 기업가에 의해 발견되어야만 하고 때로는 거의 날마다 새롭게 발견되어야 하는 무엇이라는 점이며, 강한 유인(誘因)에도 불구하고, 가장 좋은 방법을 발견하는 사람은 결코 정규적으로 자리 잡은 기업가가, 즉 존재하는 공장을 맡은 사람이 아니라는 점이다. 경쟁적 사회에서 가격이 그 원가에서 팔릴 양이 생산될 수 있는 가장 싼 원가로 내려가는 것을 불러오는 힘은 보다 싼 방법을 아는 누구든지 자신의 위험 부담으로 참여해서 다른 생산자들보다 싼 값으로 고객들을 끌어 모을 수 있는 기회이다. (하이에크, 『개인주의와 경제적 질서 *Individualism and Economic Order*』)

최소 한계 비용과 같은 중요한 정보들이 이미 알려진 것으로 여기는 사회주의자들의 오류는 그들이 정태적 이론들static theories을 너무 진지하게 받아들인 데서 나왔다고 하이에크는 진단했다. 그는 사회와 시장이 끊임없이 진화하는 존재들이며 필요한 것은 그런 움직임을 파악할 수 있는 동태적 이론이라고 지적했다. 그는 뒤에 이런 통찰을 일반화해서 시장에서의 경쟁이 '발견 절차discovery procedure'를 이룬다고 말했다.

이제 우리는 시장을 진화의 맥락에 놓고서 유전자-밈 공진화의 관점에서 살펴야 한다. 그리고 시장이 지닌 '발견 절차'로서의 성격을 보편적으로 작용하는 자연선택의 발견 과정의 한 양태로 파악해야 한다.


13


진화는 목적론적으로 움직이지 않는다. 그러나 방향성이 아예 없는 것은 아니다. 실제로 진화는 진보를 함축한다. 진화가 보이는 진보적 추세들에서 가장 두드러지고 중심적인 것은 정보처리 능력의 향상이다. 이 세상에 대한 정보들을 얻는 감각 기관들의 발달과 그 정보들을 처리하는 신경계의 발달은 이런 진보적 추세에서 두드러진 사건들이었다. 특히 뇌의 출현은 혁명적이었으니, 그것은 문화의 출현을 필연적으로 만들었고, 마침내 유전자-밈 공진화를 낳았다.

이 모든 진보적 현상들에서 중심적 존재는 개체들이었다. 자연선택이 작용하는 단위라는 사실은 개체들을 진화의 중심적 존재들로 만들었다. 그리고 뇌의 출현은 개체들의 정보처리 능력에 혁명을 일으켰다. 자연히, 개체들이 지닌 엄청난 정보처리 능력은 진화에서 결정적 영향을 미쳤다. 아울러 원래 유전자들의 '생존 기계'와 '수레'로 나타난 개체들은 이제 스스로 결정하는 독립적 존재들이 되었다.

개인들에게 자유를 한껏 보장하는 것이 옳다는 자유주의 이념은 이런 진화적 사실들에서 튼튼한 철학적 토대를 발견한다. 진화론이 발전된 모습을 갖추기 훨씬 전에 자유주의 철학자들이 뒤에 진화생물학이 증명할 이론들에 바탕을 두고 이념을 정립했다는 사실은 감탄스럽다. 이제 자유주의자들은 진화생물학의 성과를 보다 적극적으로 받아들여 그들의 이념을 다듬어야 할 것이다.

제 3 부

# 지식의 변경

# 과학의 가려진 변경

1

다섯 세기 전 유럽에서 과학혁명이 시작된 뒤, 과학은 꾸준히 그리고 빠르게 발전해왔다. 과학은 방법론을 뚜렷이 세웠고 빠르게 늘어나는 성과들을 체계적으로 쌓아 올렸다. 아울러 기술이라는 형태로 나온 과학의 응용은 인류에게 이전엔 상상하기 어려웠을 만큼 많은 혜택을 주었다.

과학은 기술과 서로 도우면서 자라났다. 기술은 과학에 보다 나은 수단들을 제공했고, 과학은 그런 수단들을 이용해서 더욱 발전했고, 과학의 발전은 새로운 기술들을 낳았다.

자연히, 과학의 변경은 빠르게 나아간다. 갖가지 기구들의 도움을 받아서, 사람이 세상을 감지하는 능력은 자신의 감각 기관이 지닌 제약들을 훌쩍 벗어난다. 이제 망원경들은 우주의 먼 끝을 살펴서 백억 년 이전 어린 우주의 모습을 알아내고, 입자가속기들은 물질의 안쪽을 깊이 살펴서 이 세상의 구조를 밝힌다. 물리학자들과 천문학자들은 우주의 궁극적 운명까지도 예측하려 애쓴다. 그리고 생물학자들은 사람을 포함한 모든 생명체들이 어떻게 생겨났고 어떻게 움직이는가 멋지게 설명한다. 이제 사람은 타고난 인식적 감옥cognitive prison을 거의 다 벗어났다.

우주와 생명이 존재한다는 사실은 참으로 경이롭다. 우주와 생명이 존재할 필연적 이유는 우리가 아는 한 없다. 그러나 우주와 생명이 진화해온 과정을 설명할 수 있다는 사실도, 찬찬히 생각해보면, 그것만큼 경이로운 일이다. 과학적 지식이 꾸준히 무지를 밀어내면서, 과학의 변경은 점점 멀리 나아간다. 그 사실보다 지금 우리에게 중요하고 희망적인 사실은 없다.


2


그러나, 그렇게 나아가는 과학의 변경엔 좀처럼 눈에 뜨이지 않는 곳이 있다. 바로 사람의 뇌이다.

자연선택을 통해서 생명체들이 진화한다는 찰스 다윈의 이론은 이 세상에 생명이 나타나서 자라난 과정을 깔끔하게 밝혔다. 그리고 분자생물학과 진화생물학의 발전은 생태계의 가장 기본적 존재는 사람과 같은 유기체가 아니라 유전자임을 증명했다. 유전자들이 먼저 나타났고 유기체들은 유전자들이 살아남고 퍼지기 위해 만들어낸 존재들이라는 얘기다. 리처드 도킨스의 표현을 빌리면, 유기체들은 유전자들의 생존과 전파를 위한 '수레vehicle'들이다. 다윈주의 진화론은 생명의 궁극적 단위는 자신을 복제하는 존재라는 통찰을 낳았고, 그런 통찰은 자연스럽게 '복제자replicator'라는 개념을 낳았다.

여기서 우리가 주목할 것은 진화론은 지구의 생명만이 아니라 우주에 존재할 모든 생명들에 적용된다는 사실이다. 외계에 생명이 존재한다면,

그 생명은 자연선택을 통해서 생겨났고 그 생명의 다양한 모습에서 기본적 단위는 복제자이리라는 얘기다.

지구 생태계의 복제자는 물론 유전자이다. 그러나 근년에 생물학자들은 다른 종류의 복제자가 있다는 사실을 깨달았다.

유기체들이 크고 복잡한 체계로 진화하자, 유전자들이 직접 유기체들을 조종하기는 어렵게 되었다. 그래서 유기체들이 자율적으로 행동하도록 바뀌었는데, 그러한 자율의 통제 기관으로 뇌가 생겼다. 사람은 가장 자율적인 유기체이고, 자연히 사람의 뇌는 유전자의 영향으로부터 상당한 독립성을 얻었다. 그리고 그러한 독립성의 바탕 위에서 문화가 나왔다. 문화는 사람의 삶에서 점점 큰 몫을 차지하게 되었고, 마침내 사람의 진화 과정에도 결정적 영향을 미치게 되었다. 이러한 상황은 '유전자-문화 공진화gene-culture coevolution'라 불린다.


3


생명에 기본적 단위인 복제자가 있듯이, 문화에도 복제자가 있다는 생각은 이제 널리 받아들여졌다. 그러한 문화적 복제자는, 도킨스의 제안을 따라, 흔히 '밈meme'이라 불린다. 유전자들의 환경이 자연이듯, 밈들의 환경은 사람들의 뇌이다. 밈들은 사람들의 뇌에 깃들고 다른 사람들의 뇌로 퍼져나간다.

자신들의 환경이 사람들의 뇌이므로(다른 고등동물들이 사람으로부터 밈을 얻을 가능성은 일단 접어두면), 밈들은 뇌 공간을 차지하려고 치열하게 경쟁한다. 사람들의 뇌는 제한된 자원이므로, 자기 복제가 뛰어난 밈들은 점점 널리 퍼지고 그렇지 못한 밈들은 사라진다. 자연선택이 작용하는 것이다.

그러면 어떤 밈들이 번창해서 사회에 널리 퍼지는가? 밈들의 생존경쟁과 자연선택에 근본적 영향을 미치는 요소는 사람의 뇌의 유래와 성격이다. 뇌는 생존하기 위해서 조립된 기계이므로, 뇌는 유기체가 하루하루 살아가는 데 필요한 정보들만을 처리하도록 되었다. 뇌는 멀리 그리고 깊이 보고 진리를 파악하도록 만들어지지 않았다.

따라서 사람들의 뇌라는 환경에선 단순하고 직관에 맞아 흔히 '상식'이라고 불리는 밈들이 번창하고 그런 밈들에 바탕을 둔 민중주의가 늘 큰 세력을 누린다. 반면에, 복잡하고 어렵고 반직관적(反直觀的)인 밈들은 사람들의 뇌에 자리 잡기 어렵고, 자연히 전파력도 약하다. '상식'들이 널리 받아들여지는 것은 그것들이 옳기 때문이라기보다 그것들이 사람들의 뇌에 쉽게 자리 잡기 때문이라고 보는 쪽이 사실에 훨씬 가깝다.

불행하게도, 과학적 지식들에 바탕을 둔 밈들은 하나같이 복잡하고 어렵다. 사람들이 당연하다고 여기는 현상들을 깊이 탐구해서 현상들의 밑에 있는 구조들과 작용들을 밝히는 것이 과학의 기능이므로, 그런 사정은 어쩔 수 없다. 게다가 과학적 지식은 흔히 반직관적이다. 과학적 지식들에 바탕을 둔 밈들은 그래서 사람들의 뇌에 자리 잡기 힘들다.

이 점이 잘 드러나는 경우는 지동설이다. 인류 문명이 나타난 뒤 대부분의 기간 동안 지구는 그대로 있고 천체들이 움직인다는 천동설이 정설이었다. 천동설은 우리의 경험과 직관에 맞고 그것에 따른 행위들은 우리의 일상적 삶에서 전혀 문제를 일으키지 않는다. 천문학이 발전하고 천문학의 성과들이 역법과 같은 실용적 목적들에 이용되기 시작한 뒤에야, 비로소 그것은 문제점들을 드러냈다. 지동설이 나온 뒤에도 그것이 과학의 정설이 되기까지는 상당한 세월이 지나야 했다. 우리가 발을 딛고 선 이 땅이 움직이지 않는다는 판단이 당연하므로, 직관에 어긋나는 지동설은 사람들의 뇌에서 자리 잡기 어려웠다.

게다가 과학이 발전할수록 과학적 지식들은 점점 더 복잡해지고 어려워지고 반직관적이 된다. 현대의 자연과학 이론들은 거의 모두 수학이라는 언어로만 제대로 설명될 수 있다. 그리고 그것들은 이 세상의 실상이 사람들의 상상력을 훌쩍 넘어서는, 기괴하다고밖에 할 수 없는 모습임을 보여준다.

자연과학 이론들만 그러한 것도 아니다. 사회과학 이론들도 복잡하고 어렵고 반직관적이기는 마찬가지다. 대표적인 것은 '비교 우위'라는 개념이니, 그것은 더할 나위 없이 어렵고 반직관적이다. 그러한 사정이 어느 나라에서나 보호무역주의가 득세하고 자유무역 정책들이 인기가 낮은 근본적 요인이다.


4


위에서 살핀 것처럼, 과학적 지식들에 바탕을 둔 밈들은 상식들에 바탕을 둔 밈들과의 경쟁에서 힘이 부친다. 이것은 개인적으로나 사회적으로나 심각한 위험이다. 그르거나 부정확한 지식은 그것을 지닌 사람들과 그것이 널리 퍼진 사회에 아울러 해로울 수밖에 없다. 어느 사회에서나 부정확한 지식에 바탕을 둔 밈들로 인한 폐해는 크니, 건강에 관한 잘못된 믿음들에서 테러를 부추기는 근본주의 교리들에 이르기까지, 이 세상엔 해로운 밈들이 너무 많다. 따지고 보면, 20세기에 인류에게 가장 큰 괴로움을 준 전체주의의 득세도 근본적으로 그른 과학 이론들에 바탕을 둔 밈들의 너른 전파가 부른 재앙이다.

해로운 밈들을 줄이는 단 하나의 길은 그것들이 깃들 곳들을 줄이는 것이다. 그리고 해로운 밈들이 깃들 곳들을 줄이는 단 하나의 길은 그것들과 경쟁하는 옳은 밈들이 밈들의 환경인 사람들의 뇌들에 자리 잡도록 하는 것이다. 이러한 사정은 해로운 세균들이 번식하지 못하도록 하는 궁극적 방책은 이롭거나 무해한 세균들이 해로운 세균들이 번식할 만한 곳들을 미리 가득 채워서 해로운 세균들이 몸속에 자리 잡지 못하도록 하는 것이라는 사정과 본질적으로 같다.

이렇게 보면, 과학적 지식을 갖추는 일의 중요성은 한결 커진다. 과학적 지식에 바탕을 둔 밈들은 그것들의 직접적 혜택만이 아니라 그것들 덕분에 발을 붙이지 못한 해로운 밈들의 폐해를 막아주는 간접적 혜택까지 준다.

5

이러한 사정은 인류의 운명만이 아니라 지구 생태계 자체에 대해서도 본질적 중요성을 지녔다. 사람들의 뇌들에 자리 잡은 그르고 부정확한 밈들이 크게 줄어들지 않는다면, 인류 문명을 꾸준히 발전시키고 인류의 무지와 고통을 줄이는 일이 어렵고 더딜 뿐 아니라, 인류가 지구 생태계의 지배적 종으로 자리 잡은 터라, 지구 생태계를 보전하는 일도 제대로 이루어질 수 없다.

지금 우리 눈에 잘 뜨이지 않는 우리 자신들의 뇌 하나하나에서 무엇보다도 중요하고 치열한 싸움이 벌어지고 있다. 번식력이 강한 상식과 민중주의의 밈들로 이루어진 군대와 번식력은 약하지만 사실에 바탕을 둔 논리라는 강력한 무기를 갖춘 과학적 밈들로 이루어진 군대가 맞부딪치는 이 싸움터보다 더 중요한 싸움터는 없다. 멈추지도 끝나지도 않을 그 싸

움에서 과학적 밈들은 힘겹게 적군들을 밀어내면서 문명의 영역을 넓혀왔
다. '프런티어frontier'란 말에 담긴 '변경'과 '전선'의 두 뜻이 함께 어울리
는 그 자리에 대해 우리는 늘 성찰해야 할 것이다.

# '과학 전쟁'의 한국적 측면

1

요즈음 서양에선 '과학 전쟁science wars'이 한창이다. 점점 확대되는 그 전선의 한쪽엔 과학의 신뢰성에 의문을 제기하는 사람들이 있고 다른 쪽엔 그것을 옹호하는 사람들이 있다.

'과학 전쟁'이 세인들의 눈길을 끌게 된 것은 미국의 물리학자 앨런 소컬Alan Sokal이 1996년에 『사회적 맥락 *Social Context*』이라는 미국 문화 분야 학술지에 발표한 논문 덕분이다. 「경계들을 벗어남: 양자 중력학의 변형 해석학을 위하여Transgressing the Boundaries: towards a transformative hermeneutics of quantum gravity」라는 제목을 가진 그 논문은, 만일 양자역학과 상대성원리가 통합되면, '자유 물리학liberatory physics'이 나오리라고 주장했다. 그 논문을 실은 잡지가 발간되자, 소컬은 그것이 여러 포스트모던 철학자들로부터 인용하고 엉터리 수학으로 그럴 듯하게 치장한 '우스개'라고 밝혔다. 그가 예측한 대로, 그 잡지의 편집자들은 수리적 지식numeracy에 부족해서 그럴 듯하게 꾸며진 수학 공식들에 든 함정들을 찾아내지 못했다. 이어 소컬은 프랑스의 물리학자 장 브리크몽Jean Bricmont과 함께 쓴 『지적 사기Intellectual Impostures』에서 프랑스 지식인들이 자신들의 저술들이 튼실한 바탕을 가진 것처럼 꾸미기 위해서 제대로 이해하지 못한 과학적 또는 수학적 개념들을 마구 썼다고 공격했다.

'과학 전쟁'은 실은 '두 문화 논쟁two-culture debate'이 새로운 모습으로 나온 것이다. 그래서 그것은 뿌리가 깊고 쉽게 결말이 나지 않을 것이다. 과학과 인문학 사이의 대립과 논쟁은 어려운 철학적 문제들을 둘러싼 것이고, 양 진영 사이의 의사소통도 시원스럽지 못하다.


2


어쨌든, 소컬은 다른 분야들에서 제대로 이해하지 못한 개념들을 빌려와 자신들의 주장들을 치장하는 인문학자들의 '지적 사기'를 극적으로 폭로했다. 반론도 물론 거세지만, 그의 활동이 좋지 않은 관행을 줄일 것은 분명하다. 아쉽게도, 지금 우리 사회에선 그런 활동이 드물다. 실제로는 '지적 사기'에 대한 비판들조차 제대로 소개되지 않는다.

대표적인 예는 제레미 리프킨Jeremy Rifkin의 『엔트로피: 새로운 세계관 Entrophy: A New World View』이다. 이 책은 베스트셀러가 되었고 리프킨은 큰 추종 세력을 거느리게 되었다. 반면에, 엔트로피라는 물리학 개념을 생태계와 인류 사회에 적용한 것에 대한 비판도 거셌다. 불행하게도, 우리 사회엔 그 책만 소개되었지 그것에 대한 비판은 전혀 소개되지 않았다. 그래서 그의 그른 주장들이 끼친 나쁜 영향은 서양 사회들에서보다 훨씬 컸다.

3

얼마 전에 번역된 레스터 서로우Lester C. Thurow의 『자본주의의 미래*The Future of Capitalism: How Today's Economic Forces Shape Tomorrow's World*』도 자연과학에서 나온 개념들을 사회과학에 도입해서 자신의 주장을 그럴듯하게 치장했다. 그는 지질학에서 '지판 구조plate tectonics'를, 그리고 생물학에서 '단속 평형punctuated equilibrium'을 빌려와서 경제적 현상을 설명했다.

지판 구조는 지각이 여러 개의 판들로 이루어졌고 그것들의 움직임이 지각 변동을 일으킨다는 학설이다. 단속 평형은 생명체들의 진화는 대체로 평형을 이룬 종들이 조금씩 느리게 바뀌는 시기들과 크고 빠르게 바뀌는 시기들이 교차한다는 이론이다. 서로우는 지금 세계 경제가 다섯 개의 '경제적 지판들'로 이루어졌고 그것들이 동시에 움직이기 시작함으로써 평형이 깨졌으며, 자연히 새로운 환경에 잘 적응하는 존재들이 살아남으리라고 말한다.

언뜻 보기에는 그럴 듯하다. 그러나 서로우는 물리적 현상들을 설명하는 개념들을 사회적 현상들에 적용할 때 나오는 문제들에 대해선 별다른 관심을 보이지 않는다. 그가 든 경제적 지판들은 공산주의의 종말, 인공 두뇌력 산업에 의해 지배되는 시기로의 기술 이동, 이전에 결코 본 적이 없었던 인구 구성, 세계 경제, 그리고 지배적인 경제적·정치적·군사적 힘을 가진 나라가 존재하지 않는 시대이다. 이들 다섯은 성격이 서로 달라서 한 범주 안에 넣기 어려운 것들이다. 지판들이야 물론 성격이 비슷하고 같은 물리적 법칙들의 지배를 받는다. 사정이 그러하니, 그 둘의 움직임 사이에 무슨 상관관계가 있겠는가?

단속 평형의 도입은 더 큰 문제들을 안고 있다. 원래 진화라는 개념이 나온 생태계에서 진화의 기본적 단위는 종(種)이다. 설령 엄격하게 정의된 진화라는 개념이 경제 현상에 적용될 수 있다 하더라도, 경제에서 종과 같은 단위를 찾기는 어렵다. 게다가, 한 번 없어지면 되살아날 수 없는 종들과는 달리, 사회적 제도들과 기구들은 되살아날 수 있다. 그 사실은 단속 평형과 같은 개념의 적용 범위가 아주 좁다는 사실을 일깨워준다.

한 분야에서 나온 개념이 다른 분야에 그대로 적용될 수 있는 경우는 아주 드물다. 그래서 그런 개념이 설명을 돕는 비유로 가볍게 쓰이는 정도를 넘어 주장을 떠받치는 기둥으로 쓰이면, 우리는 그 주장을 찬찬히 살펴야 한다. '지적 사기꾼'들의 천국인 우리 사회에선 특히 그렇다.

# 지식의 성장과 윤리의 진화

1

사회는 끊임없이 바뀌고, 윤리도 따라서 끊임없이 진화한다. 윤리의 바탕이 되는 도덕적 원리들이 그대로 남은 경우에도, 그 원리들을 현실에 적용해서 나오는 행동의 지침들은 꾸준히 진화한다.

사회의 바뀜에서 근본적 역할을 하는 요소는 지식이다. 지식이 성장하면, 사회의 구조와 움직임은 새로운 지식에 걸맞는 모습으로 바뀐다. 현대 사회에서 지식의 가장 크고 중요한 부분은 과학이었다. 과학은 끊임없이 보다 나은 지식들을 사회에 도입했고 그런 지식들을 통해서 직접적으로, 그리고 그런 지식들의 응용인 기술을 통해서 간접적으로 사회적 변화의 가장 큰 동력으로 작용했다.

자연히, 새로운 과학적 지식이 사회에 도입되면, 윤리 체계는 다소간 조정되게 마련이다. 갑자기 낡아진 행동의 지침 대신 새로운 지침들이 나타난다.

익숙한 예는 휴대전화기의 보급이다. 새로운 과학적 지식을 구체화한

이 기술은 우리 삶을 예상치 못한 방식으로 바꾸어놓았다. 그래서 뿌리를 내린 윤리적 지침들 몇 개를 문득 낡게 만들었고 새로운 지침들을 대신 세웠다. 이전엔 전화의 사용에서 주요 덕목은 짧은 통화였다. 전화선의 용량이 늘 부족했으므로, 긴 통화는 희귀한 자원의 낭비였다. 공중전화의 사용에선 특히 그러했다. 이제는 통화의 소음이, 특히 신호음이, 다른 사람들에게 폐를 끼치지 않도록 마음 쓰는 것이 주요 덕목이 되었다. 편리한 기계의 이용이 다른 사람들에게 폐를 끼쳐선 안 된다는 원리는 그대로 남았지만, 그 원리가 현실에 적용되는 모습이 달라진 것이다.

2

새로운 과학적 지식과 기술의 도입으로 나오는 윤리적 지침에서의 변화는 보편적이고 연속적이다. 그런 변화는 당연히 혼란을 부르고 논란을 일으키고 갖가지 형태의 저항을 만난다. 과학적 지식의 성장이 가속되면서, 윤리에서의 변화도 점점 커졌다. 당연히, 혼란과 논란과 저항도 커졌다.

가장 복잡하고 논란이 컸던 사안들은 사람의 몸에 관한 것들이었다. 피임, 낙태, 안락사, 장기 이식, 그리고 인간 복제는 늘 큰 사회적 문제가 되었고 앞으로도 그럴 것이다. 생물학이 발전하면서, 인체에 관한 새로운 지식들이 끊임없이 사회에 도입된다. 그런 지식에 바탕을 두고 다른 분야들에서 발전한 기술들을 이용해서, 생명공학은 인체에 이용되는 기술들을 점점 많이 내놓는다. 그리고 이런 발전은 아주 복잡해서 깔끔하게 풀리지 않는 사회 문제들을 이미 여럿 내놓았고 앞으로 더욱 복잡하고 어려운 문제들을 내놓을 것이다.

휴대전화기의 경우, 바람직한 행동이 무엇인지 모두 잘 알고 따라서 윤리적 지침은 쉽게 합의될 수 있었다. 그러나 인체에 대한 기술은 사정이 다르다. 인체에 대한 기술들의 현실성과 윤리성을 평가하는 데 필요한 지식이 방대하고 어렵고 여러 분야들에 걸치므로, 누구도 그것을 다 지닐 수는 없다. 최소한의 지식을 갖춘 사람들은 생물학과 생명공학 분야에서 일하는 사람들뿐이다. 게다가 윤리적 논점들의 해결엔 생명 현상에 대한 근본적인 성찰이 필요하다. 따라서 필요한 지식들을 갖춘 전문가들이 한데 모여 기술적인 문제들만이 아니라 철학적 논점들에 대해 오래 논의하더라도, 관련된 논점들에 대한 합의에 이르고 나아가서 사회의 너른 지지를 받는 윤리적 지침을 마련하기는 무척 어려울 터이다.

3

실제 상황을 살펴보면, 전망은 훨씬 비관적이다. 지금 이 문제에 대해서 체계적 견해를 지닌 집단들은 과학과 종교이다. 과학은 당사자인 셈이고, 종교는 전통적으로 윤리에 대해서 큰 영향을 지녀왔다. 그러나 생명 현상에 대한 종교와 과학의 견해가 근본적으로 달라서, 그 둘이 조화될 가망은 없다.

생명 현상에 대한 종교적 견해는, 종파들 사이의 사소한 차이들을 무시하면, 대체로 다음과 같다.

1) 생명은 신이 창조했다.

2) 따라서 생명은 신성하며, 생명에 어떤 형태로든 손을 대는 일은 신성한 것을 모독하는 일이다.

3) 사람은 기본적 단위이며, 신이 허여한 한도 안에서 자신의 의지를

지녔고 그 의지에 따라 행동한다.

4) 사람과 다른 생명체들 사이의 차이는 근본적이며, 사람의 생명은 가장 신성하다.

5) 남녀의 성적 차이는 본질적이다.

6) 생명체들은, 특히 사람은, 신이 창조한 모습을 늘 지니며 결코 진화하지 않는다.

7) 사람은 육신과 영혼이라는 두 가지 존재들로 이루어졌는데, 영혼은 육신으로부터 상당히 독립적이어서 육신이 죽은 뒤에도 살아남는다.

과학은 빠르게 발전하므로, 과학의 정설들은 끊임없이 바뀐다. 진화생물학이 정설로 자리 잡은 지금, 생명 현상에 대한 과학적 견해는 아래와 같다.

1) 생명은 자연선택에 의해 나타났고 진화했다.

2) 생명 현상은 경이롭고 생명체들은 모두 소중하지만, 생명체들이 과학적 탐구의 대상이 되어선 안 된다는 뜻에서 생명이 신성한 것은 아니다.

3) 생명의 가장 기본적 단위는 '복제자'인 유전자들이며, 유기체들은 유전자들이 자신들의 생존과 전파를 위해서 만들어내어 이용하는 존재들이다. 사람도 예외가 아니며, 모든 사람들은 궁극적으로 자신들의 몸속에 든 유전자들의 이익을 위해 봉사한다.

4) 사람과 다른 생명체들 사이의 차이는 비교적 작다. 지구 위의 모든 생명체들은 하나의 조상으로부터 진화해서 분화되었으며, 자연히, 상당한 유전자들을 공유한다.

5) 남자와 여자 사이의 차이는 비교적 작다. 특히 여성을 어떤 뜻에서든 열등한 성으로 여길 근거는 없다. 남녀 사이에 무슨 뜻있는 차이

가 있다면, 그것은 여성은 생식에서 남성보다 훨씬 중요한 역할을 한다는 사실이다.

6) 다른 생명체들과 마찬가지로, 사람은 끊임없이 진화해왔고 앞으로도 그러할 것이다. 따라서 지금 사람이 지닌 천성은 오랜 진화의 산물이고 앞으로 끊임없이 바뀔 것이다.

7) 사람의 영혼이라 불리는 것은, 그것이 무엇이든, 사람의 육신으로부터 독립적인 존재일 수 없다. 모든 정신적 현상들은 육신의 움직임에서 창발되는 현상들이다. 따라서 모든 정신적 현상들은, 적어도 이론적으로는, 육신의 움직임으로 환원될 수 있다.

이처럼 생명에 대한 종교와 과학의 관점은 본질적으로 다르다. 따라서 그 둘을 근본적 차원에서 화해시키는 일은 불가능하고, 생명 현상에 관한 연구를 인도할 윤리적 지침에 관한 합의를 이끌어내는 일도 무척 어렵다.

종교는 완전한 지식 체계이다. 우주의 생성 과정에서부터 사람의 정체와 삶의 뜻에 이르기까지, 사람이 궁금하게 여길 만한 것들 모두에 대해서, 종교는 일단 일관되고 분명한 설명들을 내놓는다. 그것은 인류가 이룬 중요한 지적 업적이었다. 그런 뜻에서 그것은 원형적 과학proto-science의 특질을 지녔다.

지금 존재하는 주요 종교들은 대체로 몇천 년 전에 모습을 갖췄다. 자연히, 그것들은 당시 사람들의 지각의 한계를 지녔다. 개인의 생존에 직접 도움이 되도록 진화했으므로, 사람의 지각은 아주 제약되었다. 제약된 지각이 사람에게 강요하는 '인식적 감옥'은 신화적 설명을 필연적으로 낳고, 종교는 어쩔 수 없이 그런 신화적 설명을 바탕으로 삼았다.

인식적 감옥에서 벗어나 신화적 설명 대신 실증적 설명을 내놓은 것은 과학이었다. 과학은 지식의 축적을 통해서 사람의 지각을 연장하는 수단들을 만들어냈고, 그런 수단들을 통해서 사람의 지각이 미치지 못하는 데까지 탐구할 수 있었고, 보다 크고 체계적인 지식을 낳았다. 그래서 과학이 원숙하면서, 종교에 담긴 원형적 과학은 과학에게 줄곧 밀리게 되었다.

그러나 종교는 결코 패배를 인정할 수 없다. 과학은 논파될 수 있고 실제로 거의 언제나 논파되는 가설에 바탕을 둔다. 반면에, 종교는 절대적으로 옳다고 여겨지는 교리에 바탕을 둔다. 종교가 교리의 어떤 부분이 맞지 않다고 인정하면, 그것이 선 땅은 이내 허물어지게 된다. 그렇게 되면, 종교는 추종자들에게 확신을 주는 그것의 중심적 기능을 수행할 수 없다.

4

종교가 생명 현상에 대한 연구에 그리도 적대적인 까닭은 바로 거기에 있다. 과학의 설득력 있는 견해에 대해 종교가 내놓을 수 있는 반론은 실질적으로는 생명의 신성함뿐이다. 생명의 신성함은 거의 모든 사람들에게 당연한 것으로 다가오고, 자연히, 힘찬 논거가 된다. 만일 그 반론이 한번 무너지면, 종교는 효과적인 방어선을 다시 칠 수 없다. 그러기엔 과학이 지닌 지적 자산의 힘이 너무 크다. 게다가 생명의 신성함이라는 논거가 무너지면, 생명의 신성함을 교리의 핵심으로 삼은 터라, 종교는 치유될 수 없는 상처를 입게 된다.

이런 사정은 인간 복제에서 잘 드러난다. 몇 해 전 '돌리'라는 이름을 얻은 양의 복제에서부터 줄기세포를 얻기 위한 인간 부분 복제에 이르기까지, 종교는 줄곧 생명체의 복제에 반대해왔다. 그런 반대는 궁극적으로 생명의 신성함에, 특히 인간의 신성함에 바탕을 두었다. 복제는 본질적으로 생명의 신성함을 범한다는 얘기다.

그러나 복제 자체는 자연스러운 현상이다. 복제는 어떤 개체와 동일한 유전자들을 지닌 개체를 만들어내는 일이다. 그래서 무성생식을 하는 생물들은 모두 복제를 한다. 생명의 진화의 초기 단계에선 물론 복제를 통한 생식만이 가능했었다. 유전자 뒤섞음gene-shuffling은 뒤에 나왔을 터이고, 성을 통한 정규적 유전자 뒤섞음은 훨씬 뒤에 나왔을 터이다. 그리고 지금도 무성생식은 널리 이용된다. 특히 세균과 하등 동식물들에선 기본적 생식 방식이다. 복제는 이처럼 자연스럽다. 그리고 사람은 눈접, 꺾꽂이, 휘묻이와 같은 방식으로 식물들을 복제해왔다.

물론 유성생식을 하는 포유류를 복제하는 것은 자연스러움과는 거리가 먼 '인공적 행위'라는 반론이 나온다. 그러나 인류 문명은 본질적으로 '인공적 행위'들로 이루어졌다. 만일 복제가 사람들의 복지에 크게 기여한다면, 복제의 인공적 성격을 들어 그것을 막는 일은 정당화되기 어려울 터이다.

따라서 복제 자체를 신성 모독적 행위로 여기거나 유성생식을 하는 포유류의 복제를 자연적 질서를 어기는 인공적 행위로 비판하는 종교의 관점은 튼실한 근거를 지녔다고 보기 어렵다. 다른 편으로는, 과학의 관점에서 사람의 복제를 엄격히 규제해야 할 이유들이 있다. 먼저, 인간 복제 기술은 아직까지 너무 원시적이어서, 사람의 복제를 허용하는 것은 현실적으로 어렵다. 다음엔, 그것은 여러 가지 복잡하고 풀기 어려운 사회적 문제들을 낳을 터이다. 특히 모든 사회에서 가장 어려운 문제들 가운데 하나인 평등의 문제에 또 하나의 차원을, 그것도 특히 폭발적인 차원을, 더할 터이다. 무엇보다도, 그것은 유전자 뒤섞음을 통한 진화를 방해한다. 따라서 예측 가능한 미래에 인간 복제를 허용하는 윤리가 나오는 일은 상상하기 어렵다.

이처럼 종교와 과학이 함께 비판하는 일에서도, 그 둘은 서로 다른 논거들로 그렇게 한다. 그래서 종교적 관점과 과학적 관점이 차이는 오히려 두드러진다. 실제로 인간 복제에 관련된 구체적 사항들에선 둘 사이의 차이가 심각해져서 맞부딪치는 일이 흔하다. 줄기세포를 얻기 위해서 인간 복제 과정을 초기 단계까지 진행시키는 일에서 그 점이 잘 드러난다.

수정란의 분열이 몇 회 이루어져 세포 덩어리가 되는 부분적 인간 복제에 관해서, 종교의 입장은 확고하다. 사람의 배아는 사람의 가능성을 지닌 존재로 사람에 준하는 대우를 받아야 하며, 당연히, 그런 배아를 해치는 일은 비록 의료 목적이라 하더라도, 비윤리적이라는 얘기다. 여기에선 완성된 인간 복제 문제에서보다 종교적 관점이 훨씬 약한 논거를 지녔음이 분명하다. 줄기세포를 얻는 데 쓰이는 세포 덩어리는 좋은 조건 속에서 사람으로 자라나는 데 필요한 정보들을 지녔지만, 완전한 사람과는 거리가 먼 존재이다. 그런 존재에 신성함을 부여하는 것은 논거가 한결 약하다.

5

이런 사정을 살피는 사이에, 하나의 결론이 점차 또렷한 모습을 갖춘다: "새로운 과학적 지식들의 성장으로 나온 윤리적 문제들은 과학자들이 지침들을 만들어서 스스로 규제해야 한다." 새로운 지식들의 내용과 성격과 위험에 대해서 제대로 아는 집단은 과학자들뿐이다. 종교를 대표하는 사람들은 필요한 지식을 갖추기 어려울 뿐 아니라 고대의 원형적 과학에 바탕을 둔 세계관에 얽매일 수밖에 없기 때문이다.

이런 사정은 곤혹스럽다. 어떤 집단이 자율적으로 합리적 지침들을 마련하고 그것들을 따르리라고 기대하는 것은 위험하다. 과학자들도 예외일 수는 없다. 안타깝게도, 이 일에서 자율에 대한 실제적 대안은 없다. 판단에 필요한 지식을 갖추지 못한 사람들이 허용되는 일들과 허용되지 않는 일들을 구분할 능력을 갖출 수는 없다.

현대 사회가 전문가 집단들의 자율 규제에 많이 의존하는 것은 바로 그런 사정 때문이다. 전문화가 극도로 진행된 터라, 전문가들만의 양식에 맡기는 길 말고는 현실적 방안이 없다.


6


역사적으로 종교는 윤리를 세우는 일에서 중심적 역할을 해왔다. 그리고 중세 유럽의 종교재판에서 잘 드러나듯, 종교는 새로운 사회 환경에서도 그 역할을 계속 지니려 애써왔다.

과학의 발전으로 상황은 근본적으로 바뀌었다. 이제 사회를 인도하는 것은 과학적 관점이고 사회를 발전시키는 힘은 과학적 지식이다. 이런 변화는 근본적이어서, 윤리에서의 근본적 변화를 부른다. 지식이 발전하면, 새로운 윤리가 진화하는 것만이 아니다. 지식이 발전하면, 윤리를 만들어내는 과정 자체가 진화하는 것이다.

# 상생과 경쟁의 조화

1

얼마 전부터 '상생(相生)의 정치'가 인기 높은 구호가 되었다. 기회가 나올 때마다, 정치인들은 그 구호를 외친다. 그 건너편엔 '상쟁(相爭)의 정치'라는 비난이 있다. '서로 살자'는 구호와 '서로 다툰다'는 비난이 대비되면, 사람들은 당연히 전자를 고른다. 그래서 '상생'은 정치권을 넘어 온 사회에서 인기 높은 말이 되었다.

생각해보면, 이것은 적잖이 이상한 일이다. 서로 돕고 산다는 것은 아주 익숙한 개념일 뿐 아니라 우리가 자연스럽게 일상적으로 하는 일이기도 하다. 상생은 특별히 강조할 만한 일이 아니다. 실은 사람들만 그런 것도 아니다. 가장 근본적 수준에서, 생태계는 상생에 바탕을 두었다. 모든 생명체들은 다른 생명체들과 서로 도우면서 산다.

2

무엇보다도, 모든 생명체들이 단일한 구조체가 아니라 서로 모여 사는 하위 생명체들로 이루어졌다는 사실이 있다. 지구에 처음 나타난 생명체들은 혼자 사는 원자적 존재들이었다. 시간이 지나면서, 그 생명체들은 결합해서 크고 복잡한 생명체들로 진화했다. 그런 결합이 생존과 생식에 크게 유리했기 때문이다.

그런 결합 과정을 통해서, 35억 년 전까지는 1,000개가량 되는 유전자들을 지닌 세균들이 나왔다. 16억 년 전까지는 세균보다 백만 곱절 크고 10,000개가 넘는 유전자들에 의해 움직이는 세포들이, 즉 원생동물들이 나왔다. 5억 년 전엔 이미 10억 개의 세포들로 이루어진 동물들이 나왔다. 이 과정을 요약하면, 최초의 생명체들인 유전자들이 모여서 염색체들을 이루었고, 염색체들이 모여서 유전체들genomes을 이루었고, 유전체들이 모여서 세포들을 이루었고, 세포들이 모여서 몸을 만들었다.

따라서 우리 몸은 협력하는 생명체들의 결합이 적어도 네 단계나 이루어져서 나왔다. 우리는 이미 자신들의 몸으로 상생이란 개념을 구체화한 셈이다.

상생의 다음 단계는 개체들이 모여서 사회를 이룬 것이다. 사람과 같은 유기체들의 수준에서, 개체들은 다른 개체들로부터 독립적으로 태어나고 죽는다. 그러나 그런 유기체들 가운데 많은 것들은 개체들이 함께 모여서 산다. 특히 동물들 가운데엔 고도로 조직된 사회를 이루고 긴밀하게 협력하면서 살아가는 종들이 많다. 서로 다른 종들이 공생하는 경우도 많다.

3

사회를 이루어 살자면, 당연히 구성원들이 일상적으로 널리 그리고 긴밀하게 서로 도와야 한다. 가장 잘 협력하는 사회는 벌, 개미, 흰개미와 같은 사회적 곤충들의 집단들이다. 그런 집단들은 실질적으로는 하나의 유기체처럼 움직이며, 구성원들인 벌이나 개미들은 자기 집단을 떠나선 생존할 수 없다. 벌이나 개미의 집단들만큼 엄격하고 효율적으로 짜여지지는 않았지만, 사람 사회도 아주 잘 짜여지고 구성원들이 긴밀하게 협력하는 사회이다.

이런 결합과 협력의 목적은 물론 상호적 혜택이다. 협력에 참여한 개체들이 모두 그 협력에서 이득을 얻어야, 비로소 협력이 나올 수 있다. 그런 상호적 혜택은 개체들이 협력하면 각자 움직일 때보다 훨씬 큰 이득을 얻을 수 있다는 사실에서 나온다. 분업을 통한 이득의 추구는 상호적 혜택의 대표적 예이다. 경기 이론game theory에서 '비영합경기non-zero-sum game'라고 부르는 관계가 바로 이런 협력적 관계이다. 그리고 그런 협력적 관계는 언뜻 보기보다 훨씬 많다. 사람들이 '영합경기zero-sum game'에 들어가서 치열하게 경쟁하는 것처럼 보이는 상황에서도, 찬찬히 살피면, 그들 사이엔 공동의 이익이 존재하며 그들이 벌이는 경기가 실은 비영합경기임을 깨닫게 되는 경우가 흔하다.

4

자연히, 사람들은 선천적으로 잘 협력한다. 다른 사람들과 잘 어울리고 협력하지 못하는 사람들은 긴 진화 과정에서 밀려났을 터이다. 그리고 문화는 후천적으로 그런 협력적 천성을 강화한다. 모든 사회들에서 덕성은 사회에 친화적인 행태들로 규정되고 죄악은 사회에 적대적인 행태들로 규정된다.

그런 선천적 및 후천적 바탕이 있으므로, 사회가 존재하는 것이다. 사회가 늘 혼란스럽고 다툼과 폭력이 아주 흔한 것처럼 보이지만, 실은 거의 모든 사람들이 거의 언제나 평화롭고 서로 이득이 되는 활동들에 종사한다. 사람들이 그렇게 평화와 협력을 바라므로, 때로는 비합리적 행동이 나오기도 하는데, 사람들이 위협적 집단에게 늘 유화적 태도를 보이는 것은 대표적인 예이다. 다툼과 폭력이 우리의 눈길을 끄는 것은 그것들이 예외적이기 때문이다.

이렇게 보면, 상생이란 말은 일상적으로 쓰이는 것보다는 훨씬 깊은 뜻을 지녔음이 드러난다. 상생이란 개념이 가리키는 생태계의 근본 질서에 대해 성찰하는 것은 여러모로 유익할 것이다. 정치 지도자들이 자신들의 정치적 자산을 쉽게 늘리는 수단으로 드러내놓고 '편 가르기'에 몰두하는 터라, 지금은 특히 그럴 것이다.


5


그러나 삶에는 또 하나의 근본적 조건이 있다. 모든 생명체들은 생존과 생식을 위해서 경쟁한다. 경쟁은 삶의 가장 근본적 조건이어서, 어떤 개체도 경쟁에서 벗어날 수 없다. 실은 경쟁이 우리를 낳았다. 우리는 자연선택을 통해서 나왔고 다듬어졌는데, 자연선택은 실질적으로는 경쟁을 통해서 덜 적합한 개체들이 제거되는 과정이다. 이런 지식은 최근에야 나왔다. 진화생물학의 혁명적 발전으로 진화론이 정교해진 뒤에야 비로소 생명의 출현과 진화에 대한 통찰이 나올 수 있었다.

경쟁은 유기체 이하의 수준에서만이 아니라 사회적 수준에서도 중요하다. 프리드리히 하이에크Friedrich A. Hayek가 오래전에 지적한 것처럼, 사회적 차원에서 경쟁은 "발견 절차discovery procedure"이다. 여러 가지 방식들이 경쟁한 뒤에야, 우리는 가장 나은 방식을 찾을 수 있다. 다른 길은 없다. 그래서 경쟁을 통해서 사회는 보다 효율적이고 나은 사회로 발전한다. 정부가 결정을 독점해서 경쟁이 나올 수 없는 명령 경제보다 모든 부문들에서 경쟁이 심한 시장경제가 훨씬 효율적인 까닭이 바로 거기 있다.

그러나 경쟁은 모두에게 두렵다. 삶에서 경쟁은 끊임없이 이어지므로, 그것은 끝내는 강인한 사람들도 지치게 한다. 경쟁의 잔인함에 몸서리치지 않는 사람이 어디 있는가? 실제로 많은 사람들은 끊임없고 치열한 경쟁 때문에 시장경제를 싫어하고 두려워한다. 더구나 우리 사회에선 사회의 이념과 원리에 어긋나는 교육 제도 때문에, 교육 분야에서의 경쟁이 불필요하게 심하다. 그래서 학생들이 어릴 적부터 격심한 경쟁으로 내몰리고, 자라서도 경쟁에 대해서 깊은 두려움과 미움을 품게 된다.

그러나 경쟁이 없으면, 진화와 발견이 멈추게 된다. 그런 정체는 아주 깊은 차원에서 생명체들과 사회의 활력을 앗아간다. 따라서 경쟁이 없는 상태에서 나오는 손실은 눈에 이내 뜨이는 것보다 훨씬 크다.

현실에서 경쟁이 없는 사회는 나올 수 없다. 사회 구조가 바뀌면, 다른 형태의 경쟁이 나올 따름이다. 경쟁과 관련하여 흔히 잊혀지는 사실 하나는 시장이 실은 경쟁의 잔인함을 가장 잘 누그러뜨린다는 사실이다. 시장에서의 경쟁은 경쟁자들의 직접적 경쟁이 아니라 추상적인 수요와 공급의 법칙을 통한 경쟁이다. 그래서 비인격적이고 덜 잔인하다. 시장을 통한 경쟁이 없는 전체주의 사회에서 경쟁은 주로 정치 분야에서 인격적 투쟁이라는 모습으로 나온다.

6

사정이 그러하므로, 상생의 깊은 뜻에 대한 성찰이 없이 상생을 강조하다 보면, 경쟁에 대한 적대적 태도를 낳기 십상이다. 이런 위험은 말들을 왜곡해서 쓰는 일이 흔한 정치권에서 가장 클 수밖에 없다. 실제로 요즈음 '상생의 정치'는 집권 세력이 비판적 의견을 내놓은 사람들의 입을 막는 수단으로 이용되고 있다. 시민들에게 경쟁적 정책들을 내놓아서 그들이 선호하는 정책을 고를 수 있도록 하는 것이 정당의 기능이므로, '상생의 정치'라는 구호를 잘못 써서 정당들 사이의 경쟁을 억제하는 것은 사회에 크게 해롭다.

살기 위해서 경쟁하는 생명체들이 보다 잘 살기 위해서 협력한다는 사실은 신비롭다. 본질적으로 이기적인 개체들의 그런 행위들이 조화를 이루어 사회적 질서가 나오는 모습은 더욱 신비롭다. 위에서 살핀 것처럼, 이런 신비스러운 모습이 나온 정확한 과정은 진화생물학의 발전을 통해서 근년에야 비로소 밝혀졌다. 그런 모습을 생물학자들은 '상호적 이타주의 reciprocal altruism'라 부른다. 상생과 상호적 이타주의는 모양이나 뜻이 아주 비슷하다. 상생이란 일상적 말에 담긴 깊은 뜻을 성찰하는 것은, 특히 상생과 경쟁 사이의 미묘한 조화를 살피는 것은, 실제적으로 유익할 뿐 아니라 지적으로도 즐거운 일이다.

# 덕성의 기원과 성격

1

『이타적 유전자』는 영국 생물학자 매트 리들리Matt Ridley의 『*The Origins of Virtue*』의 번역판이다. 원제와 상당히 다른 그 제목은 물론 리처드 도킨스Richard Dawkins의 『이기적 유전자 *The Selfish Gene*』와의 대조를 노렸다. 이 책에서 리들리는 도킨스의 '유전자적 관점gene's-eye view'의 기본 이론을 충실히 따르면서, 사람의 덕성은 자신을 위한 것이고 궁극적으로는 자신을 만들어낸 유전자들의 이익에 봉사한다고 주장한다. 사정이 그러하므로, 『이타적 유전자』라는 제목은 좋은 선택이라고 보기 어렵다.

사람의 천성에 관한 문제들은 고대부터 줄곧 사람들이 풀려고 애쓴 문제들이다. 그 문제들이 풀리지 않은 것은 그 문제들에 매달린 사람들의 재능이나 노력이 부족했기 때문이 아니라 당시엔 옳은 사람의 '뇌 모형 brain model'이 없었기 때문이다. 현대 과학의 발전 덕분에 옳은 '뇌 모형'이 제시되면서, 비로소 그 문제들은 풀리기 시작했다. 성악설과 성선설의 대립도 그런 문제들 가운데 하나이다. 그 두 이론들은 부분적으로 맞고 부분적으로 그르므로, 어느 한쪽이 다른 쪽을 논파할 수 없었고, 자연히 풀리지 않았다. 진화생물학, 경기 이론game theory, 그리고 컴퓨터 시뮬레이션의 출현과 인류학, 심리학, 그리고 경제학의 발전으로 얻어진 새로운 지식들을 통해서, 사람의 천성에 대한 이해가 가능해졌다.


2


'유전자적 관점'은 지금까지 다른 이론들로 설명되지 않은 '불편한' 사실들을 모두 깔끔하게 설명했다. 상충하는 것처럼 보이는 개인들의 이기주의와 이타주의도 그렇게 설명된 '불편한' 사실들 가운데 하나이다. 덕성은 '상호적 이타주의reciprocal altruism'에서 나왔고, 상호적 이타주의는 당사자들에게 혜택을 주므로 나올 수 있었다. 그러나 이타주의는 애초에 나오기 어렵다. 상대가 그것을 이용하고 갚지 않으면, 이타적으로 행동한 개체는 일방적으로 손해를 보기 때문이다. 상호적 이타주의는 그것이 유전자들에게 이롭기 때문에 나올 수 있었다. 이것이 『이타적 유전자』의 골자이다.

리들리는 본질적으로 자신의 이익만을 따지는 유전자들의 경쟁이 개체들의 사회적 덕성을 낳는 과정을 차근차근 단계를 밟아 설명한다. 이 책은 1996년에 처음 나왔는데, 리들리는 그때까지 나온 여러 분야들의 연구 성과들을 잘 정리해서 보여준다. 이미 진화생물학에 대해서 잘 아는 독자들도 그래서 재미있게 읽을 만하고 유익한 정보들을 얻을 수 있다. 덕성의 기원들에 초점이 맞추어져서, 진화론 자체에 대한 논의는 비교적 소략하다. 따라서 진화론에 대한 입문서와 함께 읽으면, 독서의 성과가 특히 클 것이다.

『이타적 유전자』의 장점들 가운데 하나는 저자가 진화생물학의 발전에서 경제학이 한 공헌을 잘 인식하고 경제학 이론들을 충분히 원용했다는 점이다. 진화생물학의 발전에 결정적 공헌을 한 경기 이론이 처음 경제학의 한 분야로 나왔다는 사실이 가리키듯, 경제학이 이미 마련해놓은 이론적 틀들의 도움 없이 진화생물학이 그렇게도 빠르게 발전할 수는 없었을 터이다.

3

실제로 진화론이 경제학에 진 빚은 그보다 훨씬 크다. 다윈이 맬서스에게서 깊은 영향을 받았다는 사실은 널리 알려졌고, 다윈은 흄에서 애덤 스미스, 맬서스, 리카도로 이어지는 영국 경제학의 영향을 알게 모르게 많이 받았을 터이다. 그래서 케인즈는『종의 기원』이 "그저 과학적 언어에 싸인 리카도 경제학simply Ricardian economics couched in scientific language"이라고 말했다. 그리고 개인 수준의 이기주의가 사회 수준의 조화를 이루어내는 과정을 진화생물학자들이 '상호적 이타주의'라는 개념으로 설명하기 2세기 전에 애덤 스미스는 '보이지 않는 손'이라는 비유로 멋지게 설명했다.

경제학에 대한 관심과 이용을 생각하면 당연한 일이지만, 생물학자로서는 드물게, 리들리는 재산권의 중요성을 강조한다. 그리고 자유주의적 처방을 역설한다. "우리는 삶에 불쑥 뛰어든 정부에 의해 길들여져야 할 정도로 비열하지 않고, 너무 비대한 정부 아래에서도 내면의 사악한 기질을 드러내지 않을 정도로 선하지도 않다. 우리가 국민의 입장에 놓이든 관료의 입장에 놓이든 이 사실에는 변함이 없다(We are not so nasty that we need to be tamed by intrusive government, nor so nice that too much government does not bring out the worst in us, both as its employees and as its clients)." 이 인용문은 『이타적 유전자』의 마지막 장에 나오는데, 정부의 시장에 대한 지나친 간섭은 개인들 사이의 신뢰를 무너뜨려서 사회의 조직을 약화시킨다는 뜻을 간결하게 담고 있다.

# 넓은 화폭에 그린 인류 역사

1

제레드 다이아몬드Jared Diamond의 『총, 균, 쇠 *Guns, Germs, and Steel*』는 "지난 13,000년 동안의 모든 사람들의 간략한 역사a short history of everybody for the last 13,000 years"를 제시하려는 시도이다. 이 야심찬 책은 "왜 역사는 다른 대륙들에서 다르게 전개되었는가?"라는 물음에서 출발했다.

이것은 물론 많은 사람들에 의해 제기되고 답변이 시도된 물음이다. 유럽 문명의 폭발적 발전과 팽창은 근세의 중심적 현상이었고, 그것에 대한 설명들은 이미 많이 나왔다. 다이아몬드는 여러 분야들에서 근년에 나온 연구 성과들을 이용해서 설득력 있는 이론을 답변으로 내놓았다.

그는 가장 쉬운 설명을, 즉 다른 대륙들의 역사가 다르게 전개된 것은 거기 산 사람들 사이에 차이가 있었기 때문이라는 인종적 설명을, 부정한다. 대신 그는 대륙들 사이의 환경적 차이가 거기 사는 사람들의 역사를 다르게 만들었다고 주장한다.

2

환경적 차이는 물론 여러 요소들로 이루어졌지만, 다이아몬드의 설명에 따르면, 가장 중요한 것은 길들일 만한 야생식물들과 동물들의 존재이다. 야생식물들과 동물들의 길들이기를 통해서만 농업이 시작될 수 있고, 농업의 발전을 통해서만 사회가 자라나고 문명이 발전할 수 있다. 그래서 문명이 발전하면, 총과 강철로 상징되는 힘이 커지고, 그 힘에 의해서 종족들의 운명이 결정된다는 얘기다. 농업이 발전해서 인구 밀도가 높아진 사회에선 병균들이 번창하고, 그 병균들이 저항력을 갖지 못한 다른 대륙들의 주민들에게 치명적 타격이 되었다는 사실도 아울러 제시한다.

인류 문명이 처음 나온 곳은 '비옥한 초승달 지대Fertile Crescent'라 불려온 서남아시아 지역이다. 메소포타미아, 시리아, 남부 터키 그리고 팔레스타인을 아우르는 초승달 모양의 이 지역은 지중해성 기후를 가졌고, 길들이기 좋은 야생식물들과 동물들이 다른 지역들보다 훨씬 많았다.

가장 중요한 56개 야생 벼과 종들 가운데 이 지역에서 자생한 것들은 32종이나 되었다. 반면에, 동아시아에선 6종, 사하라 이남 아프리카에선 4종, 북아메리카에선 4종, 중아메리카에선 5종, 남아메리카에선 2종 그리고 오스트레일리아에선 2종만이 자생했다. 야생동물들에서도 사정이 같았으니, 가장 중요한 포유류 가축 다섯 종들(양, 염소, 소, 돼지 그리고 말) 가운데 비옥한 초승달 지대엔 말만을 빼놓은 네 종이 있었다. 그래서 다른 지역들보다 앞서서 가축들을 지니게 되었다. 반면에, 다른 대륙들의 지중해성 기후대 지역들에선, 즉 북아메리카의 캘리포니아, 남아메리카의 칠레, 오스트레일리아의 남서부 지역, 그리고 남아프리카엔, 길들일 만한 야생 포유류 종들이 드물거나 아예 없었다.

자연히, 비옥한 초승달 지대에서 문명이 먼저 나타났고 빠르게 발전했다. 그리고 유라시아 대륙 전체로 확산되었다. 이어 유럽 사람들이 다른 대륙들로 진출해서 거기 사는 원주민들을 제압했다.


3


여기서 흥미로운 물음 하나가 자연스럽게 나온다 "왜 유럽이었나, 중국이 아니라?" 중국 문명이 송대(宋代)까지는 세계에서 가장 발전된 문명이었다는 것은 모두 인정한다. 그러나 중국은 그 뒤로 정체하거나 퇴보했고, 같은 유라시아 대륙의 서쪽에 자리 잡은 유럽의 빠른 발전과 확산에 압도되었다. 우리가 중국 문명에 속하는지라, 이것은 무엇보다도 흥미로운 물음이다.

다이아몬드는 '최적 분열 원리Optimal Fragmentation Principle'를 그 물음에 대한 답변으로 내놓는다. 중국은 너무 일찍 그리고 줄곧 하나의 국가로 통일되어서, 국가에서 정통으로 내세운 이념들이나 관행들과 경쟁할 만한 생각들이나 기구들이 자라나기 어려운 풍토였다. 반면에, 유럽은 늘 작은 정치 단위들로 분열되어서 여러 가지 실험들이 끊임없이 이루어져서 발전했고, 인도는 너무 분열되어서 문명이 발전할 힘을 갖추지 못했다. 이것은 이미 중국의 문명과 역사를 연구한 사람들의 눈길을 끈 사실에 바탕을 둔 이론이다. 그래도 중앙집권적 조직과 분권형 조직의 장단점들에 관한 연구가 활발한 터라, 음미할 만하다.

대부분의 역사책들은 문자가 발명되어 사람들의 삶이 기록되기 시작한 기원전 3천년경부터 시작한다. 그러나 역사책은 고대 문명이 갑자기 나타난 13,000년 전부터 시작해야 한다고 다이아몬드는 지적한다. 이 책은

그렇게 긴 시간대에서 인류 역사를 조망하겠다는 야심에서 씌어졌고, 충
분한 증거들을 바탕으로 삼아 설득력이 큰 이론들을 제시했다.

# 사람의 환경

1

사람의 환경에서 압도적 중요성을 지닌 것은 다른 사람들이다. 환경에 관한 논의에서 이 사실은 흔히 잊혀지지만, 그것을 충분히 고려하지 않고서는 환경에 대한 논의가 제대로 이루어지기 어렵다.

모든 개체들은, 세균에서 사람에 이르기까지, 살아남기 위해서 다른 개체들과 경쟁한다. 종마다 나름의 생물적 틈새를 찾아 살아가므로, 종들 사이의 경쟁은 치열하면서도 대체로 평형을 이룬다. 그래서 한 개체의 직접적 경쟁자들은 같은 종의 다른 개체들이다. 사람은 학교나 직장에서 만나는 다른 사람들을 경쟁자들로 여기지 새나 짐승들을 경쟁자들로 여기지는 않는다. 사람들이 정교하게 짜여진 사회 속에서 살고 있으므로, 이런 사정은 사람의 경우에 특히 뚜렷하다.

자연히, 사람들은 늘 좋은 사회 환경을 만들려고 애썼고, 여러 사회 철학 이론들과 사회적 실험들이 나왔다. 사람들에게 가장 좋은 사회의 모습과 그것을 이루는 가장 좋은 길에 관해선 사람들의 의견들이 엇갈리지만,

경제적 번영이 사회 환경의 개선에 필수적이라는 점에 대해선 거의 모두
동의한다. 실제로 근년의 빠른 경제 발전은 단 한 세기 전의 사람들이 꿈
꾸지 못했던 수준으로 사회 환경을 개선시켰다.

2

그러나 사람의 삶에서 나온 이런 향상은 지구 생태계의 나머지 부분의
위축과 변형이라는 심중한 문제를 낳았다. 생태계는 대체로 제약된 체계
이므로, 한 종의 급격한 팽창은 필연적으로 다른 종들의 위축을 부른다.
생태계에서 사람이 차지하는 지위가 워낙 압도적이므로, 다른 종들은 그
냥 위축된 것만이 아니라 사람의 뜻에 맞게 변형되었다. 농업이 발명된
뒤로, 사람들에게 쓸모가 큰 종들은 점점 번창하고 사람들이 쓸모가 없거
나 해롭다고 여긴 종들은 빠르게 줄어들었다. 그래서 식량이나 섬유나 목
재를 제공하는 식물들은 점점 너른 땅을 차지하고, 가축들의 수는 점점
늘어난다. 그리고 사람이 만든 새로운 환경에 잘 적응한 종들이, 예컨대
바퀴벌레나 까치와 같은 종들이, 적응하는 데 실패한 종들의 자리를 차지
한다.

무척 다양한 모습을 하지만, 지구 생태계는 한 뿌리에서 나왔다. 유전
자의 차원에서 그것은 특히 깊은 관련을 지녔다. 비록 지배적 종이지만,
사람은 그 방대한 체계의 아주 작은 부분이다. 지구 생태계는 광막한 우주
에서 지금까지 발견된 단 하나의 생명체이다. 그래서 지구 생태계는 그 자
체로 헤아리기 어려울 만큼 큰 가치를 지니며, 사람에 대한 영향과 득실을
떠나, 그것의 보존은 더할 나위 없이 중요하다. 게다가 사람은 지배적 지
위와 도덕적 감정을 아울러 누리는 종으로서 그것을 보존할 책임이 있다.

3

여기에 풀기 어려운 갈등이 있다. 사람의 사회 환경을 개선하려면, 경제 발전이 필요하다. 그러나 경제 발전은 어쩔 수 없이 생태계의 나머지 부분들을 위축시키고 변형시킨다. 이 갈등은 어렵고 심각할 뿐 아니라 당분간은 점점 더 어렵고 심각해질 터이다. 세계 곳곳에서 열대우림이 빠르게 줄어들고 그것을 보존하기 위해 고안된 방안들의 효과가 기대에 미치지 못한다는 사실에서 아프게 드러나듯, 투표권이 없는 생태계에겐 가난에서 벗어나려는 사람들에 맞설 길이 없다.

다행스러운 것은 경제 발전 자체에 희망의 싹이 있다는 사실이다. 사람의 소득과 그의 욕구 사이엔 밀접한 관련이 있어서, 소득이 늘어나면 욕구도 바뀐다. 소득이 늘어난 사람들은 두 가지 방식으로 생태계에 보다 친화적이 된다. 먼저, 소득이 늘어나면, 사람들은 자식들을 덜 낳는다. 그래서 인구의 폭발적 증가가 크게 누그러진다. 다음엔, 소득이 늘어나면, 사람들은 생태계의 가치를 보다 높이 평가하고 그것의 보존에 보다 많이 투자한다. 아울러 경제 발전은 보다 나은 기술을 끊임없이 낳아서, 생태계에 대한 해로운 영향을 줄인다. 푸른 숲이 보존되고 생태계의 파괴가 대체로 멈춘 서유럽과 헐벗은 땅이 점점 사막으로 바뀌는 아프리카 사헬Sahel이나 중국 북부 지역의 대조적 모습에서 경제 발전이 실제로는 생태계를 보존하는 유일한 길임을 실감하게 된다.

이런 사정은 경제 발전과 생태계의 보존을 조화시키는 일에 대해서 우리가 보다 진지하게 성찰해야 함을 일깨워준다. 생태계의 보존이라는 명분 아래 경제 발전을 비판하는 것은 그래서 위험하다. 사람이 지배적 종이 되면서 위기를 맞은 생태계는 바로 사람을 지배적 종으로 만든 지능과

도덕적 감정에 힘입어 건강을 되찾을 수 있다. 분명한 것은 생태계는 그
것의 한 부분에 지나지 않는 우리가 짐작한 것보다 훨씬 신비스러운 방식
으로 움직인다는 점이다.

# 전통의 창조적 계승

1

사회와 문명은 전통의 계승을 통해서 유지된다. 그리고 전통의 창조적 계승을 통해서 사회와 문명은 발전한다. 그래서 전통적 방식들을 새로운 환경에 맞게 바꾸고 보다 낫게 만드는 일은 모든 사회들과 문명들이 늘 맞는 과제이다.

그런 과제는 당연히 사회적 변동이나 기술의 발전이 격심한 시대엔 훨씬 어렵고 중요해진다. 그래서 전통의 창조적 계승이 산업혁명 시기에 특히 중요한 과제가 되었던 것은 이상하지 않다. 보다 나은 재화들을 보다 효율적인 방식으로 만들어 보다 싼 값에 공급함으로써, 산업혁명은 전통적 사회들에선 소수의 상류층들만이 누렸던 사치품들을 대중의 필수품들로 만들었다.

산업혁명의 혁명성은 바로 거기에 있다. 산업혁명을 주도한 사람들은 모두 전통의 제약에서 벗어나 세상을 바라보고 그렇게 새로운 시각에서 얻은 지식들과 지혜들을 통해서 전통을 창조적으로 계승했다.

2

산업혁명을 주도했고 이를 상징하는 사람들 가운데 하나는 영국의 실업가이자 과학자였던 조사이어 웨지우드(Josiah Wedgwood, 1730~1795)이다. 그는 17세기부터 도자기 제조에 종사해온 가문의 자손으로 어릴 적부터 맏형의 도제가 되어 도자기 제조 기술을 배웠다. 그러나 그는 전통적 도자기 제조 기법과 사업 방식을 따르는 것에 만족하지 않고, 스물아홉 살에 자신의 사업을 세웠고 끊임없는 실험들과 꾸준한 발명들을 통해서 전통적 방식들을 개량했다. 덕분에 그는 전통의 창조적 계승을 통해서 산업혁명에 크게 기여한 위인들의 반열에 올랐다.

실제로 그의 업적은 두드러졌다. 먼저, 그는 '개량된 녹색 윤기improved green glaze'를 발명했다.

다음엔, '크림빛 토기cream-colored earthenware'를 완벽하게 만들었다. 이 그릇은 조지 3세의 왕비였던 샬롯 소파이어Charlotte Sophia 왕비의 애용으로 '왕비의 그릇Queen's Ware'이라 불렸다. 단단한 재질과 훌륭한 모양 덕분에, 이 그릇은 영국의 표준적 자기가 되었고 세계 시장에서도 좋은 반응을 얻었다.

셋째, '흑색 도자기black basaltes'라고 알려진 그릇 재질을 발전시켰다. 검정빛 돌처럼 단단한 이 재질은 '이집트 그릇Egyptian ware'이라고도 불렸는데, 꽃병, 촛대, 역사적 인물들의 흉상에 많이 쓰였다.

넷째, 그의 가장 성공적인 혁신으로 일컬어지는 '벽옥 그릇jasperware'을 발명했다. 이것은 단단하고 윤기 없는 푸른 자기로, 고대 로마 자기들을 본딴 흰 카메오 인물상들을 넣는 데 널리 쓰였다.

다섯째, '대리석 그릇marble ware'을 개량했다. 이것은 붉은 염료를 써서 붉은 인물들이 그려진 고대 그리스 도자기를 본뜨는 데 널리 쓰였다.

여섯째, 위에서 얘기한 발명들과 개량들을 통해서, 그는 영국 도자기 생산에서 고전 양식의 부흥에 공헌했다. 고전 양식 도자기를 생산하기 위해서 그는 새로운 공장을 세웠고, 그것에 '에트루리아Etruria'라는 이름을 붙였다. 고대 그리스 도자기들은 당시엔 에트루리아 제품들로 여겨졌다.


3


이런 업적만으로도 웨지우드는 잊혀지지 않는 명성을 얻었을 터이다. 그러나 그가 후세의 주목을 받게 된 진정한 이유는 그가 산업혁명을 낳은 18세기 영국의 새로운 풍토에 크게 공헌했다는 점과 그가 그 새로운 풍토를 잘 대표했다는 점이다.

먼저, 그는 끊임없는 기술혁신을 추구하는 새로운 유형의 기업가였다. 요즈음 말을 쓰면, 그는 '벤처사업가venture businessman'였다.

다음엔, 그는 자신이 세운 공장에서 생산을 합리적으로 조직했다. 그는 종업원들과 그들의 작업 환경을 합리적으로 통제하려 애썼다. 아울러 원료의 품질 관리에도 마음을 쏟았다. 그는 공장 안에서의 합리화에만 마음을 쓴 것이 아니라, 원료를 안정적으로 조달하고 제품들을 빠르게 수송하기 위해서, 도로와 운하를 개선하는 데도 투자했다.

셋째, 그는 높은 품질을 추구했다. 기준에 미치지 못하는 그릇을 보면, 그는 의족으로 그것을 깨뜨리고 "이것은 조사이어 웨지우드에겐 맞지 않는다"라고 분필로 써놓곤 했다.

넷째, 그는 생산 과정을 과학적으로 이해하려 애썼다. 그는 그런 과학적 이해의 바탕 위에서만 높은 품질의 지속적 성취가 가능하다는 점을 잘 이해했다.

이런 노력들을 통해서 그는 거의 혼자 힘으로 영국 도자기 산업에 합리적 공장 제도를 도입했다. 그리고 그런 혁신적 공장 제도는 그때까지 소수 상류층들만이 누리던 사치품인 질 좋은 도자기들을 대중들도 누릴 수 있도록 만들었다.

그의 혁신들이 칭찬만을 받은 것은 아니다. 소수의 사치품을 대중들도 누리도록 하는 일은 늘 '취미의 감시자'들로부터 비난을 받게 마련이다. 그를 그런 비난에서 보호해준 것은 그가 만든 제품들의 높은 품질이었다. "공장 제도를 발전시킴으로써, 조사이어 웨지우드는 도자기 예술의 품격이 낮아진 것에 대해 대부분의 책임이 있다는 부당한 얘기가 있었다. 웨지우드 그릇들은, 비록 언제나 특별히 모험적이었던 것은 아니지만, 대체로 높은 취향을 보였다"(『브리태니커 백과사전』 '요업 및 자기Pottery and Porcelain' 항목).


4


우리가 웨지우드의 행적에서 특별히 주목할 부분은 생산 과정의 과학적 이해이다. 그는 생산 과정을 통제해야 높은 품질을 지속적으로 성취할 수 있다고 생각했고, 그런 통제는 생산 과정의 과학적 이해를 통해서만 이루어질 수 있다고 보았다. 그래서 그는 가마에 불을 때는 조건들을 이해하고 통제하려 했다.

그런 노력은 멋지게 성공했다. 그는 가마의 온도를 통제하는 방법을 배웠다. 그리고 가마의 온도를 측정하는 방법을 생각해냈다. 즉 고온계pyrometer를 발명한 것이다. 그 과정에서 그는 고온에선 모든 물질들이 온도에 따라 특정한 빛을 낸다는 것을 알아냈다. 이 발견의 과학사적 중요성은 언뜻 보기보다 크니, 빛의 빛깔이 물질의 온도를 가리킨다는 사실은 천체들의 온도를 재는 수단이 되었고 천문학의 발전에 결정적 공헌을 했다.

이런 발견들과 발명들은 가마의 온도를 정확하고 섬세하게 통제할 수 있는 길을 열었고, 웨지우드의 공장은 질 좋은 제품들을 지속적으로 만들어낼 수 있었다. 이제는 익숙한 풍경이지만, 당시에 그것은 혁명적이었다. 이전에 품질은 오로지 장인(匠人)들의 경험과 지식에 바탕을 두었다. 그들의 눈대중과 감각에 의존해서 생산이 조절되었고, 자연히, 품질이 일정하거나 늘 높을 수는 없었다. 웨지우드의 혁신과 실험들을 통해서 요업 기술들은 최적의 환경이 무엇인지 알아내어 높은 품질을 유지할 수 있었다. 나아가서 새로운 기법들과 제품들을 쉽게 찾아낼 수 있어서, 혁신이 꾸준히 이루어질 수 있었다. 즉 전통의 창조적 계승이 아주 쉬워진 것이다.

# 다시 부푸는 돛폭

1

우리는 바다에서 왔다. 이 땅에 살고 있는 다른 모든 생명체들과 마찬가지로. 그래서 우리 몸은 바다에서 살던 시절의 기억들을 알뜰하게 간직하고 있다. 우리 몸의 기본 단위인 세포들이 생존할 수 있는 조건들은 매우 제한되어 있고, 그런 조건들은 삶이 시작된 뒤에도 그다지 바뀌지 않았다. 지구에 사는 모든 생명체들은 세포들이 살고 자랄 수 있도록 몸 속 물기liquidity의 상태를 좁은 허용 범위 안으로 유지할 수 있는 정교한 장치들을 지녔다. 놀랍지 않게도, 포유류의 혈액의 성분은 바닷물의 성분과 아주 비슷하다. 사람을 '걸어 다니는 한 자루 바닷물a walking sack of sea water'이라고 말하는 것은 바로 그런 사정을 가리킨다.

바다가 우리 고향이므로, 우리는 당연히 바다에 대해서 짙은 향수를 품고 있다. 먼 바다에서 불어오는 소금기 밴 바람을 얼굴에 받고 끝없이 밀려오는 파도를 바라보면서, 가슴속 깊은 곳에서 정체 모를 그리움이 솟는 것을 느끼지 않는 사람이 있을까?

이것은 소리 없는 아우성.

저 푸른 해원(海原)을 향하여 흔드는

영원한 노스탈쟈의 손수건. (유치환, 「깃발」 부분)


바다에 대한 깊은 그리움이 우리 몸속에 흥건히 배어 있지 않다면, 청마(靑馬)의 이 시구가 그리도 자연스럽게 다가올 수 있을까?

뭍으로 나와서 살게 된 생명체들을 끌어당기는 바다의 힘이 워낙 크므로, 실제로 바다로 돌아가는 생명체들도 가끔 나왔다. 중생대 쥐라기에서 백악기에 걸쳐 바다에서 번창했던 어룡(魚龍, Ichthyosauria)은 원래 뭍에서 살던 파충류의 후예였다. 그리고 모두 잘 아는 것처럼, 지금 바다에서 번창하는 고래와 돌고래는 현재의 소와 비슷하게 생긴 육상 동물이 바다로 돌아가서 진화한 것이다.


2


우리가 아무리 바다에 끌려도, 우리는 바다로 돌아갈 수 없다. 우리가 할 수 있는 것은 짧은 시간 동안 뭍에 가까운 바다에서 헤엄을 치는 정도이다. 그보다 멀리 바다로 들어가려면, 우리 몸을 물 위에 뜨도록 하는 장비를 마련해야 한다.

그런 장비로 처음 쓰인 것은 아마도 통나무였을 것이다. 그것은 틀림없이 뭍에 있는 연못이나 강에서 처음 쓰였을 것이다(강, 시내, 호수, 연못과 같은 내수면들은 실질적으로는 모두 바다의 부분들이다. 그것들은 모습이나 기능에서 바다의 실핏줄이라 할 수 있다). 통나무를 써서 물 위에 뜬 것은 엄청난 상상력과 용기를 필요로 하는 모험이었고, 문명의 발전에서 중요한 이정표로 꼽힐 만큼 큰 지적 성취였다.

이어 그런 통나무들을 여럿 묶어서 물에 띄운다는 생각이 나왔고, 인류 문명의 발전에서 중요한 역할을 한 뗏목이 발명되었다. 차츰 뗏목을 만드는 물건들이 다양해졌는데, 갈대는 특히 중요한 재료였다. 지금도 호수 지역에 사는 사람들은 갈대 뗏목들을 이용한다.

뗏목은 아주 훌륭한 장비였으므로, 세계 여러 곳에서 바다를 항해하는 수단으로 쓰였다. 그런 뗏목들 가운데 잘 알려진 것은 인도의 '카타마란 catamaran'이다. 인도의 타밀어로 '나무들을 묶어 만든 것'이란 뜻을 지닌 '카타마란'은 인도양에서 널리 쓰였는데, 그 뒤로 선체가 둘인 쌍동선(雙胴船)을 가리키게 되었다.

더 잘 알려진 항해용 뗏목은 남아메리카의 태평양 연안에서 쓰인 '발사 balsa'이다. '발사'는 원래 열대에서 나는 가볍고 튼튼한 나무인데, 뒤에는 그 나무로 만든 뗏목을 가리키게 되었다. 하수용골(下垂龍骨, centerboard)을 갖추고 돛까지 달아서, '발사'는 뛰어난 항해 능력을 지녔다.

이 점은 1947년의 '콘-티키Kon-Tiki'가 극적으로 증명했다. '콘-티키'는 노르웨이의 탐험가 토르 하이에르달(Thor Heyderdahl, 1915∼2002)이 발사 재목들과 고대인들이 이용할 수 있었던 다른 재료들만을 써서 만든 뗏목이었는데, 나라를 빼앗기고 도망했다는 남아메리카 신화 속의 왕에게서 이름을 땄다. 하이에르달은 네 명의 노르웨이 과학자들과 함께 그 뗏목을 타고 페루 해안을 떠나 101일 만에 4,300마일 떨어진 폴리네시아의 무인도에 닿았다. 고대인들이 이용할 수 있었던 재료들만으로 만들어진 뗏목이 태평양의 거센 폭풍우들을 이겨낸 것이었다(하이에르달과 그의 동료들은 많은 태평양의 섬들에 처음 닿은 사람들이 남아메리카에서 건너왔다는 이론을 증명하기 위해 그런 모험을 한 것이었다. 정설은 그 사람들이 동쪽의 아시아 대륙에서 건너왔다고 보았다).


3


아무리 크고 잘 만들어졌다 하더라도, 엄격하게 정의하면, 뗏목을 배ship라고 부를 수는 없다. 어떤 장비가 배라는 이름으로 불리려면, 그것은 배수displacement of water에 의해서 떠야 한다. 뗏목처럼 그저 자신의 가벼움inherent buoyancy만으로 뜨면, 그것은 부유체float라 불린다.

처음 발명된 배는 아마도 통나무를 파낸 '통나무 배'였을 것이다. 이어 틀을 나무껍질이나 짐승의 가죽으로 씌운 카누가 나왔을 것이다. 물론 우리는 알지 못한다, 통나무를 파내서 앉을 자리를 만들고 그것을 타고 노를 저어 호수나 바다로 나간다는 생각을 처음 한 사람이 누구인지. 분명한 것은 그것이 정말로 위대한 지적 성취였고 인류 문화에 헤아리기 힘들 만큼 큰 공헌을 했다는 사실이다.

모든 발명들이 그러하듯, 한번 발명되자, 배는 빠르게 개량되었을 것이고, 키나 돛과 같은 기구들을 갖추었을 것이다. 그래서 고대 문명들은 모두 바다를 항해할 수 있는 능력을 갖추었다. 특히, 배와 항해술을 가장 먼저 발전시킨 고대 이집트 문명에선 이미 기원전 4천 년경에 아주 잘 발달된 배를 이용했다.

배가 발명되자, 인류 문명의 영역은 단숨에 크게 확장되었다. 이제 강이나 호수는 쉽게 건널 수 있었고, 바다는 새로운 활동의 무대가 되었고, 큰 섬들은 사람들이 정착할 수 있는 땅이 되었다. 그런 변화는 당연히 인류 사회에 근본적 영향을 미쳤고, 사람들은 새로운 교통수단으로부터 헤아릴 수 없는 혜택을 입었다. 배의 출현이 미친 그런 영향과 혜택을 가늠하려면, 우리는 먼저 고대 사회들에서 육상 교통이 어떤 모습이었는지 살펴야 한다.


4


고대 사회들에서 사람들은 주로 걸어 다녔다. 높은 기술 수준을 지녔던 고대 문명들도 초기엔 별다른 육상 수송 수단을 갖추지 못했다. 고대 사회들에서 중요한 교통수단은 사람이나 짐을 나르는 동물들이었다.

아마도 그런 일에 처음 쓰인 동물은 나귀였을 것이다. 말을 이용하는 기술은 그보다 좀 늦어서, 기원전 2300년경에 중동에서 처음으로 짐을 끄는 데 썼다. 마침내 기원전 1600년경에 역시 중동에서 전차(戰車)가 발명되었다. 이것은 말이 끄는 수레로, 주로 싸움터에서 쓰였다. 이 발명품은 아주 편해서 폭발적 인기를 누렸다. 그래서 몇 세기 안에 서쪽으로는 그리스를 거쳐 북유럽까지, 동쪽으로는 인도를 거쳐 중국까지 퍼졌다. 당시의 사정으로는 놀랄 만큼 빨리 전 세계에 전파된 것이다.

그러나 전차는 널리 쓰이지 못했다. 고대 사회들에서 그런 비싼 장비를 이용할 수 있는 사람들은 극소수의 지배 계층뿐이었다. 게다가 수레를 이용하려면 좋은 길이 있어야 하는데, 고대엔 그런 길이 드물었다.

애초에 잘 만들어지지도 않고 제대로 정비되지도 않은 길을 걷거나 나귀 등에 타고서 먼 데로 여행하는 것은 무척 고된 일이었다. 게다가 날씨가 갑자기 나빠지면, 피할 길도 없었다. 여독(旅毒)은 고대 사람들에겐 결코 가볍게 입에 올릴 수 있는 말이 아니었다. 모든 사회들의 신화들과 전설들에 '빨리 걷는 사람'이 중요한 인물로 나오고, 우리 신화들에 '축지법(縮地法)'이 가장 신기한 마법으로 나오는 것은 고대 사회들에서 먼 길을 가는 것이 얼마나 고된 일이었나 우리에게 일깨워준다.

그러나 고대 사회에서 여행을 더욱 어렵게 한 것은 편의 시설의 부족이었다. 처음엔 민박이 여행자에게 열린 단 하나의 길이었다. 민박 기회가 없으면, 밤이슬을 맞아야 했다. 민박을 하는 경우에도, 대부분의 사회들에서 나그네들은 방 안으로 들어가지 못하고 지붕 아래서 이슬을 가리는 것으로 만족해야 했다. 집주인의 손님이 되면, 적어도 다른 사람들의 해코지를 피할 수 있었기 때문에, 그렇게 집 안에서 자는 것만도 실은 큰 행운이었다.

교통이 발달하면서, 주요 도로들을 따라 차츰 숙박 시설들이 생겼다. 고대 문명사회들 가운데 상업 활동이 가장 활발했던 메소포타미아에선 기원전 3천년기(千年期, millennium) 전반에 주막들이 생겼다고 한다. 그러나 이런 주막들은 여행객들에게 침구들보다는 술과 여자들을 제공하는 데 마음을 썼고, 나그네들은 자신들의 침구들을 지니고 다녀야 했다. 이런 사정은 19세기까지도 거의 바뀌지 않았다. 주막 주인들도 대개 여자들이었다. 그래서 술집 하녀barmaid와 술집 여주인madame이 둘째 및 셋째로 오래된 여성 직업들이란 얘기까지 나왔다. 정부에서 운영하는 숙박 시설들은 물론 사정이 훨씬 나았지만, 대부분의 민간인 여행자들은 그것들을 이용할 수 없었다.

그러나 고대에서 육상 여행을 가장 어렵고 위험하게 만든 것은 도둑들이었다. 옛날 얘기들에 도둑 얘기가 그리도 많은 것은 얘기를 재미있게 만들려고 꾸민 때문이 아니다. 기원전 20세기에 크게 번영했던 바빌로니아 제국의 '함무라비 법전'에는 '상인이 도둑에게 물건을 빼앗겼으면, 그는 빌린 돈을 갚지 않아도 된다'고 나와 있다.

5

고대 사회들에서 육상 여행이 그렇게 힘들고 위험했으므로, 물길을 이용한 여행은 상대적으로 효율적이었고 편했다. 좋은 물길이 있는 경우, 사회에 돌아오는 경제적·정치적·문화적 혜택은 엄청나게 컸다. 고대의 주요 문명들이 모두 큰 강 유역에서 발생했다는 사실은 널리 알려졌다.

물길의 이용은 당연히 강이나 호수와 같은 내수면에서 먼저 나왔다. 고대 문명들 가운데 물길의 이용에서 가장 앞섰던 것은 이집트 문명이다. 물길을 이용한 여행과 수송은 유량이 풍부하고 물살이 급하지 않고 폭포와 여울이 적어서 항행에 적합해야 하는데, 나일 강은 이런 조건들을 잘 갖추었다. 게다가 나일 강은 배를 상류로 밀어 올리는 북풍이 불었다. 고대 이집트 사람들은 그런 나일 강의 이점들을 한껏 이용해서 문명을 발전시켰다. 나일 강의 수운이 없었다면, 이집트 문명의 융성을 상징하는 거대한 신전들과 피라미드들은 나오기 어려웠을 터이다. 고대 이집트 사회에 나일 강의 편리한 수운이 미친 큰 혜택은 기원전 15세기경에 그곳에서 역사상 처음으로 관광 여행이 나타났다는 사실에서도 엿볼 수 있다.

그러나 인류는 이집트 문명이 일어나기 훨씬 전부터 이미 배를 이용했다. 오스트레일리아와 뉴기니엔 인류가 4만 년 전에서 3만 년 전 사이에 생존했다는 증거들이 있다. 유라시아 대륙에서 그리로 가려면, 물론 배가 필요했다.

미국의 생물학자 제레드 다이아몬드Jared Diamond는 『총, 균, 쇠*Guns, Germs, and Steel*』에서 근년에 이루어진 발견들을 잘 설명했다.

빙하기들엔 바닷물이 워낙 많이 빙하들에 갇혔으므로, 온 세계의 해수면은 현재의 기준보다 수백 피트 떨어졌다. 그 결과, 현재의 아시아와 수마트라, 보르네오, 자바, 그리고 발리와 같은 인도네시아의 섬들 사이의 얕은 바다들은 마른 땅이었다. 〔……〕 그때 동남아시아 대륙의 끝은 현재 위치에서 7백 마일 동쪽에 있었다. 그러나 발리와 오스트레일리아 사이의 중부 인도네시아 섬들은 깊은 해협들에 의해 둘러싸였고 나뉘었다. 그때 아시아 대륙에서 오스트레일리아/뉴기니에 닿으려면, 최소한 여덟 개의 해협들을 건너야 했는데, 그것들 가운데 가장 넓은 것은 적어도 50마일은 되었다. 그 해협들의 다수는 서로 보이는 섬들을 갈라놓았는데, 오스트레일리아 자체는 가장 가까운 인도네시아 섬들인 티모르와 타님바르에서도 결코 보이지 않았다. 이처럼, 배의 이용을 강요했고 역사상 배를 이용했다는 두드러지게 가장 이른 증거를 제공한다는 점에서, 오스트레일리아/뉴기니의 점령은 중요하다. 약 3만 년 뒤에야(지금부터 13,000년 전에야) 세상의 다른 곳에서, 즉 지중해에서, 배가 이용되었다는 강력한 증거가 있다.

당시 인류가 이용한 배들이 아주 원시적이었던 것 같지도 않다. 그 배들은 사람들이 상당히 너른 바다를 건너는 탐험에 쓸 수 있을 만큼 발달되었던 것으로 보인다.

처음엔, 고고학자들은 오스트레일리아/뉴기니의 식민이 인도네시아의 섬 가까이서 뗏목을 타고 고기잡이를 하다 바다로 휩쓸려나간 몇 사람들에 의해 우연히 이루어졌을 가능성을 고려했다. 〔……〕 그러나 우연적 식민 이론을 믿는 사람들은 뉴기니의 동쪽에 자리 잡은 다른 섬들도 약 35,000년 전 뉴기니 본섬 이후 곧바로 식민되었다는 근년의 발견들에 놀랐다. 그 섬들은 비스마르크 군도의 뉴브리틴과 뉴아일랜드 그리고 솔로몬 군도의 부카였다. 부카는 서쪽의 가장 가까운 섬에서 보이지 않는 곳에 있고 약

100마일의 해상 간격을 건너야만 닿을 수 있었다. 이처럼, 초기 오스트레일리아 사람들과 뉴기니 사람들은 아마도 보이는 섬들로 바다를 건너서 의도적으로 여행할 수 있었고, 보이지 않는 먼 섬들의 식민까지도 의도되지 않은 채 거듭 이루어질 수 있을 만큼 자주 배를 이용했다.

따라서 인류는 고대 문명들의 출현 이전에 이미 배를 발명하고 이용했다고 보아야 한다. 이것은 정말로 경탄할 만한 성취이다.

그러나 오스트레일리아, 뉴기니 그리고 태평양의 여러 섬들에 정착한 사람들은 아프리카와 유라시아의 문명들과 상당히 오래 단절되었고, 현대 문명에 별다른 영향을 미치지 못했다. 따라서 현대 문명의 맥락에서 살피면, 물길의 이용은 역시 고대 문명들에서 본격적으로 시작되었다고 할 수 있다.

배를 만드는 기술이 발전해서, 바다를 물길로 이용할 수 있게 되자, 인류 문명은 단숨에 높이 도약했다. 특히 돛배는 많은 화물들을 싣고서 멀리 갈 수 있었고, 덕분에 인류 사회들은 보다 넓은 영역을 품에 안을 수 있게 되었다. 이제 바다는 사람들과 문명들에게 장애가 아니라 편리한 길이 되었다.

해운의 중요성을 특히 잘 보여주는 것은 조운(漕運)이다. 우리나라의 경우, 조운은 10세기 말엽 고려 성종(成宗) 때 완성되었는데, 주요 강들의 하구에 조창들을 두고 세미를 보관하고 운송했다. 이후로 고려와 조선의 정부들은 조운 제도의 유지에 큰 힘을 쏟았다. 고려 말기에 왜구의 대대적 침입으로 조운이 어려워지자, 수도인 개경으로 세미가 반입되지 않아서, 고려 정부가 큰 어려움을 겪었다는 사실은 조운 제도의 중요성을 잘 보여준다. 중국의 경우, 수(隋) 왕조가 완성한 광대한 운하망은 조운을 편리하게 했고 그 뒤로 줄곧 중국의 경제 발전에 크게 기여했다. 너른 영토를 가진 나라에서 조운이 어려우면, 정부는 세곡의 수송에 큰 어려움을 겪었고, 그래서 임금의 조정이 옮겨 다니면서 세곡을 소비하는 경우가 흔했다.

물길이 화물의 운송에만 그렇게 편리했던 것은 아니다. 배를 타고 가면, 걷거나 말을 타는 것보다 훨씬 편했다. 걸어서 먼 데 가는 일이 힘들다는 것이야 새삼 얘기할 필요가 없지만, 나귀나 말을 타는 것도 실은 무척 힘들고 위험했다. 말이 놀라서 갑자기 뛰는 바람에 떨어져 다치거나 죽은 사람들도 많았다.

물론 옛날에 배를 타고 가는 것이 지금의 여객선을 타는 것처럼 편리하고 안락한 것은 아니었다. 승객들을 위한 선실이 없었으므로, 승객들은 갑판 위에서 거센 햇볕과 비바람을 그냥 견뎌야 했다. 배를 부리는 사람들이 승객의 식사 걱정을 할 리 없었으므로, 승객들은 배를 타기 전에 음식을 장만해야 했다. 그런 불편은 폭풍우의 위험에 비기면 아무것도 아니었다. 더 무서운 것은 해적을 만나는 일이었다.

거기에다 바닷길을 이용한 여행과 수송엔 날씨와 바람이 근본적 제약 조건으로 작용했다. 날씨가 궂거나 항해에 좋은 바람이 없으면, 배는 항구에서 떠나지 않고 기상 조건이 좋아질 때까지 기다렸다. 그래서 먼 곳으로 가는 승객은 도중의 낯선 기항지들에서 속절없이 기다리는 경우가 흔했다.

그래도 이용할 수 있는 경우엔, 물길은 육로보다 훨씬 편리했다. 그래서 강과 바다는 고대 사람들에게 장애가 아니라 통로였다. 돛이 발명되어서, 사람들의 근육의 힘이 아니라 엄청나게 큰 바람의 힘을 이용할 수 있게 된 뒤엔 특히 그러했다.

6

돛은 인류 역사에서 가장 위대하고 중요한 발명들 가운데 하나이다. 그것의 역사적 중요성은 쉽게 헤아리기 어려울 만큼 크다. 돛의 효용이 워낙 컸으므로, 고대 사람들은 돛을 경이감으로 바라보곤 했다.

"이탈리아를 이집트에 그렇게도 가깝게 만들어서, 갈레리우스가 메시나 해협을 떠난 지 꼭 이레 만에 알렉산드리아에 닿았고, 카디즈를 오스티아에서 이레 여정 안에 놓았고, 스페인의 가까운 해안을 나흘 여정 안에 놓은 이 식물보다 더 큰 기적이 어디 있겠는가." 1세기 로마 학자 플리니우스의 『박물지』 중 '아마(亞麻)' 항목에 나오는 글이다(고대 서양 사람들은 아마에서 뽑은 리넨으로 돛을 만들었다). 돛폭들에 바람을 받고 바다를 미끄러지듯 달리는 범선의 그림을 보면, 그런 배를 타 본 경험이 없는 현대 사람들의 가슴도 저절로 부풀고 문득 바다 너머 먼 땅으로 떠나고 싶은 충동을 느낀다. 육로를 이용해서 먼 길을 힘들게 가야 했던 고대 사람들에게 빠르고 편한 돛배는 경이로운 존재였을 터이다.

돛이 그렇게 중요한 발명이었으므로, 그것은 차츰 원래의 뜻을 넘어 항해에 관한 것들을 가리키게 되었다. 영어에서 'sail'은 돛만이 아니라 '돛배, 배, 항해 및 항정(航程)'을 뜻하기도 한다. 중국어에서도 '帆'은 돛만이 아니라 돛배도 가리킨다.

> 오랜 친구는 서쪽 황학루를 작별하고
> 꽃들 연기처럼 핀 삼월에 양주로 내려가네.
> 외로운 돛배 먼 그림자는 푸른 하늘로 스러지고
> 긴 강이 하늘 끝으로 흐르는 것만 보이네.

故人西辭黃鶴樓
烟花三月下揚州
孤帆遠影碧空盡
惟見長江天際流

이 시는 동양에서 널리 애송된 이백(李白)의 「황학루에서 광릉으로 가는 맹호연을 보내며〔黃鶴樓送孟浩然之廣陵〕」이다. 오랜 친구를 태운 돛배가 사라지는 모습을 담담하게 그려 읽는 이의 가슴에 애틋한 물살을 일으키는 절창인데, 돛을 뜻하던 '帆'이 돛배를 가리키게 되었음을 잘 보여주는 예이다.


7


그렇게 경이롭고 중요한 발명이었지만, 20세기에 들어서자, 돛은 배의 추진 수단으로서의 역할을 거의 다 잃었다. 증기기관의 효능이 워낙 뛰어났기 때문이다. 이제 돛은 운동 경기나 훈련을 목적으로 만들어진 배들에 쓰일 따름이다.

역설적으로, 돛은 다가오는 우주 시대에 다시 중요한 역할을 맡을 것으로 보인다. 너무 넓어서 전통적 추진 방식이 실용적이지 못한 우주를 탐험하는 데는 햇살을 바람처럼 받아 추진되는 '햇살돛solar-sail'을 단 우주선이 아주 실용적인 교통 기관이 될 수 있다. 햇살을 추진력으로 삼은 우주선이 실용적이란 얘기는 곧이들리지 않겠지만, 그것은 분명히 실용적이고, 이미 초보적인 '햇살돛 우주선'을 이용한 실험들이 시도되고 있다.

처음 선을 보인 햇살돛 우주선은 몇 해 전 러시아 우주정거장 '미르'에서 발진한 무인 우주선 '프로그레스'였다. 그 우주선은 지름이 20미터인 알루미늄화 플라스틱판을 펼쳤고, 이 거대한 거울은 햇살을 받아 보름달 네 개의 밝기로 아래쪽 지구의 밤을 밝혔다. 인공위성을 이용한 인공조명의 가능성을 알아보는 것이 그 실험의 목적이었다. 그러나 애초에 그 실험을 계획한 사람들이 의도했든 아니 했든, '프로그레스'는 그 실험 덕분에 햇살돛 우주선이 된 것이다. 거울에서 되비친 햇살은 거울에 힘을 미친다. 물론 그것은 아주 작은 힘이다. 하도 작아서, 비록 거울이 뒤로 조금 밀리지만, 지구 위에선 그것을 느끼기조차 힘들다. 그러나 중력도 공기의 저항도 없는 우주 공간에선 빛이 미치는 그런 힘도 상당하다. 그래서 되비친 햇살이 거울에 미친 힘 때문에 그 우주선은 궤도가 조금 바뀌었다. 그래서 그 플라스틱 거울은 햇살돛 노릇을 했고, 그것을 단 '프로그레스'는 인류가 처음 만든 햇살돛 우주선이 되었다.

며칠 전엔 미국의 '행성 협회Planetary Society'가 2002년 안에 햇살돛 우주선을 띄울 계획을 추진하고 있다고 영국 방송이 보도했다. '코스모스1호'라고 불려질 이 우주선은 러시아의 잠수함에서 발사될 것이라고 한다.

현재 우주 공간을 항해하는 대표적 수단은 화학 연료를 쓰는 로켓이다. 그런 로켓은 단숨에 아주 큰 힘을 내지만, 아쉽게도, 먼데까지 가기는 어렵다. 연료를 모두 속에 싣고 가야 하기 때문이다. 로켓의 속도를 높이거나 항해 거리를 늘리면, 그저 연료를 실어 나르는 데 추진력을 점점 더 많이 쓰게 된다. 달이나 화성처럼 가까운 곳에 갈 때는 그 점이 그리 큰 문제가 되지 않지만, 거리가 훨씬 길어지면, 로켓은 빠르게 비실용적이 된다. 혜성을 탐사하는 일처럼 항해 거리가 긴 경우에 이 사실은 잘 드러난다. 지구의 공전 방향과 반대 방향으로 지구보다 빠르게 도는 핼리 혜성의 궤도와 속도에 로켓의 그것들을 맞추려면, 하중 1톤당 연료는 100

억 톤이 들어간다.

연료를 싣고 가지 않는 햇살돛에겐 그런 약점이 없다. 오히려 항해 거리가 길수록 유리하다. 끊임없이 뒤에서 밀어주는 햇살 덕분에 계속 가속도를 얻는다. 그래서 정말로 긴 항해에서 햇살돛은 로켓이 도저히 낼 수 없는 속도를 낸다. 핼리 혜성의 탐사를 위해 1970년대에 '미국 국립항공우주국NASA'의 '제트추진연구실(Jet Propulsion Laboratory; JPL)'이 제안한 햇살돛은 한 변의 길이가 800미터인 네모난 돛을 가졌다. 안타깝게도, 그 제안은 여러 가지 까닭으로 채택되지 않았다.

아울러 햇살돛은 구조가 간단하므로, 화물 수송에서 로켓보다 훨씬 큰 신축성을 보일 수 있다. 즉 화물의 양과 속도 사이에 있는 맞바꾸기 관계를 잘 이용할 수 있다. 많은 양의 화물을 단번에 수송해야 할 경우엔 화물을 많이 싣고 속도를 좀 늦추면 된다. 이런 신축성은 단단한 외각으로 용량이 정해진 로켓에선 기대할 수 없다.

햇살돛이 지닌 또 하나의 이점은 그것이 환경을 더럽히지 않는다는 사실이다. 모든 로켓들은, 화학 로켓만이 아니라 핵 로켓이나 전기 로켓까지도, 가스나 이온이나 먼지의 형태로 반응 질량 물질을 둘레에 내뿜는다. 교통량이 많은 곳에선 로켓의 반응 질량도 장기적으로는 환경을 더럽히는 오염원이 될 것이다. 되비친 햇살만을 남기는 햇살돛은 환경을 전혀 더럽히지 않는다.


8


돛배는 적어도 6천 년 동안 가장 중요하고 멋진 교통수단이었다. 자연히, 돛배를 이용한 수송과 교역이 인류 문명의 발전에 한 공헌은 헤아리기 어려울 만큼 컸다.

인류 문명의 발전에 특히 큰 운동량을 준 것은 15세기 이후 세계를 하나의 교역권으로 묶은 유럽의 원양선들이었다. 그들의 영향은 놀랄 만큼 커서, 15세기 초엽 포르투갈이 해외 진출을 시작한 뒤 채 다섯 세기가 지나지 않아, 지구 위의 모든 사회들을 하나의 거대한 질서 속으로 받아들인 '지구 제국'이 출현했다.

작은 기독교 국가인 포르투갈이 해외로 진출하게 된 사정은 복잡했다. 가장 중요한 요인은 종교적인 것이었다. 이베리아 반도를 정복했던 회교도들과의 싸움에서 승리한 터라, 포르투갈은 회교도들과의 싸움을 북아프리카의 모로코 지역으로 확대하고자 했다. 그리고 그런 종교 전쟁에서 동맹이 될 수 있는, 아시아나 아프리카에 있다고 여겨진 전설적인 기독교 국왕 프레스터 존Prester John을 찾고자 했다. 기독교를 널리 전파하고자 하는 희망도 있었고, 동양의 향료 시장과 직접 거래할 길을 찾으려는 욕심도 컸다. 그리고 아직 알려지지 않은 세계를 탐험하고자 하는 과학적 갈증도 있었다.

이런 요인들이 어우러져, 1415년 포르투갈은 모로코 북안의 탄지어 Tangier와 세유터ceuter를 공략했다. 그리고 그 사건으로 타오르기 시작한 탐험의 열정은 당시로선 상당히 규모가 큰 탐험대들의 활약으로 이어졌다. 이런 움직임에서 두드러진 지도력을 보인 사람은 '항해자'라는 이름을 얻은 앙리케Henrique 왕자였다.

마침내 1488년 바르톨루메이우 디아스Bartolomeu Dias가 이끈 탐험대는 아프리카 남단 희망봉을 돌아서 인도양 해안에 닿았고, 해안이 북동쪽으로 뻗어나갔다는 사실을 확인했다. 이런 발견은 무척 큰 뜻을 지녔으니, 이제 인도로 가는 뱃길이 열린 셈이었다.

디아스의 발견에 힘입어, 바스코 다 가마Vasco da Gama는 인도 항로를 개척했다. 1497년 7월 그는 네 척의 배로 이루어진 탐험대를 이끌고서 리스본을 떠나 이듬해 5월에 인도 남서부 해안의 칼리컷Calicut에 닿았다. 그는 거기서 성공적으로 교역을 했다. 그리고 동양의 귀중한 상품들을 싣고 귀로에 올라 1499년 9월에 리스본에 닿았다. 그의 인도 항로 개척은 역사적으로 중요한 뜻을 지닌 사건이었다. 이제 유럽과 아시아는 경제적으로 직접 연결된 것이었다. 이전까지 동서양의 교역은 많은 중개상들을 거쳐서 이루어졌다. '비단길'을 통해 동쪽과 서쪽으로 흐른 상품들이 모두 많은 중개상들을 거쳤다는 사실과 비겨보면, 이 점이 잘 드러난다.


9


당시의 원양 항해는 무척 힘들고 위험한 일이었다. 비슷한 시기에 이루어진 콜럼버스의 첫 항해가 무척 힘들었다는 사실은 잘 알려졌다. 바스코 다 가마의 인도 항해는 그것보다 훨씬 힘들었으니, 그가 인도에 갔다 오는 데는 꼬박 두 해가 걸렸다. 인도에서 돌아오는 길에선 순풍을 만나지 못해, 인도양을 건너 아프리카 해안에 닿는 데 석 달이나 걸렸다. 그래서 많은 선원들이 괴혈병에 걸려 죽었고, 그는 하는 수 없이 배 한 척을 불살랐다. 보급선 한 척은 이미 희망봉을 돌기 전에 해체했던 터라, 그의 함대는 네 척에서 두 척으로 줄어들었다. 그나마 대서양에서 폭풍우를 만나서, 남은 두 척은 리스본에 따로 닿아야 했다.

그렇게 힘든 항해엔 당연히 빠르고 튼튼한 배가 필요했다. 그런 필요에 부응해서 나온 배가 카라벨caravel이었다. 유럽의 해외 진출을 주도했던 포르투갈과 스페인 사람들은 대부분 카라벨을 이용했다. 카라벨의 어원이 '작은 배'라는 뜻을 지닌 스페인 말이었다는 사실에서 드러나듯, 그것

은 비교적 작은 배였다. 전형적인 카라벨은 길이가 75피트에 적재량이 50
내지 60톤이었다. 돛대는 둘 또는 셋이었고, 삼각돛들을 달았는데〔lateen-
rigged〕, 후기엔 순풍을 만났을 경우에 사각형 돛을 달기 위해 네번째 돛
대를 갖춘 배도 나왔다. 배 뒤쪽에 탑〔sterncastle〕이 두 개 있었고 앞쪽에
탑〔forecastle〕 한 개가 있었다. 카라벨은 가볍고 빨랐으며, 특히 역풍 속
에서 앞으로 나아가는 데 아주 뛰어났다.

　포르투갈 사람들이 15세기 초엽에 아프리카 서해안을 따라 남진할 때
발명되었다고 전해지는 이 배는 성능이 뛰어나서 높은 명성을 얻었고 그
뒤로 17세기까지 원양 항해에 널리 이용되었다. 콜럼버스의 역사적 항해
에 참가한 세 척의 배들 가운데 두 척이 카라벨이었다. 인류 역사에서 카
라벨만큼 중요한 역할을 했던 배는 드물었고, 그래서 그 작은 돛배는 불
멸의 명성을 얻었다. 먼 미래의 우주 공간을 무대로 삼은 과학소설 작품
들에서 경쾌한 우주선들을 흔히 '카라벨'이라 부른다는 데서 사람들이 이
돛배에 대해 지닌 애착을 엿볼 수 있다.


10


　15세기에 포르투갈과 스페인의 주도로 시작된 유럽의 해외 진출은 점
점 가속되었다. 유럽이 성공적으로 이룬 과학혁명과 산업혁명은 유럽의
경제적·군사적 우세를 불러왔고, 19세기에 이르러선 유럽이 세계를 실
질적으로 지배하게 되었다. 유럽 사람들이 그렇게 원양선들을 타고 밀려
오는 동안, 다른 문명권들 사람들은 수동적으로 그들을 받아들일 수밖에
없었다. 그래서 해외 진출 하면 우리는 근세 유럽의 해외 진출을 떠올리
고, 원양선 하면 유럽의 돛배들을 떠올린다.

그러나 유럽의 해외 진출이 있기 거의 한 세기 전에, 중국의 대함대가 인도양으로 진출한 사건은 그리 널리 알려지지 않았다. 정화(鄭和)의 '남해대원정(南海大遠征)'이라 불리는 해외 진출이 바로 그것이다. 명(明) 성조(成祖)의 환관이었던 정화(1371~1435?)는 1405년부터 1433년까지 27년 동안 엄청난 규모의 대함대를 이끌고 일곱 차례나 동남아시아와 인도를 거쳐 페르시아까지 항해했다. 그의 함대의 분견대는 아프리카 동해안 케냐의 말린디Malindi까지 갔었다(말린디는 1498년 바스코 다 가마가 인도로 가는 길에 들른 무역항으로, 그는 그 역사적 항해에서 인도양을 건너는 항로를 아는 파일럿을 구했다. 그 뒤로 말린디는 포르투갈의 동아프리카 식민지의 수도였다).

정화가 이끈 함대는 승무원이 27,000명 안팎에 대형 선박들만도 60여 척이었으니, 당시로선 정말로 보기 힘든 대함대였다. 1492년 콜럼버스의 첫 항해에선 배 3척에 승무원 120명이 탔고, 1497년 바스코 다 가마의 인도 항해에선 4척에 170명이 탔고, 1519년 마젤란의 세계 일주에선 5척에 265명이 탔다는 사실을 생각하면, 정화의 함대가 얼마나 웅장했나 짐작할 수 있다.

그런 원양 항해는 물론 배를 짓고 조종하는 기술들이 발전하지 않고서는 생각할 수 없는 것이다. 실제로 당시 중국은 배와 관련된 기술에서 가장 앞선 나라였다. 중국의 선장들은 유럽의 선장들보다 적어도 한 세기 앞서 나침반을 항해에 썼고, 종범fore-and-aft sail과 선미재 키stem-post rudder와 같은 먼 바다를 항해하는 데 필수적인 기술들도 중국에서 먼저 나왔다. 그리고 중국의 전통적 돛배인 정크는 여러모로 뛰어난 배였다.

어쨌든, 그렇게 규모가 큰 해외 진출은 당연히 중국의 위세를 해외에 크게 떨쳤고 동남아시아 및 서아시아의 여러 나라들과 중국 사이의 교역을 증진시켰다. 그러나 정화의 대원정은 일회성 사건으로 끝났고 역사에 별다른 영향을 미치지 않았다. 정화의 함대와는 비교가 되지 않게 작았던 콜럼버스나 바스코 다 가마의 함대가 역사에 결정적 영향을 미친 것과는 아픈 대조를 이룬다.

정화의 대원정이 그렇게 불모의 사업으로 끝난 까닭은 근본적으로 경제적 바탕이 없었다는 사실 때문이었다. 명은 민간인들의 대외 무역을 금지하고, 무역을 정부들 사이의 조공 무역에 국한시켰다. 그리고 해금령(海禁令)을 내려, 바닷가 사람들이 바다로 나가는 것을 엄격히 통제했다. 이런 환경에서 나왔으므로, 정화의 대원정은 주로 정치적 목적을 지녔었고, 민간인들에 의한 교역이라는 경제적 바탕이 없었다. 명이 북쪽 변경을 침범하는 몽골족들을 막는 데 힘을 쏟게 되자, 정화의 대원정은 갑작스럽게 끝났고, 다른 해외 원정들로 이루어지지 않았다. 그리고 민간인들의 해외 교역이 금지된 터라, 민간 무역이 그 뒤를 이을 수도 없었다.


## 11


15세기에 카라벨을 타고 포르투갈과 스페인 사람들이 먼 대륙들로 진출하기 시작한 이래, 돛배는 꾸준히 발전했다. 배의 몸집도 점점 커졌고, 선형도 개량되어 아주 빠른 배들이 나왔다. 특히 19세기 동양과의 무역에 쓰인 선종인 '클리퍼clipper'는 빠르기로 이름났다. 차 무역에 쓰였던 영국 배 '커티사크Cutty Sark'는 지금까지도 명성이 높다. 가장 빨리 달린 기록은 미국 배 '번개Lightning'가 하루에 436마일을 달린 것인데, 이 기록에서 우리는 순풍을 만난 돛배가 얼마나 빠르게 달릴 수 있는지 실감할 수 있다.

그러나 거의 6천 년 동안 꾸준히 진화하면서 인류 문명의 발전에 기여한 돛배도 19세기 중엽부터 빠르게 노후화되었다. 배의 역사에서 또 하나의 중요한 혁명이 일어난 것이었다. 이 혁명은 두 개의 요소로 이루어졌으니, 하나는 바람의 힘을 이용하는 돛이 기계적 동력을 이용하는 증기기관으로 바뀐 것이고, 다른 하나는 선체를 만드는 재료가 나무에서 쇠로 바뀐 것이었다. 물론 이 두 요소들은 보완적 관계에 있었고, 한쪽의 발전은 다른 쪽의 발전을 불렀다.

증기의 힘으로 배를 추진한다는 구상은 이미 1690년에 나왔다. 효율적인 증기기관인 '뉴코먼Thomas Newcomen 기관'이 1725년에 발명되었고, 제임스 와트James Watt의 현대적 기관이 1765년에 발명되었다는 사실을 생각하면, 이런 구상은 사람의 근육이나 바람에 의존하지 않는 배를 사람들이 얼마나 열망해왔나 일깨워준다. 마침내 1775년에 프랑스의 발명가 자크 페리에Jacques C. Perier가 센 강에서 조그만 배를 증기의 힘으로 움직이는 데 성공했다. 이어 1802년엔 윌리엄 사이밍튼William Symington이 외륜선(外輪船) '샬롯 던더스Charlotte Dundas'를 제작해서 영국의 운하에 취항시켰다. 미국의 로버트 풀턴Robert Fulton은 이 배를 직접 타보고서 1807년에 그것을 본딴 '클레르몽Clermont'을 지어 허드슨 강에 취항시켰다. 풀턴의 배는 실용적이었을 뿐 아니라 경제성도 있어서, 증기선의 발전에 큰 운동량을 주었다.

쇠로 만든 배는 1777년 영국에서 처음 지어졌다. 그 뒤로 나무와 쇠를 섞어서 만든 '복합선composite ship'들이 나왔고, 점차 쇠로 만든 배들이 늘어났다.

나무로 만든 돛배들이 쇠로 만든 증기선들로 바뀌는 과정에 큰 운동량을 더한 것은 1869년의 수에즈 운하 개통이었다. 수에즈 운하를 이용하게 되자, 저탄소(貯炭所)들 사이의 거리가 크게 줄어들었고, 자연히, 증기선들은 전에 석탄을 실었던 선실들에 화물들을 실을 수 있게 되어, 경제성이 크게 나아졌다. 1914년의 파나마 운하 개통은 증기선의 이점을 더욱 크게 만들었다. 이어 1차대전은 이미 쇠락한 돛배들의 운명에 결정적 타격을 주었다. 전쟁에서 많은 돛배들이 상실되었지만, 이미 돛배들의 경제성이 떨어진 터라, 그 자리는 증기선들이 메웠다. 1949년 클리퍼들이 오스트레일리아의 곡물을 유럽으로 실어 나른 것을 끝으로, 돛배들은 실용에서 물러나 실습선이나 유람선으로만 쓰였다.


12


20세기에 들어서자, 무역은 빠르게 늘어났고, 해운도 따라서 발전했다. 아울러 과학과 기술이 빠르게 발전해서, 이전엔 생각하기 어려웠던 배들도 만들 수 있게 되었다. 자연히, 다양한 수요에 맞추어 다양한 배들이 생겨났다. 크고 빠르고 안락한 대형 여객선, 지면 효과ground effect를 이용한 배[hovercraft], 대량 운송 화물을 위한 살물선bulk-carrier, 자동차 수송을 위한 Ro-Ro(Roll-on Roll-off), 원유 수송을 위한 대형 원유수송선(VLCC; Very Large Crude Carrier), 천연 가스 수송선LNG Carrier과 같은 전문성을 지닌 배들이 속속 등장했다.

배를 추진하는 기술도 발전되었고 다양해졌다. 종래의 증기기관에 디젤기관이 더해졌고 핵연료에서 추진력을 얻는 배들도 나왔다. 기관의 형태도 종래의 왕복기관에 큰 출력을 얻는 데 적합한 터빈이 더해졌다.

게다가 두 차례의 세계대전들과 냉전은 군함들의 빠른 발전을 불렀다. 그래서 군사적 목적들에 쓰이는, 여러 가지 특수한 배들이 나왔다. 이런 군함들의 건조와 운용에 쓰이는 기술들은 차츰 상업적으로 운용되는 배들에도 널리 쓰이게 되었다.

이처럼 배는 빠르게 발전했고 여러모로 다양해졌다. 그런 변화에서 가장 두드러진 특질은 화물을 다루는 일에 맞춰 배가 진화해왔다는 것이다. 생각해보면, 그것은 당연한 일이다. 화물의 수송에서 병목은 바다와 육지가 만나는 항구이다. 배의 모습을 다듬어서 효율적으로 만들고 큰 기관을 달아서 추진력을 높여도, 출항지에서 다음 기항지까지 가는 동안에 줄일 수 있는 시간은 그리 크지 않다. 그러나 일단 혼잡한 항구에 들르면, 정박도 못하고 외항에서 여러 날을 기다리는 일이 흔하고, 정박한 뒤에도 화물을 부리고 싣는 데 여러 날이 걸린다. 따라서 합리적 대책은 화물을 빠르게 싣고 부릴 수 있는 배를 만드는 데 투자하는 것이었고, 실제로 그렇게 되었다. 그런 투자의 결과로 배들은 화물 하역에 보다 효율적인 모습들로 끊임없이 진화해왔다. 그리고 그런 진화에서 마침내 화물 하역의 효율이 극대화된 컨테이너선이 나왔다.

1937년 허드슨 강을 두고 뉴욕과 마주 보는 뉴저지 주의 조그만 항구인 호보켄Hoboken의 부두에 맬컴 먹린Malcolm McLean이라는 운송업자가 화물자동차에 면화 뭉치들을 싣고 와서 하역을 기다리고 있었다. 자신의 차 속에서 종일 앉아 차례가 오기를 기다리면서, 그는 물건을 그물에 실어서 선창에 적재하는 것이 얼마나 더딘 일인가 실감했다. 그리고 트레일러를 통째로 배에 실을 수 있다면, 무척 효율적일 것이라고 생각했다. 수송의 역사에서 혁명을 일으킨 '컨테이너화containerization'가 싹을 티운 순간이었다. 그러나 먹린은 자신의 아이디어를 이내 실현하려고 덤비지 않았다. 그는 꾸준히 자신의 화물 운송 사업을 확장하면서 자산을 늘렸다. 그리고 1955년 때가 무르익었고 자본도 충분히 모았다고 여겨지자, 화물 운송 사업을 팔고서 그 대금으로 컨테이너선 사업을 시작했다.

1956년 4월 마침내 먹린이 만든 첫 컨테이너선 '아이디얼 익스Ideal X'가 뉴저지 주 뉴어크Newark를 떠나 목적항인 텍사스 주 휴스턴으로 향했다. 그 배는 중고 유조선을 개조한 것이었는데, 길이가 9미터인 컨테이너 58개를 싣고 있었다. 갑판에 실린 컨테이너들이 파도에 씻겨 나갈 위험도 컸고, 낡은 배가 대서양의 폭풍우에 가라앉을 위험도 작지 않아서, 모두 걱정스럽게 그 배의 항해를 지켜보았다. 다행히, 그 배는 무사히 처녀항해를 마쳤고, 해운의 역사는 새로운 장을 쓰게 되었다.

하역이 간단해서 배들이 부두에 머무는 시간이 아주 짧고 적은 선원들로도 배를 운전할 수 있으므로, 컨테이너선은 경제적이고, 자연히, 운임이 적게 든다. 당시 먹린이 내놓은 수치에 따르면, '아이디얼 익스'에 선적하는 데는 톤당 0.16달러가 들었는데, 전통적 중형 선박의 선적 비용은 톤당 5.83달러였다.

그래서 '콘테이너선이 없었으면, 세계화도 없었으리라'는 애기까지 나온다. 컨테이너선 덕분에 화물을 값싸게 빨리 실어 나르게 되자, 기업들이 먼 지역으로나 해외로 공장을 이전하고 생산품을 실어오는 것이 경제적으로 가능하게 되었다. 현재 인류가 누리는 번영의 작지 않은 부분이 컨테이너선 덕분에 가능했다.

지금 세계의 화물 교역은 90% 이상이 특별히 설계된 컨테이너선들에 실린 컨테이너들로 이루어진다. 이런 혁명적 변화를 주도한 먹린은 해운 분야의 '세기의 사람man of the century'으로 꼽혔고 그의 발명은 '종이 백 이후로 포장에서의 가장 큰 진보the greatest advance in packaging since the paper bag'라는 평가를 받았다.


13


돛배를 대신한 동력선들의 화려한 발전에도 불구하고, 교통수단으로서의 배의 위치는 거꾸로 낮아졌다. 20세기에 들어서면서, 비행기가 워낙 빠르게 발전했고 항공 운송 산업이 크게 성장했기 때문이다. 속도에서 배는 비행기와 도저히 경쟁할 수 없다. 그래서 배는 짧은 기간에 여객 시장을 비행기에게 내주었다. 이제 배는 사람들의 일상에서 멀어졌고, 페리나 유람선만이 가까스로 승객 수송 수단의 전통을 이어가고 있다.

화물 운송에서도 항공 산업은 빠르게 해운 산업을 따라잡고 있다. 앞으로 이런 추세는 더욱 심화될 것으로 보인다. 해운은 아직도 교역을 지탱하는 가장 중요한 수송 수단이지만, 교역에서 차지하는 항공 운송의 몫은 점점 커질 것이다.

여기서 우리가 주목해야 할 것은 배와 비행기가 전혀 다른 존재들이 아니라는 점이다. 어떤 뜻에선, 비행기는 배의 다른 모습이다. 배가 원래 물이 들어찬 공간에서 사람이 활동할 수 있도록 한 '사람 몸의 연장extension of human body'이었듯이, 비행기는 공기만이 있는 공간에서 사람이 활동할 수 있도록 한 '사람 몸의 연장'이다. 당연히, 배와 비행기 사이엔 비슷한 점들이 많다. 이름부터 비슷하다. 풍선(風船)이나 비행선(飛行船)이란 명칭에서 알 수 있듯이, 사람들은 처음부터 비행기를 '하늘을 나는 배'로 보았다. 체계나 제도나 관행에서도 둘 사이엔 비슷한 점들이 많다.

무엇보다도, 비행기의 발전을 가능하게 했던 정신은 바로 배를 발전시킨 바로 그 정신이었다. 처음 통나무배를 만들어서 깊은 물속으로 저어나간 사람의 상상력과 용기는 바로 '나는 기계flying machine'를 실제로 만든 사람들이 지녔던 덕목들이다.

그리고 그런 상상력과 용기는 이제 막 시작된 3천년기에서 인류 문명의 가장 중요한 과제로 여겨지는 우주 탐사에 필요한 덕목들이다. 먼 우주 공간은 바다나 공중과는 전혀 다른 공간이다. 그곳은 삶이 발붙이는 것을 좀처럼 허락하지 않는 아주 혹독한 환경이다. 그런 환경을 탐사하는

'우주 오디세이space odyssey'엔 고대의 전설적 영웅이 보여준 상상력과 지혜와 용기가 필요하다. 알프레드 테니슨Alfred Tennyson이 『율리시스 *Ulysses*』에서 늙은 국왕 오디세우스의 입을 빌어 유창하게 지적한 것처럼, 그것은 지식에 대한 지칠 줄 모르는 추구를 뜻한다.

> 비루한 짓이었다,
> 세 해 동안 간직하고 아긴 것은, 내 몸을
> 그리고 사람 생각의 가장 먼 영역 너머로
> 떨어지는 별처럼 지식을 찾아가려는
> 욕망으로 그리움에 젖은 이 잿빛 넋을.

바로 그 때문이다— 배를, 비행기를, 그리고 우주선을 볼 때, 우리가 향수를 느끼는 것은. 그 기계들은 우리 정신의 가장 높고 소중한 특질들이 구체화된 것들이다. 우리가 '걸어다니는 한 자루 바닷물'인지라, 아무리 소심한 사람들이라도 모두 마음속 한구석엔 지녔다, 아득한 옛날에 살기 좋은 바다에서 뭉툭한 지느러미들에 의지해 어기적거리는 걸음으로 뭍으로 나온 모험가였던 우리 조상의 상상력과 용기를.

# 말라리아에 대한 무관심

## 1

근년에 우리나라에 갑자기 나타난 말라리아는 보기보다 큰 걱정거리다. 1993년에 단 한 명이었던 말라리아 환자는 1998년엔 3,932명으로 늘어났다. 발생 지역도 빠르게 늘어나서, 처음엔 경기도 북부 휴전선 근처에 국한됐었으나, 이제는 강원도 서북부와 서울 근교로 퍼졌다.

우리 신문들은 이런 사태에 대해 별다른 관심을 보이지 않았다. 두세 신문들에 나온 기사들을 빼놓고는, 모두 말라리아 문제를 건성으로 다루었다는 느낌을 줄 만큼 짧고 얕았다. 오히려 방송들이 이 문제를 훨씬 깊이 있게 다루었다.

## 2

우리 사회에서 학질(瘧疾)로 알려진 말라리아는 역사적으로 인류를 가

장 괴롭힌 질병들 가운데 하나이다. "학질을 뗐다"라는 옛 표현에서 우리
는 그런 사정을 엿볼 수 있다. 지금도 말라리아는 사람들의 생명을 많이
앗아가는 질병들 가운데 하나이다. 치료약들은 많지만, 치료에 시간이 오
래 걸리고, 약들은 모두 독성이 강하다. 따라서 말라리아가 유행하게 되
면, 우리 사회가 입을 손실은 결코 작지 않다.

우리가 지금 말라리아에 대해 관심을 가져야 할 또 하나의 까닭은 말라
리아의 퇴치에는 빠른 대응으로 확산을 막는 일이 결정적으로 중요하다는
사실이다. 말라리아를 일으키는 원충은 사람의 몸 안에서 무성 주기
asexual cycle를 거치고 모기의 몸 안에서 유성 주기sexual cycle을 거쳐 증
식한다. 따라서 감염자가 아주 적으면, 말라리아는 확산되기 어렵다. 당
연히, 말라리아 감염을 줄이기 위한 조치는 빨리 나올수록 효과적이다.
지금 전문가들 사이에 벌어지고 있는 '말라리아의 토착화'에 관한 논쟁도
이런 맥락에서 뜻을 지닌다.

안타깝게도, 지금까지 정부는 별다른 대책을 내놓지 못했다. 시민들에
게 '모기에 물리지 않도록 하라'고 경고한 것이 대책의 전부였고, 대중매
체들도 그 얘기를 되풀이했을 따름이다. 누구나 모기에 물리지 않으려고
애쓰므로, 그런 경고는 실질적으로 뜻이 거의 없다.


3


다행스럽게도, 말라리아의 치료에 쓰이는 약들은 대부분 예방 효과도
지녔다. 따라서 밤낚시나 야영을 하는 사람들에겐 예방약을 먹는 것이 좋
은 선택이다. 예방은 언제나 치료보다 낫지만, 말라리아의 경우는 특히
그렇다. 말라리아를 치료하기 어려운 까닭은 원충이 사람의 몸속에 들어

와서 조직 속에 기생하는 단계tissue stage에선 증상이 뚜렷하지 않고 치료도 어렵고 재발하는 경우도 많다는 점 때문이다. 게다가 지금 우리나라에 퍼진 말라리아는 '삼일열' 말라리아인데, 이것은 '열대열' 말라리아보다 증상은 약하지만, 조직 속에 기생하는 단계에선 치료가 오히려 어렵다. 따라서 모기에 물릴 가능성이 특히 높은 경우에 예방약을 먹는 것은 좋은 선택이다.

그런데 이해할 수 없는 것은 지금 말라리아 예방약들을 갖춰놓은 약국들이 없다는 점이다. 정부가 예방약의 사용을 권장하고 보급하는 일에 그렇게 무심한 까닭을 도무지 짐작할 수 없다. 방송에서 보도한 바에 따르면, 이미 우리 군대에선 감염 지역에서 복무하는 군인들에게 예방약을 복용토록 하고 있다고 한다. 정부가 시민들에겐 그런 조치를 취하지 않는 까닭을 신문들이 밝혀야 하지 않을까?

모기들이 살기 좋은 늪이나 웅덩이를 줄이는 일도 물론 필요하다. 이번 말라리아가 북한에서 비롯한 것이 확실하므로, 북한과의 협력도 긴요하다. 당장 북한이 협조적 태도를 보이리라 기대하기는 어렵지만, 남북 회담의 의제로 올려놓는 절차는 일단 밟아야 할 것이다. 감염 지역에 주둔한 미군이 지닌 자료들을 얻을 수 있다면, 이번 사태를 파악하는 데 도움이 될 것이다. 이런 사항들을 종합적으로 깊이 있게 다룬 기사가 나온다면, 우리 사회가 볼 혜택은 적지 않을 것이다.

# 인공지능에 대한 회의적 눈길

1

어떤 책을 읽을 준비가 채 안 된 사람에게 그 책을 읽으라고 권하는 것은 위험하다. 좋은 책일 경우엔 특히 그렇다. 그래서 『황제의 새 마음*The Emperor's New Mind*』은 일반 독자들에겐 상당히 어려운 책이라는 지적으로 이 글을 시작하는 것이 온당할 터이다. 하긴 '컴퓨터, 마음, 그리고 물리 법칙에 관하여Concerning Computers, Minds, and the Law of Physics' 란 부제를 단 책이 쉬울 리 없다.

다행스럽게도, 이 책의 어려움은 부지런함과 끈기로 넘을 수 있는 어려움이다. 저자인 로저 펜로즈Roger Penrose가 뛰어난 수리물리학자라는 사실에 마음을 쓸 필요도 없다. 펜로즈는 독자들에게 권한다, 수학 공식이 어렵게 보이면, 그것을 건너뛰라고. 이것은 자신의 분야를 조감할 수 있고 자신의 박식을 드러낼 필요를 느끼지 않는 사람만이 할 수 있는 얘기다.

2

저자의 얘기를 믿고 책 속으로 열린 길을 나서면, 독자들은 여러 분야들에서 흥미로운 지적 풍경들을 많이 만난다. 튜링 머신Turing machine에서 시작해서 '마음의 물리학physics of mind'에서 끝나는 그 긴 길을 펜로즈가 안내하는 목적은 철학자들이 '심신상관 문제mind-body problem'라 부르는 주제를 밝히는 것이다. 보다 구체적으로 말하면, 이 책의 주제는 사람의 마음을 지닌 기계가, 즉 인공지능(Artificial Intelligence; AI)이 나올 가능성이다.

심신상관 문제와 인공지능의 가능성은 치열한 논쟁이 나왔고, 아직도 이어지는 주제이다. 그 논쟁의 한쪽엔 '강 인공지능strong AI' 이론을 주장하는 사람들이 있다. 그들은 사람의 마음이 느끼는 것들을 조만간 컴퓨터와 같은 인공지능이 모두 할 수 있으리라고 말한다. '강 인공지능' 진영을 대표하는 마빈 민스키Marvin Minsky의 표현대로, 그들은 사람의 마음이 "육신으로 이루어진 컴퓨터"라고 믿는다. 그들은 즐거움과 고통, 아름다움과 해학의 감상, 의식, 자유 의지와 같은 사람의 심적 능력들을 아주 발전한 전자 로봇들이 자연스럽게 갖추리라고 여긴다.

다른 쪽엔 그런 가능성을 부인하는 사람들이 있다. 그들에게 컴퓨터는 본질적으로 주판과 같은 기계적 계산기들과 다른 바 없는 존재이다. 아무리 발전되고 복잡한 컴퓨터라도 자신이 하는 일을 이해할 수 없다는 얘기다. 즉 사람의 마음은 특별한 존재여서 컴퓨터와 같은 인공지능이 도저히 따라올 수 없다는 것이다.

펜로즈는 '강 인공지능'에 대해서 아주 회의적이다. 안데르센의 동화 『황제의 새 옷』에 빗댄 제목이 이 점을 함축적으로 가리킨다. 그는 활기

차고 설득력이 있는 글로 '강 인공지능' 진영의 주장들을 공격한다. 서문을 쓴 수학자 마틴 가드너Martin Gardner는 "펜로즈의 책은 강 인공지능에 관해서 지금까지 씌어진 가장 힘찬 공격이다"라고 평했다. 놀랍지 않게도, 이 책은 사람의 마음이 특별하다고 믿는 사람들의 열렬한 지지를 받았다. 그리고 인공지능에 관한 논쟁에서 한 진영을 대표하는 책이 되었고 이내 고전의 반열에 올랐다.

3

위에서 말한 것처럼, 펜로즈는 튜링 머신으로부터 얘기를 풀어간다. 그래서 튜링 머신에 대한 이해는 이 책을 이해하는 열쇠가 된다. 튜링 머신은 무엇인가?

1937년에 영국의 수학자 앨런 튜링Alan Mathison Turing은 「계산할 수 있는 수들에 관하여, 결정문제에 대한 적용과 함께On Computable Numbers, with an application to the Entscheidungsproblem」라는 논문을 발표했다. 그 글에서 그는 뒤에 튜링 머신이라고 불려진 이론적 계산 장치의 개념을 도입했다. 이 개념은 디지털 컴퓨터의 발전에 결정적 공헌을 했다. 그러나 튜링이 원래 이 개념의 목적으로 삼은 것은, 논문 제목이 가리키는 것처럼, 독일 수학자 데이비드 힐버트David Hilbert가 제기한 수학 이론의 통합 가능성에 대한 답을 찾는 것이었다. 힐버트는 '수학 문제를 해결하는 일반적 알고리즘 절차general algorithmic procedure가 과연 존재하는가'라고 물었었다.

튜링 머신은 알고리즘 절차에 따라 계산하는 장치다. 튜링 머신의 움직임은 그것의 내적 상태internal state와 투입input에 의해 완전히 결정된다.

튜링 머신에 관한 한, 투입, 계산 공간, 그리고 산출output이 어떤 식으로도 제약되지 않는다고 상정된다. 따라서 튜링 머신은 실제로 만들어질 수 있는 물리적 기계가 아니라 수학적 이상화mathematical idealization이다.

계산 문제가 풀리면, 튜링 머신은 멈춘다. 멈추지 않으면, 그것이 해답을 아직 찾지 못했다는 뜻이다. 어떤 경우엔 그것은 영원히 멈추지 않는다. 따라서 힐버트가 제기한 결정문제는 튜링 머신에겐 '멈추기 문제halting problem'가 된다.

독일 수학자 칸토르Georg Cantor가 발명한 강력한 추론 장치인 '대각선 슬래쉬diagonal slash'의 변형을 이용한 '귀류법reductio ad absurdum'을 통해서, 튜링은 어떤 튜링 머신이 멈출지 판단할 수 있는 보편적 알고리즘이 존재하지 않는다는 것을 증명했다. 그리고 그 증명을 통해서 힐버트의 결정문제가 해답이 없음을 증명했다.

실은 힐버트의 결정문제는 이미 1931년에 오스트리아의 논리학자 괴델Kurt Gödel에 의해 해답이 나온 터였다. 괴델은 어떤 일관성이 있는 공식적 수학 체계도 그 체계 안에서 허용된 수단들에 의해선 진위를 가릴 수 없는 진술들을 포함한다는 것을 증명했다. 괴델의 '불확정성 이론undecidability theorem'은 공식적 수학 체계가 지향하는 일관성과 완전성의 두 이상이 양립할 수 없다는 것을 보여주었다.

4

펜로즈는 괴델의 '불확정성 이론'과 튜링의 '멈추기 문제'를 자신의 주장의 논거로 삼는다. 그 두 이론은 아무리 성능이 좋은 컴퓨터라도 결코 증명할 수 없는 진술이 있음을 증명했다. 그러나 사람은, 적어도 뛰어난 수학자는, 그런 일을 할 수 있다. 즉 기계가 사람의 마음을 도저히 따라올 수 없는 일이 있다는 얘기다. 괴델도 자신의 이론이 바로 그런 함의를 지녔다고 여겼다.

펜로즈의 주장에 대한 반론도 거세다. 반론은 주로 강 인공지능의 주창자들과 진화생물학자들에 의해 제기된다. 진화생물학자들이 펜로즈의 주장에 반대하는 것은 펜로즈의 주장이 본질적으로 진화론에 적대적이기 때문이다.

독자들은 그런 반론도 들어보아야 한다. 세속의 논쟁에서나 석학들의 지적 논쟁에서나 양쪽의 얘기를 다 들어보는 것이 긴요하다. 펜로즈의 주장에 반대하는 사람들 가운데 두드러진 이는 미국의 철학자 대니얼 데네트 Daniel C. Dennett이다. 그는 『다윈의 위험한 생각 *Darwin's Dangerous Idea*』에서 펜로즈의 주장에 대해 힘찬 반론을 폈다. '진화와 생명의 뜻들 Evolution and the Meanings of Life'이라는 부제가 가리키듯, 이 책은 다윈주의 진화론을 설명한 책인데, 데네트는 거기서 펜로즈의 주장이 지닌 문제들을 설득력 있게 제시했다. 1995년에 나온 이 책도 상당히 어렵다. 어려운 두 책을 함께 읽는 독자들은 큰 즐거움과 지식을 얻을 것이다.


5


지금 활약하는 뛰어난 수학자들 가운데 하나로 꼽히는 펜로즈의 안내를 받아 튜링 머신, 복소수, 복잡성 이론, 양자 역학, 형식 체계, 괴델의 불확정성 이론, 위상 공간, 힐버트 공간, 흑공 black hole과 백공 white hole, 엔트로피, 그리고 두뇌의 구조와 같은 주제들을 돌아본 독자들이 얻는 지식들은 많고 맛보는 즐거움은 크다. 특히, 수학은 자연과학보다 일반 독자들이 접근하기 훨씬 어렵고 좋은 대중화 저서들이 드물기 때문에, 어려운 수학 지식들을 쉽고 재미있게 설명한 이 책은 두고두고 독자들의 사랑을 받을 것이다.

그러나 『황제의 새 마음』은, 다른 좋은 대중화 저서들과 마찬가지로, 그런 구체적 지식들을 넘어선 무엇을 독자들에게 준다. 그것은 이 세상의 모든 것들이 어떤 깊고 잘 드러나지 않는 질서에 의해 연결되었다는 깨달음이다. 서로 아무런 관계가 없어 보이는 것들이 뜻밖에도 근본적 차원에서 연결되었음을 펜로즈는 거듭 보여준다. 그런 깨달음은 개별 지식들의 축적을 훌쩍 넘어서는 즐거움을 준다. 독자들에게 그런 깨달음을 주는 것이 어쩌면 고전들로 꼽히는 대중화 저서들을 고전으로 만드는 비밀이 아닐까?

# 제 4 부

# 가능성의 영역

# 과학소설의 지형

## 1. 과학소설의 중요성

과학소설(Science Fiction; SF)은 일반 독자들에겐 좀 낯선 문학 장르이다. 그래서 과학소설에 주목하는 독자들은 그리 많지 않다. 그러나 과학소설의 중요성은 보기보다 훨씬 크다.

과학소설의 중요성은 물론 그것이 문학이라는 사실에서 나온다. 사람들이 늘 문학 작품들을 찾는다는 사실이 가리키듯, 문학은 사람에게 중요한 지식 형태이다. 그러나 과학소설은 그런 기본적 중요성을 훌쩍 넘어서는 독자적 중요성을 지녔다. 그런 독자적 중요성은 과학소설의 주제가 과학이라는 사실에서 나온다.

다른 생물들과는 달리, 사람은 발전된 지식을 축적했다. 그러나 발전된 지식의 축적이 사람에게 즐거움만을 준 것은 아니다. 지식이 쌓이면서, 사람은 다른 생물들이 품지 않는 걱정들과 두려움들을 지니게 되었다. 미국의 철학자 대니얼 데네트Daniel C. Dennett는 이 점을 잘 말했다.

우리 사람들은, 〔짐승들과는〕 대조적으로, 우리 자신들의 죽음과 그 너머에 대해서도 생각할 수 있다는 온전하지 못한 축복을 찾아냈다. 지난 만 년 동안 우리의 에너지 지출의 엄청난 부분은 우리만이 지닌 이 불안한 새 광경에 의해 촉발된 걱정들을 무마하는 데 바쳐졌다. (대니얼 데네트, 『자유는 진화한다 *Freedom Evolves*』)

자연히, 사람들은 지식을 두려워한다. 특히 과학적 지식을 두려워한다. 대부분의 사람들은 과학이 주는 자신에 관한 지식을 두려워하고 그런 지식이 가리키는 새로운 지평들을 외면하려 애쓴다.

우리의 발견들의 산통(産痛)은 아직 가라앉지 않았다. 우리가 무엇인가에 대해 너무 많이 아는 것은, 신비를 메커니즘들과 바꾸는 것은, 인류의 가능성에 대한 우리의 전망을 빈약하게 만들 것이라고 많은 사람들이 걱정한다. 이 걱정은 이해할 수 있지만, 만일 우리가 정말로 너무 많이 알 위험에 처했다면, 지식의 첨단에 있는 이들이 불편함의 징후들을 보이지 않을까? 더 많은 과학적 지식에 대한 이런 추구에 참여하여 새로운 발견들을 열심히 소화하는 사람들을 돌아보라. 그들은 분명히 낙관, 도덕적 확신, 삶에의 참여, 사회에 대한 약속에서 부족하지 않다. 실은, 만일 당신이 오늘날의 지식인들 가운데 불안, 절망, 그리고 도덕적 무질서를 찾고자 한다면, 현대 과학이 신화들의 긴 계보에서 그저 또 하나이고, 그것의 기구들과 값비싼 장치들은 그저 또 하나의 종교의 의식들과 치레들에 지나지 않는다고 주장하기를 즐기는, 요즈음 유행을 탄 포스트모더니스트들의 종족을 보라. 똑똑한 사람들이 이것을 심각하게 받아들일 수 있다는 것은, 우리가 자신에 관해 지닌 지식의 발전에도 불구하고, 두려운 생각이 아직 지닌 힘에 대한 증언이다. (대니얼 데네트, 같은 책)

과학적 지식은 사람으로 하여금 새로운 물음들에 대한 답을 찾고 앞날을 예측할 수 있도록 한다. 그래서 과학적 지식이 발전할수록 우리는 자신과 세상을 보다 잘 보고 이해할 수 있다.

근년에 문학은 과학적 지식에 비우호적 태도를 드러냈다. 그리고 그런 태도를 정당화하는 미학을 만들어냈다. 그런 상황은 당연히 사회에 해롭다. 본질적으로 문학은 그것을 누리는 사람들에게 큰 혜택을 주지만, 반(反)과학적 문학은 그런 혜택을 크게 줄인다.

과학을 주제로 다루는 터라, 과학소설은 과학에 우호적인 문학이다. 자연히, 낙관적인 문학이다. 그런 낙관적 태도는 사회에 혜택을 줄 뿐 아니라 반과학적 문학의 나쁜 영향과 효과를 씻어낸다.

과학소설은 일상적 차원에서는 더욱 중요하다. 그것이 우리 삶의 모든 부면들에 깊이 배어 있기 때문이다.

과학소설의 황금기는 열두 살이라는, 즉 우리가 과학소설을 읽기 시작해서 매혹당하는 나이라는 자명한 얘기가 있었다. 그 자명한 얘기는 이제는 맞지 않으니, 과학소설은 우리 문화에 하도 배어들어서, 그것의 심상들의 기본적 목록인 로켓 우주선들과 로봇들, 외계인들과 공룡들은 모든 취학 전 어린이들의 환상 속의 삶에서 표준 품목들이다. 우리 시대의 열두 살 난 아이들로 말하면, 그들에겐 과학소설적인 것들은 무엇도 낯설지 않다. (토머스 디쉬Thomas M. Disch, 『우리 몸을 이룬 꿈들 *The Dreams Our Stuff is Made of*』)

## 2. 널리 알려진 과학소설 작품들

과학소설 작품들을 원작으로 삼은 'SF영화'들이 우리 사회에 많이 소개된 덕분에, 이제 과학소설이란 말은 모두에게 익숙하다. 그래도 과학소설을 즐겨 읽는 독자들은 그리 많지 않다. 그러나 이런 사정을 보고서, 우리 독자들이 대부분 과학소설을 읽지 않았다고 단정하는 것은 위험하다. 소설을 즐겨 읽는 독자라면, 누구나 과학소설을 여러 권 읽었을 터이다. 과학소설을 쓰는 데 무슨 제한이 있는 것이 아니므로, 과학소설은 과학소설을 전문적으로 쓰는 작가들만이 아니라 주류 문학 작가들에 의해서도 씌어진다. 실제로 가장 널리 알려진 과학소설 작품들은 그런 '외부 작가' 들에 의해 씌어졌다. 물론 그런 작품들은 일반적으로 과학소설로 여겨지지 않는다.

과학소설로 인식되지 않는 과학소설 작품들 가운데 아마도 가장 널리 알려진 작품은 조지 오웰(George Orwell, 1903~1950)의 『1984년*Nineteen Eighty-four*』(1949)이다. 이 작품은 국가 권력이 시민들의 행동만이 아니라 생각까지 통제하는 전체주의 사회의 궁극적인 모습을 그렸다. 인류 사회의 앞날에 대해 아주 비관적인 견해를 드러낸 이 작품에 나온 세계는 우리가 실제로 살아온 20세기의 세계와는 크게 다르지만, 그 작품이 사람들의 정치적 견해와 전망에 대해 미친 영향은 더할 나위 없이 깊었다. 특히 '대형Big Brother' '신언어Newspeak' '이중사고Doublethink'와 같은 음산한 개념들은 정보의 처리와 유통을 장악한 전체주의적 권력이 시민들의 자유를 위협하는 과정을 사람들이 새롭게 인식하도록 만들었다. 그런 전언은 "과거를 통제하는 자가 미래를 통제한다. 현재를 통제하는 자가 과거를 통제한다(Who controls the past controls the future. Who controls the present controls the past)"와 같은 기억하기 좋은 구절들로 독자들의 마음에 선연하게 남는다.

마크 트웨인(Mark Twain, 1835~1910)의 『아서 왕 궁정의 콘네티커트 양키 *A Connecticut Yankee in King Arthur's Court*』(1889)도 일반적으로 과학소설로 인식되지 않는 과학소설 작품이다. 이 작품은 19세기의 미국인이 고대 영국으로 가서 겪는 일들을 그린 시간 여행 소설이다. 그러나 작가의 의도는 시간 여행 자체를 그리는 것이 아니라, 서양에서 이상향으로 여겨져온 아서 왕의 본거지 캐멀러트Camelot의 일상적 모습을 통해 고대 사회의 실상을 드러내고 아울러 주인공이 지닌 현대 지식이 원시적 사회를 바꾸는 과정을 제시하는 것이었다. 무지와 미신에 지배되고 가난과 질병으로 고통을 받는 고대 사회의 실상을 보여줌으로써 전설 속의 과거가 이상향이었다는 '신화'를 깨뜨린 이 작품은 뛰어난 우상파괴자 마크 트웨인의 면모를 잘 보여준다.

헤르만 헤세(Hermann Hesse, 1877~1962)의 『유리알 유희 *Das Glasperlenspiel*』(1943), 헉슬리(Aldous Huxley, 1894~1963)의 『멋진 신세계 *Brave New World*』(1932)와 영국 작가 윌리엄 골딩(William Golding, 1911~1993)의 『파리대왕〔악마〕 *Lord of the Flies*』(1954) 및 『상속자들 *The Inheritors*』(1955)은 널리 읽혀지고 주류 문학에서 높은 평가를 받은 과학소설 작품들이다. 미국 작가 에드워드 벨라미(Edward Bellamy, 1850~1898)의 『뒤돌아보기, 2000~1887 *Looking Backward, 2000~1887*』(1888)은 19세기에 놀랄 만한 상업적 성공을 거두었고, 민중주의적 사회주의의 전파에 큰 몫을 했다.

그 밖에 미국의 심리학자 스키너(B. F. Skinner, 1904~1990)의 『월든 2 *Walden Two*』(1948), 영국 작가 에벌린 워(Evelyn Waugh, 1903~1966)의 『폐허 속의 사랑 *Love among the Ruins*』(1953), 영국 작가 네빌 슈트(Nevil

Shute, 1899~1960)의 『바닷가에서 *On the Beach*』(1957), 영국 작가 앤소니 버지스(Anthony Burgess, 1917~1993)의 『시계장치 오렌지 *Clockwork Orange*』(1962), 미국 작가 토머스 핀천(Thomas Pynchon, 1937~ )의 『중력의 무지개 *Gravity's Rainbow*』(1973), 영국 작가 도리스 레싱(Doris Lessing, 1919~ )의 『생존자의 회고록 *The Memoirs of a Survivor*』(1974), 그리고 캐나다 작가 마거릿 애트우드(Margaret Atwood, 1939~ )의 『시녀의 이야기 *The Handmaid's Tale*』(1985)도 주류 작가들이 쓴 뛰어난 과학소설 작품들이다.

## 3. 과학소설의 정의

과학소설은 'Science Fiction'을 번역한 말이며, 영어로는 'SF' 또는 'sci-fi'로 줄여서 부른다. 'Science Fiction'이란 말이 널리 쓰이기 시작한 것은 1930년대였으니, 그리 오래된 말은 아니다. 그러나 지금 과학소설로 불리는 문학 장르의 범위, 특질과 가능성에 대한 모색은 훨씬 오래전에 시작되었다. 환상적 문학의 진화에 큰 영향을 미친 에드가 앨런 포(Edgar Alan Poe, 1809~1849)의 노력은 대표적이다.

과학소설은 정의하기가 무척 힘들다. 여러 사람들이 그것을 정의했지만, 간단하고 또렷하면서도 변별성을 지닌 정의는 좀처럼 나오지 않았다. 과학소설로 인식되는 작품들이 워낙 다양해서, 그것들을 한데 묶기가 어렵기 때문이다.

특히 까다로운 문제를 일으키는 것은 환상소설 Fantasy Fiction과의 경계가 뚜렷하지 않고 두 장르들이 겹치는 부분이 상당히 크다는 사실이다. 과학소설과 환상소설은 본질적으로 아주 가깝고, 과학소설 작가들은 흔히 환상소설을 쓴다. 그래서 분명히 환상소설로 분류되어야 할 작품들이 흔히 과학소설로 분류되었고, 그런 관행은 과학소설에 대한 인식이 근본적으로 바뀐 지금도 거의 바뀌지 않았다.

영국의 작가이자 비평가인 브라이언 올디스(Brian W. Aldiss, 1925~ )는 이런 사정을 감안해서 아래와 같은 정의를 내놓았다.

많은 정의들이 어렵사리 만들어졌다. 그것들의 대부분은 실패했다, 내용만 고려하고 형식은 고려하지 않았기 때문에. 아래의 정의는 재미의 측면을 짙게 지닌 장르엔 좀 뽐내는 것처럼 들리겠지만, 앞으로 논의하면서 조정할 수 있을 것이다. '과학소설은 우리의 발전되었지만 혼란스러운 지식의 상태(과학)에서 성립될 수 있고 특징적으로 고딕 또는 포스트-고딕 틀로 빚어진, 사람과 우주에서 그가 차지하는 자리의 정의에 대한 탐구이다.' (브라이언 올디스, 『10억 년 동안의 잔치 *Billion Yean Spree*』)

깔끔한 정의가 이처럼 어려우므로, 미국의 작가이자 비평가인 대이먼 나이트(Damon Knight, 1922~2002)의 "과학소설은 우리가 그것을 말할 때 가리키는 것이다(Science fiction is what we point to when we say it)"나 미국 작가 노먼 스핀러드(Norman Spinrad, 1940~ )의 "과학소설은 과학소설로 출판된 모든 것들이다(Science fiction is anything published as science fiction)"처럼 순서가 뒤바뀐 정의가 진지하게 받아들여지고, 실제로 그것에 따라서 과학소설에 속하는 작품들이 판별된다.

아무튼 진정한 과학소설이 되려면, 작품이 "과학적 전망의 의식a consciousness of scientific outlook"에 바탕을 두어야 한다는 오스트레일리아의 평론가 페터 니콜스(Peter Nicholls, 1939~ )의 주장엔 모든 사람들이 동의할 것이다. 그래서 "과학소설은 과학과 기술이 사람의 삶과 문명에 영향을 미치는 모습들을 과학적 관점에서 다루는 소설이다"라는 진술에는 별다른 이의가 따르지 않을 것이다.


## 4. 과학소설의 역사


　과학소설을 그렇게 정의했을 때, 그것의 기원은 과학이 제대로 모습을 갖추지 못했거나 과학의 영향이 지금처럼 두드러지지 않았던 시대들로 거슬러 올라간다. 헬레니즘이 융성했던 시대의 작품들에서 원시적 과학소설proto science fiction의 선구자들을 찾는 사람들도 있고, 고대 바빌론 문명이 낳은 『길가메쉬』나 유태인의 경전인 『구약 성경』을 원시적 과학소설로 보는 이들도 있다.

　모든 예술 장르들이 그러하듯, 과학소설도 여러 요소들을 받아들이면서 진화해왔다. 과학소설의 진화에 기여한 요소들 가운데 두드러진 것들은 환상적 여행fantastic voyage 이야기, 이상향Utopia 또는 반이상향Dys-topia 이야기, 철학적 이야기philosophical tale, 그리고 기술적 및 사회적 예측technological and sociological anticipation이다.

　그런 진화의 과정을 거쳐, '제1차 과학혁명'이 진행되었던 17세기까지는, 과학소설이 어떻게 정의되더라도, 과학소설로 볼 수 있는 작품들이 나왔다. 토머스 모어(Thomas More, 1478~1535)의 『이상향 *Utopia*』(1551)과 프랑스의 군인이자 작가였던 시라노 드 베르제락(Savinien Cyrano de Bergerac, 1619~1655)의 『시라노 베르제락 씨가 쓴 달 세계의 나라들과 제국들의 우스운 이야기 *Histoire comique, par Monsieur de Cyrano Bergerac, contenant les etats et empires de la lune*』(1657) 및 『시라노 베르제락 씨가 쓴 해 세계 나라들과 제국들의 우스운 이야기의 한 부분 *Fragment Histoire comique par Monsieur de Cyrano Bergerac, contenant les etats et empires du soleil*』(1662)은 대표적 작품들이다.

19세기에 이르러, 과학의 모든 분야들에서 현대적 이론들이 차츰 자리 잡고 산업혁명으로 과학과 기술의 영향이 부쩍 커지자, 좀더 '과학적'인 과학소설 작품들이 나왔다. 1818년에는 흔히 정통 과학소설의 효시로 꼽히는 영국 작가 메리 쉘리(Mary Wollstonecraft Shelley, 1797~1851)의 『프랑켄슈타인, 또는 현대의 프로메테우스 *Frankenstein, or The Modern Prometheus*』가 나왔고, 19세기 후반에는 쥘 베른(Jules Verne, 1828~1905)과 허버트 조지 웰스(H. G. Wells, 1866~1946)가 뛰어난 작품들로 현대 과학소설의 틀을 세웠다.

20세기가 되자, 과학소설은 새로운 과학 이론들에 맞춰 새로운 모습을 보였다. 특히, 1930년대 후반과 1940년대 전반까지의 시기는 유능하고 영향력이 컸던 미국 잡지 편집자 존 캠벨(John W. Campbell Jr, 1910~1972)의 지도 아래 여러 뛰어난 과학소설 작가들이 활약해서 '과학소설의 황금시대The Golden Age of Science Fiction'라 불린다. 이들 작가들 가운데 로버트 하인라인(Robert Heinlein, 1907~1988), 아이작 애시모프(Isaac Asimov, 1920~1992), 그리고 밴 보트(A. E. van Vogt, 1912~2000)는 특히 업적이 두드러지고 다른 작가들에게 끼친 영향이 커서 '3대 작가The Big Three'라고 불렸다.

20세기 전반에는 과학소설이 잡지들을 통해 많이 발표되었다. 1926년 미국 출판인 휴고 건즈백(Hugo Gernsback, 1884~1967)이 과학소설 전문 잡지 『놀라운 이야기들*Amazing Stories*』을 창간한 것은 과학소설의 역사에서 중요한 이정표였다. 이전에 '싸구려 잡지pulp'라고 불린, 주로 환상적 이야기들을 실은 잡지들은 여러 분야들의 작품들을 가리지 않고 실었었다. 그 뒤로 과학소설 전문 잡지들이 여럿 나와서, 과학소설의 터전을 넓혔다.

1960년대에 과학소설은 독자층을 크게 넓혔다. 현대 사회에서 과학과 기술이 지닌 중요성이 늘어나면서, 특히 핵전쟁의 위협이 커지면서, 과학소설이 지닌 뜻은 점점 뚜렷해졌고 위상도 높아졌다. 특히 하인라인의 『낯선 땅의 나그네 *Stranger in a Strange Land*』(1961)는 새로운 질서를 꿈꾸던 '꽃 아이들Flower Children' 세대에게 큰 환영을 받았다. 덕분에 과학소설 작가들은 '싸구려 잡지'들에 생계를 의존했던 삶에서 벗어나 단행본 시장으로 진출했고, 그런 변화에 따르는 평가와 대우를 받게 되었다. 그 뒤로 과학과 기술의 영향이 점점 커지고 현대 문명의 부정적 측면들이 시민들의 관심을 끌게 되자, 과학과 기술의 영향을 다루는 과학소설은 사회 문제들에 대해 '관련성relevancy'을 지닌 소설로 점점 큰 주목을 받게 되었다.

1960년대 중엽엔 '새로운 물결New Wave'이 일어나 점점 매너리즘에 빠져 활기를 잃어가던 과학소설에 생기를 넣어주었다. 새로운 물결의 발생지는 유럽이니, 그것은 장-뤽 고다르(Jean-Luc Godard, 1930~ )와 프랑소와 트뤼포(Francois Truffault, 1932~1984)를 비롯한 프랑스 영화감독들의 실험적 영화들을 가리킨 '누벨바그nouvelle vague'에서 나왔고, 영국 작가들인 브라이언 올디스(Brian Aldiss, 1925~ ), 발라드(J. G. Ballard, 1930~ ) 그리고 미쉘 무어콕(Michael Moorcock, 1939~ )이 주도했다. 새로운 물결은 심리학과 같은 '무른 과학soft science에 큰 관심을 보였고 주류소설에서 이야기 전략narrative strategy을 비롯한 여러 가지 요소들을 빌려와서 효과적으로 이용했다. 그리고 그 과정에서 주류소설에 적지 않은 긍정적 영향들을 미쳤다. 새로운 물결은 이내 과학소설계 전체로 퍼졌고 미국에서 특히 풍요로운 성과를 얻었으니, 1960년대와 1970년대에 두드러진 업적을 남긴 사무엘 들레이니(Samuel R. Delany, 1942~ ), 로저 즐레이즈니(Roger Zelazny, 1937~1995), 하란 엘리슨(Harlan Ellison, 1934~ ) 그리고 토머스 디쉬(Thomas M. Disch, 1940~ )와 같은 작가들은 새로운 물결에 속한다. 덕분에 주류소설과 과학소설 사이의 높은 담장은 상당히 허물어졌다.

1980년대엔 컴퓨터 기술과 정보 산업의 급속한 발전 속에서, '사이버 펑크cyberpunk'가 나타났다. 사이버펑크는 컴퓨터의 가상현실virtual reality 을 중심적 주제로 삼은 과학소설로, 미국 작가들인 윌리엄 깁슨(William Gibson, 1948~ )과 브루스 스털링(Bruce Sterling, 1954~ )에 의해 주도되 었다. 깁슨의 『신경조작자 *Neuromancer*』(1984)는 사이버펑크의 대표적 성과이자 그것의 진화에 결정적 영향을 미친 작품이다. 사이버펑크는 과 학소설에 활기를 주었을 뿐 아니라 정보 기술의 발전에도 적잖은 영향을 미쳤다.

위에서 살핀 것처럼, 20세기 초엽까지의 과학소설은 유럽에서, 특히 영국과 프랑스에서, 크게 발전했다. 그러나 1930년대 이후엔 과학소설의 무게중심이 미국으로 옮겨왔고, 그 뒤론 줄곧 미국이 상업적으로나 문학 적으로나 압도적 중요성을 차지했다. 반면에, 동양의 실적이나 공헌은 거 의 없었다.


과학소설은 성공적으로 해외에 이식된 적이 없는 몇 안 되는 미국 산업들 가운데 하나이다. 일본은 디트로이트를 파멸시켰는지 모르지만, 대부분의 과학소설은 '미국산'이라는 표지를 아직도 달고 있으며 과학소설 작가들이 그려내는 미래는 여전히 미국의 미래이다. 위장된 캔서스인 것은 오즈만이 아니다. 은하 제국 전체가 그저 확대된 '미국의 꿈(또는 악몽)'이다. 영국 의 과학소설 작가들은 그들의 이야기들을 미국 속어들로 장식했다, 그들의 록 스타들이 미국 말투를 흉내 냈던 것처럼. 트뤼포와 베송 같은 프랑스 영 화감독들이 과학소설 영화들을 만들 때, 그들은 그것들을 미국 도시들에 설정한다. (토머스 디쉬, 『우리 몸을 이룬 꿈들』)

둘러보면, 과학소설은 문학에서만이 아니라 온 예술 분야에서 근년에 가장 큰 활력을 보인 장르들 가운데 하나였음이 드러난다. 새로운 과학 지식들과 기술적 성취들을 소재로 삼고 아직은 과학이 넘보지 못하는 분 야들까지 지적으로 탐험하면서, 문학적으로 높은 수준에 이른 작품들을 낳고 있다. 자연히, 시장도 부쩍 커졌고, 사회에 미치는 영향도 문학의 다른 장르들에 비겨 빠르게 늘어나고 있다.


## 5. 과학소설의 영역


그러면 과학소설은 소설에서 어떤 영역을 차지하는가? 소설의 다른 하 위 장르들과 어떻게 변별되는가? 특히 환상소설Fantasy Fiction과는 어떤 관계에 있는가?

크게 보면, 소설은 둘로 나뉜다. 하나는 우리가 아는 실재를 충실히 반 영하는 모사소설Mimetic Fiction 또는 현실소설Realistic Fiction이니, 이른바 주류소설Mainstream Fiction을 이룬다. 다른 하나는 '당장엔 비현실적인 이 야기'를 들려주는 환상소설이다. 이 환상소설과 거의 동연(同延)을 이루는 것이 모색소설Speculative Fiction이란 개념이다. 아직 존재가 확인되지 않 았거나 현재의 과학적 정설로는 존재할 수 없는 상황을 탐구하는 소설이 란 뜻이다.

당장엔 비현실적인 이야기이므로, 환상소설은 우리가 아는 실재에 새 로운 무엇을 보탠다. 바로 그 점에서 모사소설과 환상소설이 달라진다. 그렇게 보태지는 것이 무엇이냐에 따라, 환상소설은 다시 과학소설과 '협 의의 환상소설'로 나뉜다. 과학소설은 비현실적이지만 자연적이다. 협의의 환상소설은 비현실적이면서 초자연적이다. 즉 과학소설 속의 이야기는 일어날 수 있지만, 환상소설 속의 이야기는 일어날 수 없다. 미국 작가 드 포드(Miriam Allen de Ford, 1888~1975)의 멋진 표현을 따르면, "과학소설은 있을 법하지 않은 가능한 것들을 다루고, 환상소설은 그럴 듯한 불가능한 것들을 다룬다(Science fiction deals with improbable possibilities, fantasy with plausible impossibilities)."

그러나 실제로 과학소설과 환상소설 사이의 경계는 그렇게 또렷하지 않다. 특히 대체 역사alternate history, 시간 여행time travel, 그리고 반중력antigravity이나 초광속faster than light을 품은 소설은 깔끔한 분류를 어렵게 만드니, 그런 작품들은 관행적으로 과학소설로 분류되지만, 그런 작품들의 바탕이 되는 상황은 나올 수 없다.

요즈음엔 과학소설과 환상소설을 하나의 장르로 보려는 경향이 짙어지고 있다. 1992년에 과학소설계의 가장 중요한 단체인 '미국 과학소설 작가협회Science Fiction Writers of America'가 '미국 과학소설 및 환상소설 작가협회Science Fiction and Fantasy Writers of America'로 이름을 바꾼 일은 상징적이었다.


## 6. 과학소설의 성격과 기능


과학소설은 본질적으로 현대 문명의 발전에 대해 문학이 보인 반응이다. 문학이 그것을 낳은 사회의 현실을 반영하므로, 과학과 기술이 현대 사회에 미친 혁명적 영향은 당연히 현대 문학에 뚜렷이 반영되었다. 이야기는 물론 예술의 다른 분야들에도 적용된다. 그러나 일반적으로 얘기해서, 문학은 과학과 기술이 현대 사회의 결정적 동인으로 등장한 상황에 대해서 다른 예술 분야들보다 훨씬 적극적으로 반응했다.

이런 사실은 가장 짧은 과학소설로 흔히 꼽히는 미국 작가 프레드릭 브라운(Fredric Brown, 1906~1972)의 단편에서 잘 드러난다.


마지막 원자전쟁 뒤, 지구는 죽었다; 아무것도 자라지 않고 아무것도 살지 않았다. 마지막 사람이 방 안에 혼자 있었다. 그때 누가 방문을 두드렸다.


현대 물리학의 발전은 필연적으로 원자탄을 낳았다. 1945년의 '히로시마' 이후 핵전쟁은 인류의 생존을 가장 크게 그리고 직접적으로 위협한 요소였고, 핵전쟁의 가능성은 20세기 후반 내내 사람들의 마음에 짙은 그늘을 드리웠다. 단 세 문장으로 이루어진 이 짧은 단편은 '생각할 수 없는 unthinkable' 일이라고 일컬어진 핵전쟁의 위협을 차가운 눈길로 응시하면서 효율적으로 다루었다.

문학이 그렇게 과학과 기술의 발전이 불러온 문제들에 대해 적극적으로 반응한 까닭들 가운데 하나는 문학이 사회 현실에 다른 예술 분야들보다 훨씬 직접적으로 그리고 정교하게 반응할 수 있다는 사실이다. 문학은 음악이나 미술보다 전언을 담는 데 훨씬 뛰어나고, 자연히, 사회 현실을 또렷이 반영할 수 있다. 문학이 과학소설이라는 형태로 현대 사회의 문제들에 대응한 것처럼 다른 예술 장르들이 반응하는 모습을 상상하기는 쉽지 않다.

다른 하나는 문학이 욕망, 본능, 조건반사와 같은 이름들로 불리는 사람의 '드러나지 않은 지식implicit knowledge'을 그리는 데 뛰어나다는 사실이다. 드러나지 않은 지식들은 사람의 의식과 행동에 지향성을 주는 가치 체계를 이루고 다듬는 데서 중심적 역할을 한다. 그러나 그것은 긴 진화의 과정을 거쳐 형성되었으므로, 과학과 기술의 작용을 거의 받지 않았다. 자연히, 그것은 과학으로 대표되는 '드러난 지식explicit knowledge'과 조화되기 어렵고, 둘 사이엔 큰 틈이 존재한다. 과학의 빠른 발전은 둘 사이의 조화를 더욱 어렵게 만들고 둘 사이의 틈을 점점 크게 만든다. 문학은, 특히 과학소설은, 그런 부조화와 틈을 줄이는 데서 작지 않은 몫을 할 수 있다.

그런 두 가지 사실들에서 과학소설의 현대 문명에 대한 높은 '관련성'이 나온다. 과학이 자명하거나 신성한 것으로 여겨져온 이론들과 믿음들을 밀어내는 현대 문명에선 전통적으로 형이상학적 소설들이 수행해온, 사람의 정체를 찾는 일이 아주 빠르게 과학소설에 넘겨지고 있다. 과학소설을 "우리의 발전된 그러나 혼란스러운 지식 수준(과학)에 비추어, 나올 수 있는 사람의 정의와 우주에서의 그의 위치를 찾는 일"이라 정의한 브라이언 올디스Brian W. Aldiss는 이런 사정에 주목한 것이다.

외부에서 살필 때는 과학소설의 '관련성'에서 실용적 측면이 부각되게 마련이다. 그래서 마샬 맥루한Marshall McLuhan은 "과학소설 쓰기는 오늘날 새로운 기술들의 잠재적 능력을, 우리가 인식할 수 있는 상황들을 제시한다"고 했고, 앨빈 토플러Alvin Toffler는 "대체 세계들이나 대체 전망들처럼 통상적으로 다루어지지 않는 가능성들을 다룸으로써, 과학소설은 변화에 대해 가능한 반응들의 수효를 늘린다"고 했다.

과학소설의 이런 기능에는 '개념적 돌파conceptual breakthrough'가 필연적으로 따른다. 개념적 돌파는 패러다임(과학철학에서 쓰이는 것과 같은 의미에서)의 변화를 통해서 세상에 대한 인식이 바뀌는 것을 뜻한다. 그래서 실제로 거의 모든 과학소설 작품들은, 크든 작든, 개념적 돌파를 포함한다. 개념적 돌파는 작품 안에서 일어나는 것만이 아니며, 적잖은 작가들이 독자들 마음에서 그것이 일어나도록 작품을 구성한다. 개념적 돌파는 물론 과학소설의 전유물은 아니지만, 그것은 분명히 과학소설의 가장 중요한 특질들 가운데 하나이다.

여기서 지적되어야 할 것은 '미래의 예언'이 과학소설의 본질적 기능은 아니라는 점이다. 과학소설은 근본적으로 '현재의 추세들이 그냥 이어질 경우 이러이러한 상황이 나올 수 있다'라고 말한다. 그리고 '따라서 우리는 현재의 추세들을 바람직한 경우엔 강화하고 바람직하지 못한 경우엔 바꾸어서, 미래의 모습을 보다 낫게 만들어야 한다'는 전언을 품는다.


## 7. 과학소설의 주요 주제들

과학소설이 빠르게 진화해온 문학 장르이므로, 과학소설의 주제들은 많다. 그리고 새로운 주제들이 더해진다. 아울러 그런 주제들은 과학과 기술이 발전하고 인류의 윤리적 경험이 깊어지면서, 새로운 시각에서 다루어진다. 이 점과 관련하여, 과학소설은 "제설통합주의가 서양에서 취한 내적(문화내적) 형태the internal [intracultural] form taken by syncretism in the West"라는 미국 작가 제임스 블리쉬(James Blish, 1921~1975)의 견해는 음미할 만하다.

아래에 든 것들은 과학소설이 다루어온 주제들 가운데서 비교적 두드러진 것들이라 할 수 있다.

### 1) 우주 가극space opera

과학소설의 주제들 가운데 가장 잘 알려진 것은 아마도 우주 가극일 터이다. '행성간 또는 성간 여행, 우주를 무대로 한 지구인들과 외계인들 사이의 싸움 따위를 주제로 삼은, 흔히 틀에 박힌 과학소설'이라고 정의될 수 있는 우주 가극은 원래 '틀에 박힌 가족 상황을 지나치게 극적으로 또는 감상적으로 다룬 연속 방송극'을 뜻하는 '비누 가극soap opera'에서 나왔다. '비누 가극'에서 서부극을 가리키는 '말 가극horse opera'이 나왔고, 다시 거기서 '우주 가극space opera'이 나왔다.

실제로 많은 우주 가극 작품들은 서부극을 확대시킨 것이다. 곧 서부는 행성간 공간이나 성간 공간으로, 나아가서 은하계galaxy로 확대되고, 카우보이들은 우주선 승무원들이나 우주군으로, 권총은 광선총으로, 말은 우주선으로, 악역을 맡은 북미 원주민들은 외계인들로 바뀌었을 따름, 내용이나 구성은 본질적으로 다르지 않다. 그래서 우주 가극이란 말엔, '말 가극'의 경우처럼, 폄하의 뜻이 담겼다. 그러나 우주 가극 작품들엔 문학적 성취도가 높은 작품들도 많으므로, 우주 가극이란 말을 되도록 중립적으로 쓰는 것이 바람직하다.


### 2) 우주여행space travel

이 우주에 존재하는 무엇도 빛보다 빠르게 움직일 수 없다는 것이 현재 물리학의 정설이다. 그러나 광활한 우주를 무대로 삼는 과학소설에서 그것은 받아들이기 어려운 제약이다. 먼 곳으로 여행하는 일은 말할 것도 없고 멀리 떨어진 사람들과 통신하는 일도 실질적으로 불가능하기 때문이다. 그래서 여러 가지 '초광속faster-than-light' 여행이나 통신을 가능하게 하는 문학적 장치들이 과학소설 작가들에 의해 고안되었다. 대표적인 것은 우주여행에서 지름길 노릇을 하는 '초월공간hyperspace'의 이용이다. '공간 굴곡space warp'도 초월공간과 비슷한 개념이다(여기서 주목할 것은 그런 초광속 여행이 물리학의 정설을 거스르지 않는다는 점이다. 초광속 여행은 우주선이 공간적 지름길을 이용하는 것으로, 우주선의 속도가 빛보다 빠르다는 얘기는 아니다).

과학의 정설을 따르는 작가들 가운데 많은 이들이 우주여행은 '세대 우주선generation starship'을 이용하게 되리라고 상정한다. 이것은 여러 세기에 걸친 우주여행에 맞게 설계된 거대한 우주선인데, 여러 세대들이 그 안에서 살다가 죽고 후손들이 목적지에 닿을 것이므로, '여행하는 방주/우주 방주(travelling ark/space ark)'라고도 불린다.


### 3) 외계 식민colonization of other worlds

태양계의 다른 행성들과 위성들에 인류 사회를 건설한다는 생각은 늘 매력적이었다. 그래서 외계 식민은 처음부터 과학소설의 인기 높은 주제였고, 그런 일에 따르는 개척자 정신은 특히 큰 칭송을 받았다.

그러나 천문학이 발전하자, 외계는 사람이 살기에는 너무 이질적인 환경임이 드러났다. 그래서 외계 식민을 위해선 '적응'이 필요하다는 사실이 드러났다. 그런 적응은 두 가지 방식으로 이루어질 수 있다.

하나는 사람이 자신의 몸을 외계 환경에 맞게 바꾸는 길이다. 유전공학이나 '인체의 조절화cyborgization'를 통한 적응은 이미 이론적 바탕이 잘 마련된 상태이다. 이런 적응에 대해선 아래 '인공 인간' 항목에서 보다 상세하게 설명한다.

다른 하나는 외계의 환경을 사람이 살 수 있도록 바꾸는 길이다. 이른바 '지구화terraforming'이다. '지구화'라는 말은 잭 윌리엄슨Jack Williamson이 『시티 우주선Seetee Ship』(1951)에서 처음 썼다. 그러나 그런 사업은 이미 1930년에 영국 작가 올라프 스테이플던(Olaf Stapledon, 1886~1950)이 『마지막 그리고 첫 인간Last and First Man』에서 제시했다. 거기서 제시된 사업은 바닷물의 전기 분해를 통해 산소를 만들어서 금성을 사람이 살 수 있는 환경으로 만드는 것이었다. 그 방안은 당시로선 상당히 앞선 생각이었지만, 현재의 과학 지식과 기술 수준에서 살피면, 원시적이고 현실성이 아주 작다. 요즈음엔 지구에서 실제로 있었던 것처럼, 박테리아와 식물을 먼저 자라나게 해서 사람이 숨쉴 수 있는 대기를 마련하는 방안이 현실적이라고 여겨진다.

외계 식민이 물론 태양계 안에 국한된 것은 아니다. 과학소설은 사람이 다른 별들로 진출하고 궁극적으로 여러 은하들을 아우르는 '은하 제국galactic empire'을 세우는 모습을 그린다. 과학소설은 멋진 주제들을 많이 가졌지만, 은하 제국처럼 멋진 주제는 없다. 상상하기도 힘들 만큼 광막한 은하들을 사람의 영역으로 삼는다는 생각엔 누군들 가슴이 부풀지 않겠는가. 아쉽게도, 은하 제국이 실제로 나올 가능성은 거의 없다. 별들 사이의 거리가 너무 멀어서 정보 전달에 시간이 너무 많이 걸리기 때문이다. 정보 전달이 늦으면, 사회는 응집력을 잃는다. 태양계에 가장 가까운 별인 알파 센터우리가 4.3광년 떨어졌고, 바너즈 스타가 6.0광년 밖에 있는 것을 비롯해 10광년 안에 있는 별들이 모두 일곱 개뿐임을 생각하면, 우주 제국이 나오기 어렵다는 사정이 뚜렷해진다.

그러나 우리는 꿈을 품고 산다. 그래서 과학소설 작가들은 늘 은하 제국의 멋진 모습들을 그릴 것이고 독자들은 부푸는 가슴으로 그것들을 읽을 것이다. 빛의 속도와 같은 차가운 사실에 밀려나기엔, 은하 제국은 너무 멋진 개념인 것이다.

### 4) 시간 여행time travel

시간 여행은 과거나 미래를 찾아가는 일을 뜻한다. 시간 여행은 일반적으로 높은 수준의 기술에 의해 만들어진 정교한 장치를 이용하는 일을 가리키며, 그런 장치 없이 과거나 미래로 우연히 가는 일은 '시간 이탈time slip'이라고 부른다.

시간 여행은 물론 과학적으로 불가능하다. 그러나 그것은 작가에게 여러 가지 문학적 가능성들을 제공하므로, 인기가 높은 개념이다. 시간 여행이 품은 역설들 중 대표적인 예는 '과거를 찾아간 시간 여행자time traveller 가 자신의 직계 선조를 죽이면, 어떻게 되는가?'이다. 문학적으로만이 아니라 지적으로도 흥미가 큰 주제이다. 보다 흥미로운 주제는 시간 여행자가 자신이 지닌 현대 문명의 지식을 이용하여 과거 사회를 개량하거나 역사적 비극을 막는 일이다.

### 5) 외계인

외계인(aliens; extraterrestrials)은 지구 밖에서 유래한 생명체들을, 그중에서도 일반적으로 높은 지능을 갖춘 생명체들을 뜻한다. 달은 지구의 한 부분이지만, 여기서 지구는 달을 포함하지 않는 것으로 여겨진다. 지구의 생명체들과 다르게 구성되고, 자연히, 생각과 행동이 사람과 다른 생명체라는 개념은 진화론이 받아들여진 뒤에야 나올 수 있었다. 그래서 외계인이 등장하는 과학소설은 19세기 후반에야 나왔다.

외계인의 존재는 언뜻 보기보다 중요한 주제이다. 이론적으로는, 생물이 살 만한 행성들은 헤아릴 수 없을 만큼 많다. 그런 행성들의 상당수에서 생명체가 나타났을 터이고, 그런 생명체들 가운데 상당수가 성간 공간을 여행할 만한 문명을 이루었을 것이다. 적어도 전파를 외계로 보낼 만한 문명을, 즉 지금 인류가 이른 수준의 문명을 이루었을 것이다. 그러나 그런 문명의 단서는 아직 보이지 않는다. "그들은 어디 있는가?" 엔리코 페르미Enrico Fermi가 반세기 전에 던진 이 물음은 아직 대답을 얻지 못했다.

그 물음에 대해 생각하는 것은 지적으로 무척 흥미로운 일이지만, 그것은 실은 지구의 생명체들과 인류 문명에 대한 통찰을 얻는 데도 긴요하다. 지구의 생명체들은 아주 다양하지만, 그것들은 모두 한 뿌리에서 나와 진화했으며, 자연히, 본질적으로 같다. 모든 생명체들은, 사람이든 세균이든, 식물이든 동물이든, 핵산들을 이용하여 유전 정보들을 전달하고 단백질들을 이용하여 세포의 화학 반응들을 통제한다. 오래전에 살았다가 사라진 생명체들도 그러했다. 따라서 지구의 생명체들을 관찰하는 것만으로는 삶의 본질에 대한 통찰을 얻기 어렵다. 외계생물학xenobiology은 아직 상상 과학의 영역에 머물고 있지만, 만일 우리가 외계의 생명체를 단 하나라도 만나게 된다면, 우리의 통찰은 양자적 도약을 이룰 것이다.

과학소설 작품들 속에 나오는 외계인들은 대개 지구의 생명체들과 마찬가지로 탄소에 바탕을 두고carbon-based 원형질로 이루어진 생명체들도 그려진다. 탄소는 우주에 많이 그리고 널리 분포하고 복잡한 분자들을 이룰 수 있다. 탄소와 성질이 비슷한 실리콘에 바탕을 둔silicon-based 생명체들도 등장한다. 그러나 복잡한 분자를 이루는 능력에서 탄소보다 훨씬 뒤지므로, 실리콘에 바탕을 둔 생명체가 존재할 가능성은 적다. 그렇게 이질적인 생명체의 모습을 그리는 일이 워낙 어려워서, 그것을 시도한 작품들은 수도 적고 문학적 성과도 그리 크지 않았다.

실리콘에 바탕을 둔 생명체보다 훨씬 풍부한 상상력으로 그럴 듯하게 그려진 외계인은 자기 복제를 하는 '비유기적 생명체inorganic lifeform'와 순전히 에너지로 이루어진 생명체이다. 에너지로 이루어진 생명체는 특히 흥미로운 개념으로, 만일 그런 존재가 실제로 사람들 앞에 나타난다면, 사람들 눈엔 그것이 신으로 보이리라는 주장이 나왔고, 그런 주장에서 한 걸음 더 나아가서, 인류가 받들어온 신들이 실은 그런 에너지로 이루어진 외계인들이라는 가설도 나왔다.

어쨌든, 보편적 다윈주의Universal Darwinism가 널리 받아들여진 지금, 우주의 모든 생명체들이 자연선택을 통해서 진화했으리라는 추론이 가능하다. 그래서 외계인들과 지구 생명체들 사이엔 비슷한 점들이 많으리라는 생각도 상당한 근거를 지녔다.

### 6) 인공 인간

과학소설은 여러 가지 인공 인간들을 다룬다. 대표적인 것들은 인조인간android, 복제인간human clone, 재생인간(Doppelgänger 또는 zombie), 개조인간engineered human, 조절인간cyborg, 그리고 기계인간robot이다. 물론 이들은 서로 많이 다르다. 그래서 그들을 주제로 삼은 과학소설들은 다른 하위 장르들로 여겨진다. 그러나 그들은 사람이 자신의 형상에 따라 만들어낸 존재들이고 신(神) 대신 과학자들이 창조자 노릇을 했다는 점에서 한 범주에 넣을 수 있을 것이다.

그런 사정은 첫 인조인간 소설이라고 할 수 있는 메리 쉘리의 『프랑켄슈타인, 또는 현대의 프로메테우스』(1818)에서 잘 드러난다. 한 과학자가 시체들의 조각들로 합성해서 생명을 불어넣은 '사람'을 다룬 이 작품은 찰스 다윈의 할아버지로서 신이 창조한 생물들도 진화한다는 주장을 편 이래즈머스 다윈(Erasmus Darwin, 1731~1802)의 영향을 받았고, 신의 영역이라고 여겨져온 지식을 찾는다는 파우스트적 주제를 구체화했다.

인조인간은 화학공학적으로 만들어진다. 겉모습은 사람과 구별하기 어려울 만큼 닮았고, 사람과 같게 또는 아주 비슷하게 생각하고 느낀다. 그러나 일반적으로 자식을 낳을 수 없다고 설정된다.

생물 복제cloning는 사람이나 다른 동물들의 어떤 개체를 그대로 복사해내는 것을 말한다. 여기서 '그대로'라는 말은 원래의 개체와 복사된 개체들의 유전자들이 똑같다는 것을 뜻한다. 주목할 것은 생물 복제가 근본적으로 진화를 방해한다는 점이다. 모든 고등 생물들은 유성생식을 통해 유전자들을 새롭게 결합하면서 진화해왔다. 똑같은 유전자들을 가진 개체들을 여럿 만들어내는 것은 진화의 물길을 멈추는 일이며, 자연히, 퇴행적이다.

그 점은 재생인간의 경우에 훨씬 심해진다. 이미 죽은 사람을 되살리는 일은 낡은 개체들이 죽어서 비워놓은 생물적 공간에 새로운 개체들이 들어선다는 삶의 근본적 질서를 거스른다. 그래서 재생인간을 주인공으로 삼은 과학소설 작품들은 드물고, 재생인간들은 거의 언제나 사악하거나 탐욕스러운 사람들의 노예들로 나온다.

Doppelgäger는 원래 '한 사람의 영적 반려'를 뜻하는 독일어인데, 과학소설에선 '죽은 뒤에 화학공학적 과정을 거쳐 다시 목숨을 지니게 된 사람'이란 뜻으로 쓰인다. Doppelgäger는 흔히 그들을 되살려낸 사람의 뜻에 따라 움직이지만, 거의 모든 면들에서 독립된 존재이다. 반면에, Zombie는 의지도 없고 말도 하지 못한다. Zombie는 원래 서아프리카에서 '구렁이의 신'을 뜻하는 말이었는데, 그곳에서 잡혀온 흑인 노예들이 정착한 서인도제도에서 '죽었다가 되살아났지만 의지도 없고 말도 하지 못하며 기계적 동작들만 할 수 있는 사람'이란 뜻을 지니게 되었다.

개조인간은 환경적응화pantropy 과정을 거쳐서 나온 사람을 가리킨다. 환경적응화는 외계의 아주 이질적인 환경에서 생존할 수 있도록 사람들을 만드는 생물공학적 과정이다.

조절인간Cyborg은 'Cybernetic Organism'의 약어로, 사람과 기계 사이의 이종 교배로 나온 개체를 가리킨다. 조절인간이란 개념은 데이비드 로빅David Rorvik이 『사람이 기계가 되면As Man Becomes Machine』(1971)에서 사람과 기계의 '결합melding'으로 "참여적 진화의 새로운 시대new era of participant evolution"가 열리리라고 주장하면서 널리 받아들여졌다. 그러나 이 개념을 먼저 그리고 꾸준히 탐구한 것은 과학소설 작가들이었다. 덕분에 조절인간은 비교적 잘 탐구되고 일반인에게도 익숙한 주제가 되었다.

기계적으로 만들어진 인간인 로봇robot은 미래의 인류 사회를 그린 작품들에서 흔히 나오지만, 가장 널리 알려졌고 가장 큰 영향을 미친 것은 애시모프가 그린 로봇들이다. 과학소설 작가들은 처음엔 로봇들이 사람들을 압도할지도 모른다는 두려움을 드러냈고, 로봇들이 사람들을 억압하거나 말살하는 상황들을 그렸다. 그러나 애시모프는 사람들에게 호의적인 로봇들을 그렸다. 아울러 그는 인류를 로봇으로부터 보호할 수 있는 장치를 마련하려 했고, 마침내 『나, 로봇*I, Robot*』 연작에서 '로봇 공학의 세 법칙들Three Laws of Robotics'이라고 불리는 원칙을 다듬어냈다.

제1법칙: 로봇은 사람을 해치거나 행동하지 않음으로써 사람이 해를 입도록 해서는 안 된다(A robot may not injure a human being, or, through inactio, allow a human being to come to harm).

제2법칙: 로봇은 사람이 내린 명령들을 따라야 한다, 그것들이 제1법칙과 상충하지 않는 한(A robot must obey the orders given it by human beings, except where such orders would conflict with the First Law).

제3법칙: 로봇은 자신의 존재를 보호해야 한다, 그런 보호가 제1법칙이나 제2법칙과 상충하지 않는 한(A robot must protect its own existence as long as such protection does not conflict with the First and Second Law).

위의 세 법칙들을 생각해낸 뒤, 애시모프는 '사람'이란 말을 정의하지 않고서는 자신이 세운 법칙들을 현실에 적용하기 어렵다는 사실을 뒤늦게 깨달았다. 그래서 그는 개별적 사람들에 우선하는 '인류'라는 개념을 도입했다.

제0법칙: 로봇은 인류를 해치거나 행동하지 않음으로써 인류가 해를 입도록 해서는 안 된다(A robot may not injure humanity, or, through inaction, allow humanity to come to harm).

애시모프가 이런 법칙들을 내놓자, 로봇 소설을 쓴 작가들은 거의 모두 그것들을 문학적 관행convention으로 받아들였다. 인공지능AI의 연구에 큰 업적을 남긴 매서추세츠 공대MIT의 마빈 민스키Marvin Minsky는 그 법칙들을 실제로 컴퓨터에 집어넣으려고 애썼다.

### 7) 변종인간mutant

변종인간은 돌연변이에 의해 정상적 사람들과 뚜렷이 구별될 만큼 새로운 특질들을 지니게 된 사람을 말한다. 다른 종들에서와 마찬가지로, 사람의 변종은 자연적으로 나올 수 있으나, 과학소설에선 흔히 방사선과 같은 외부적인 요인들로 생식 세포의 유전자들이 손상을 입어 나오는 것으로 그려진다.

일반적으로 그런 변종인간들은 괴물로 그려지지만, 영신감응telepathy 능력을 지닌 사람들처럼 때로는 인류의 진화에서 한결 발전된 단계로 그려지기도 한다. 변종인간들이 많이 나오는 세상으로 우리가 쉽게 떠올릴 수 있는 것은 핵전쟁과 같은 재앙을 만난 세상이므로, 변종인간 소설은 흔히 '재앙 후 세계post-catastrophic world'를 무대로 삼는다.

### 8) 초감각적 지각(extrasensory perception: ESP) 또는 염력psi powers

초감각적 지각은 정상적 종류와 수준을 넘는 정신 능력을 뜻하며, 영신감응telepathy, 정신 통제mind control, 예시, 투시, 염동telekinesis, 물체 이동teleportation, 염화pyrolysis, 즉시 통신instantaneous communication 따위를 포함한다. 정상적 지각에선 지각의 대상으로부터 온 물리적 자극이 감각 기관을 흥분시키고 그 흥분이 중추신경계에 전해져서 감각을 일으킨다. 그러나 초감각적 지각에선 물리적 자극이 전달될 수 없는 조건에서 대상에 대한 정보가 얻어지며 그것과 관련된 감각 기관의 존재도 아직 확인된 것이 없다. 자연히, 초감각적 지각을 다룬 과학소설 작품들에서도 그런 감각 기관의 성격과 기능을 밝힌 경우는 보기 힘들다.

초감각적 지각이 가리키는 현상들은 '염력'이라는 말로도 표현되며, 두 개념은 비슷한 것으로 여겨지고 쓰여진다. 'psionics'란 말도 한때 쓰여졌다.

### 9) 실재의 인식awareness of reality

사람이 인식하는 세상의 정체를 살피는 것은 과학소설의 중요하고 풍요로운 주제들 가운데 하나이다. 예컨대, '과연 누가 인조인간이고 누가 진정한 사람이냐?' 또는 '나는 과연 사람이냐, 아니면 자신을 사람이라고 여기는 인조인간이냐?'와 같은 물음들은 과학소설이 즐겨 다루는 주제이며, 근년에 많은 영화들이 다루어서 과학소설을 읽지 않는 독자들도 익숙해졌다.

실재의 인식을 다룬 고전적 예는 『장자』의 '나비 꿈〔胡蝶夢〕'이다.

얼마 전에 나 장주(莊周)는 꿈에 나비가 되어 나비처럼 기뻐했다. 스스로 즐거워 마음에 들어 주(周)인 줄 알지 못했다. 문득 꿈이 깨니, 놀랍게도 주(周)였다. 나는 알지 못한다, 주(周)가 나비가 된 꿈을 꾸었는지, 나비가 주(周)가 된 꿈을 꾸고 있는지.

실재의 인식을 깊이 탐구한 작가는 필립 딕Philip K. Dick이다. 그는 사람들이 자신들이 현실로 여긴 것이 현실이 아니라는 것을 점차 깨달아가는 모습을 그린 작품들을 많이 썼다. 실재의 인식이라는 주제에서 또 하나의 가닥은 인류가 실은 엄청난 능력을 지닌 다른 존재의 통제를 받는다는 가정이다. "우리는 소유물이다(We are property)"라는 미국 문필가 찰스 포트(Charles Fort, 1874~1932)의 구호는 이런 편집병적 견해를 깔끔하게 표현했다.

## 10) 미래 역사 future histories

과학소설 작품들은 거의 모두 미래에 관한 것들이다. 그러나 그런 작품들 속에 나온 미래의 모습들은 대부분 단편적이다. 때로 미래는 체계적이고 전체적인 모습으로 제시되기도 하는데, 그럴 경우 그 작품들은 미래 역사라 불린다. 애시모프의 『기단』 연작과 하인라인의 『미래 역사 *Future History*』 연작은 미래의 모습을 체계적으로 그려낸 웅장한 작품들이다.

## 11) 대체 역사 alternate history

대체 역사는 과거에 있었던 어떤 중요한 사건의 결말이 현재의 역사와 다르게 났다는 가정을 하고, 그 뒤의 역사를 재구성하여 작품의 배경으로 삼은 것이다. 여기서 주목할 것은 '과거에 있었던 어떤 중요한 사건의 결말'이라는 부분이다. 사소한 사건의 결말이 다르게 났더라도, 대체 역사는 나왔을 것이다. 그러나 그것은 실재 역사와 구별하기 힘들 만큼 비슷할 것이고, 문학적으로 쓸모가 거의 없다. 자연히, 대체 역사가 실재 역사로부터 갈라지는 분기점 branching point은 역사적으로 무척 중요한 사건이어야 한다. 그런 분기점으로 자주 쓰이는 것은 2차 세계대전에서 독일과 일본이 이겼다는 가정과 미국의 남북전쟁에서 남부가 이겼다는 가정 등이다.

## 12) 평행 세계들 parallel worlds

평행 세계들은 실재하는 세상과 다른 시공연속체 space-time continuum 속에서 존재하는 세상들을 가리킨다. '다른 차원들 other dimensions'이라 불리기도 한다. 근년에는 그런 평행 세계들이 이 세상과 아주 비슷한 세상부터 전혀 다른 세상까지 무수히 존재하는 것으로 상정되면서, '다수 우주 multiverse'라는 개념이 등장했다. 이 개념에 따르면, 우리가 아는 우주는 그런 다수 우주의 한 측면에 지나지 않는다. 일부 물리학자들이 양자역학의 수수께끼를 설명하는 이론으로 '다수 세계 해석many-worlds interpretation'을 내놓자, 이 개념은 위상이 부쩍 높아졌다.

### 13) 재앙 후 세계(post-catastrophe world/post-holocaust world)

인류 문명이 자연적 또는 인공적 재앙을 만나는 일은 문학에서 자주 다루어진 주제이다. 고대엔 홍수, 질병, 화재, 흉작, 지진, 전쟁과 같은 재앙들이 주로 다루어졌고, 현대엔 소행성이나 혜성과의 충돌, 외계인의 침공, 새로운 빙하기의 도래, 바이러스의 창궐, 인구 폭발, 환경의 오염과 파괴, 핵전쟁, 우주 방사능cosmic radiation과 같은 재앙들이 더해졌다. 그런 주제를 다룬 '재앙 소설disaster stories'은 거의 정의에 의해 과학소설로 분류될 수 있다.

특히 흥미롭고 풍요로운 것은 재앙 자체보다는 재앙이 일어난 뒤의 세계의 모습에 초점을 맞춘 '재앙 후 세계' 소설이다. 재앙으로 파괴된 인류 문명의 폐허에서 새로운 문명이 자라나는 모습을 그리는 일은 작가들에게 상상력을 한껏 펼칠 수 있는 무대를 제공한다. 덕분에 재앙 후 세계 소설은 과학소설에서 가장 인기가 높은 분야이고 뛰어난 작품들도 많다.

### 14) 이상향utopia과 반이상향dystopia

이상향을 꿈꾸는 일은 인류 사회가 처음 나타났을 때 이미 시작되었다고 보아야 할 것이다. 실재하는 사회들은 모두 결점들이 많으므로, 그것을 개혁하려는 사람들이 늘 나오게 마련이다. 이상향을 명시적으로 그린 첫 문학 작품은 영국의 기독교 승려이자 작가인 토머스 모어Thomas More의 『이상향*Utopia*』이다. 플라톤Platon의 『공화국*Politeia*』의 짙은 영향 아래 씌어진 이 작품은 아메리카 대륙의 한 섬에 자리 잡은 도시 국가들로 이루어진 공산주의 사회를 그렸다.

그 뒤로 이상향을 그린 작품들이 많이 나왔다. 영향력이 가장 컸던 이상향 소설은 영국의 정치사상가인 제임스 해링튼(James Harrington, 1611~1677)의 『오세아나 연방 *Commonwealth of Oceana*』(1658)일 것이다. 그가 그린 이상향은 17세기 영국 사회의 조건들에 바탕을 두었지만, 그 작품은 그런 역사적 맥락을 뛰어넘어 후세에 큰 영향을 미쳤다. 성문법, 양원제, 주요 정부 직책들의 임기제, 비밀 투표, 대통령의 간접 선거 따위 영국의 정치 체계에 없었으나 미국의 정치 체계에서 중요한 역할을 맡은 사항들은 『오세아나 연방』에서 상당한 영향을 받았다고 여겨진다.

여기서 주목할 것은 이상향에 대한 사람들의 태도가 차츰 바뀌었다는 사실이다. 프랭크 마뉴엘Frank Manuel은 『이상향들과 이상향적 생각 *Utopias and Utopian Thought*』(1966)에서, 문명과 사회가 진보하자, 작가들은 '더 좋은 곳 eutopia'을 논의하는 대신에 '더 나은 시대 euchronia'를 논의하게 되었다고 주장했다. 이렇게 관점이 바뀌자, 이상향은 실재하는 사회와 비교하는 데 쓰이는 상상 속의 존재가 아니라 미래에 실제로 나올 수 있는 존재로 바뀌었다는 얘기다.

'반이상향 dystopia'이란 말은 존 스튜어트 밀(John Stuart Mill, 1806~1873)이 처음 썼다. 산업혁명의 어두운 측면이 부각되면서, 문명이 꾸준히 진보한다는 믿음이 흔들리자, 19세기 말엽엔 지적 논의들과 예술 작품들에서 반이상향적 이미지들이 부쩍 늘어났다. 두 차례의 세계대전을 치르고 핵전쟁의 위협 속에 살면서, 사람들은 사회적 진보에 대한 믿음이 약해지고 과학과 기술에 대한 회의가 깊어졌다. 자연히, 20세기엔 이상향을 그리는 작품들은 거의 사라지고 반이상향에 대해 경고하는 작품들이 주류를 이루었다.

## 15) 발견과 발명

새로운 과학 원칙의 발견과 새로운 도구들의 발명은 소설의 다른 장르들보다 과학소설에서 훨씬 적극적으로 다룬다. 그래서 적잖은 사람들이 그런 발견과 발명을 과학소설의 가장 중요한 특질이자 기능이라고 여긴다. 그러나 발견과 발명은 과학소설의 중심적 주제도 아니고 중요한 특질이나 기능도 아니다. 실제로 발견과 발명에 초점을 맞춘 '발명 이야기 invention story'들이 아주 많은 것도 아니다. 그래도 대부분의 과학소설 작품들이 미래에 관한 것이고, 미래의 모습을 그리는 데서 발견과 발명은 필수적 요소이므로, 과학소설이 그동안 내놓은 발견과 발명의 목록은 무척 길다.

발명 이야기는 19세기에 많이 씌어졌다. 쥘 베른Jules Verne의 작품들은 대부분 발명 이야기로 분류될 수 있고, 그가 생각해낸 발명들은 많고 현실성이 있어서, 그가 발명 이야기를 발명했다고 해도 크게 틀린 얘기는 아니다.

20세기 초엽엔 웰스H. G. Wells가 많은 것들을 발명했다. 그것들 가운데엔 '시간 기계time machine'처럼 환상적인 것들도 있었지만, 전차tank나 원자탄처럼 현실적인 것들도 있었다. 조지프 루드야드 키플링(Joseph Rudyard Kipling, 1865~1930)은 단편소설 「야간 우편으로With the Night Mail」(1905)에서 항공우편제도를 제시했다. 그 뒤로 우주선, 텔레비전, 원격조작장치waldo, 바이러스를 이용한 유전자 재조합gene splicing과 같은 개념들이 잇따라 발명되었고, 그런 개념적 발명들은 과학자들과 기술자들에게 '개념적 돌파conceptual breakthrough'로 작용해서 그것들이 실제로 만들어지는 데 큰 공헌을 했다. '우주 승강기space elevator'나 '인공 광합성'과 같은 기술들은 아직 실현되지 않았지만, 조만간 실현될 가능성이 높다.

물론 멋진 발명들보다는 비합리적이거나 비현실적인 제안들이 훨씬 많
았다. 그런 성공과 실패의 사례들보다 우리에게 교훈적인 것은 과학소설
작가들이 실패한 방식이다. 과학소설에서 나온 발명들 가운데 가장 성공
적인 것은 역시 우주선이다. 우주선은 과학소설에서 처음 그 개념이 제시
되었을 뿐 아니라, 과학소설을 읽고서 우주 탐험에 열광적인 시민들이 존
재한 덕분에 엄청난 자원이 드는 개발 사업이 가능했다. 그러나 달에 첫
우주선이 닿는 모습을 그린 작품들은 모두 그 사건에서 가장 중요한 세부
사항 하나를 놓쳤다. 바로 지구의 모든 사람들이 그 광경을 텔레비전을
통해서 지켜보았다는 사실이다.

### 16) 종교

과학소설의 이름과 정의를 생각하면, 종교는 과학소설에 가장 이질적
인 주제로 여겨질 터이다. 그러나 과학소설의 역사에서 종교는 줄곧 중요
한 주제였다.

19세기에 과학의 발전으로, 특히 지질학, 생물학 그리고 천문학의 발
전으로, 인류의 지식이 폭발적으로 늘어나고 기독교 교리와 상충하는 사
실들이 잇따라 발견되자, 유럽의 많은 지식인들에게 전통적 교리들과 그
것들에 점점 적대적으로 되어가는 과학 이론들을 조화시키는 일이 무엇보
다도 중요한 지적 과제가 되었다. 외계인들의 종교도 과학소설이 성공적
으로 다루어온 주제다. 종교를 주제로 삼는 일에서 과학소설의 특질이 가
장 잘 드러나는 분야는 아마도 종교적 경험을 반대쪽에서, 즉 신의 입장
에서, 바라보는 것일 터이다.

# 7. 과학소설 속의 과학

그 말이 뜻하는 것처럼, 과학소설은 과학을 다루는 소설 장르이다. 여기서 과학은 현재 과학계가 정설이라고 여기는 과학 이론들의 집합을 뜻한다. 실제로는, 앞에서 살핀 바처럼, 사정이 복잡하다. 과학소설 작품들 속엔 과학만이 아니라 '의사 과학pseudo-science'과 '상상 과학imaginary science'이 많이 들어 있다. 심리학이나 사회학과 같은 '무른 과학들soft sciences'의 분야들에선 특히 그렇다.

의사 과학은, 비록 과학적 또는 유사 과학적quasi-scientific 용어들을 쓰지만, 정통적 과학자들에 의해 틀렸거나 증명되지 않았다는 판정을 받은 믿음들의 체계이다. 이론의 여지가 없이 의사 과학에 속하는 것들은 점성술, 수에 의한 예언numerology, 미확인비행물체에 대한 믿음ufology, 초감각적 지각ESP, 속이 빈 지구hollow Earth, 잃어버린 대륙, 라마르크(Jean Baptiste Pierre Antoine de Monet de Lamarck, 1744~1829)의 학설에 바탕을 둔 진화(이 가정은 기계인간이나 외계인에 적용될 때는 의사 과학에서 상상 과학으로 성격이 달라진다) 그리고 『성경』과 신화들 속에 나오는 재앙들은 모두 우주적 교란으로 설명될 수 있다는 주장 따위이다. 틀렸음을 증명하기가 쉽지 않아서 아직 논란을 빚는 것들 가운데 중요한 것으로는 칼 구스타프 융(Carl Gustav Jung, 1875~1961)의 이론을 들 수 있다. 이런 의사 과학들은 바뀌지 않는 핵심적 아이디어를 핵심으로 삼아 새로운 모습을 하고서 거듭 나타난다. 새로운 버전들은 원래의 버전보다 훨씬 과학적으로 치장을 했으므로 논파하기가 힘들고, 과학에 무지한 지식인들에게 큰 영향을 미친다.

상상 과학은 과학소설 작가들이 꾸며낸 과학 이론들로, 현재로선 불가능

한 것들이다. 의사 과학과 상상 과학 사이의 차이는, 의사 과학을 따르는
사람들은 그것이 옳다고 믿지만, 상상 과학을 고안해낸 과학소설 작가는
그것이 적어도 현재로선 불가능하다는 점을 안다는 사실이다. 상상 과학엔
두 종류가 있다. 하나는 지금은 불가능하지만 앞으로는 가능할 수도 있는
것들이다. 정보 전달을 통한 물체의 재생, 생명 활동의 정지suspended
animation 그리고 외계 생물학xenobiology은 대표적이다. 다른 하나는 현
재의 정설로는 불가능하지만 이야기의 전개를 위해서 고안된 것들이다.
초광속 여행과 통신, 반중력, 보이지 않는 기술invisibility, 시간 여행, 대
체 세계 따위는 널리 알려진 예들이다. 애시모프가 고안한 '양전자학
Positronics'이나 '역사심리학Psychohistory'도 이 부류에 속한다.


## 8. 과학소설에 관한 정보


　과학소설에 관한 책들은 많다. 미국에선 과학소설에 관한 연구가 "산업
을 이루었다"는 얘기가 나온 지 이미 오래다. 자연히, 좋은 입문서들도
구하기 어렵지 않다. 가볍게 읽을 만한 입문서로는 샘 런드월(Sam J.
Lundwall, 1941~ )의 『과학소설의 모든 것 Science Fiction: What It's All About』
(1971)을 추천할 만하다. 런드월은 스웨덴의 대중 음악가이자 과학소설
평론가로, 이 책은 원래 1969년에 스웨덴어로 출간되었다. 읽기 쉽게 씌어
졌고 흥미로운 사항들이 많이 소개되었다. 미국 작가 제임스 건(James E.
Gunn, 1923~ )의 『대체 세계들: 삽화가 들어 있는 과학소설의 역사 Alternate
Worlds: The Illustrated History of Science Fiction』(1975)도 균형이 잡히고 설
명이 또렷해서, 일반 독자들에게 추천할 만하다.
　보다 학구적인 접근을 바라는 독자들에겐 영국의 작가들인 브라이언 올

디스Brian W. Aldiss와 데이비드 윈그로브(David Wingrove, 1954~ )의 『1
조 년 동안의 잔치Trillion Year Spree』(1986)를 추천할 만하다. 저자의 통
찰력과 주장들이 뚜렷이 드러나고 과학소설에 대한 열정이 배어 있어, 독
자들에게 큰 즐거움을 준다. 이 책은 올디스가 1973년에 펴낸『10억 년
동안의 잔치Billion Year Spree』를 확대한 것인데, 적잖은 이들이 오히려 이
책을 더 높이 평가한다.

　과학소설을 쓰려는 사람들은 '클래리언 과학소설 작가 창작교실Clarion
Science Fiction Writers' Workshop'의 작품집들에서 많은 것들을 얻을 수 있
을 터이다. 이 창작교실은 원래 1968년에 미국 펜실배니어의 클래리언
주립대학Clarion State College에서 시작했는데, 과학소설 분야에서 가장 오
래 되고 성공적이었다는 평가를 받았다. 명성이 높은 과학소설 작가들의
지도 아래 집중적인 창작과 토론을 통해서 과학소설 창작 능력을 함양하
면서, 그 과정에서 나온 학생들의 작품들과 선생들의 해설들을 모아서 작
품집들을 냈다. 첫 회의 주관자였던 미국 작가 로빈 스코트 윌슨(Robin
Scott Wilson, 1928~ )이 편집한『클래리언Clarion』(1971) 이후 여러 권이
나왔다.

　과학소설에 관한 기본 자료들을 얻는 데는 캐나다의 작가이자 비평가인
존 클루트John Clute와 오스트레일리아의 작가이자 편집자인 피터 니콜스
Peter Nicholls의 『과학소설 백과사전 The Encyclopedia of Science Fiction』
(1979/1993)이 가장 권위가 있고 이용하기 편리하다(과학소설에 관해 학
술적으로 연구하려는 사람들은 이 백과사전의 'Critical and Historical
Works About SF' 항목에서 필요한 책들과 잡지들의 목록을 얻을 수 있다).
과학소설에 관한 최신 정보들을 얻는 데는 미국의 과학소설 전문 잡지
semiprozine인『로커스Locus』가 좋다. 1968년에 창간된 뒤 명성을 얻어,
이제는 과학소설 분야의 대표적 전문지가 되었다.

# 9. 과학소설 분야의 상(賞)들

과학소설 분야의 상들은 꽤 많다. 그것들 가운데 가장 오래 되고 권위가 있는 것들은 '휴고상Hugo Award'과 '성운상Nebula Award'이다.

'휴고상'의 본래 이름은 '과학소설 성취상The Science Fiction Achievement Award'인데, 1926년에 과학소설 전문 잡지 『놀라운 이야기들 *Amazing Stories*』를 창간해서 과학소설의 발전에 크게 공헌한 미국 출판인 휴고 건즈백Hugo Gernsback을 기려서 '휴고상'이라는 이름을 공식적으로 붙였다. 과학소설의 아마추어 또는 팬들이 주는 상으로 1953년부터 시상했다. 소설이 주요 분야이지만, 편집, 미술, 삽화, 영화 및 텔레비전 그리고 팬 작품과 같은 분야들에도 시상하며, 갖가지 특별상들도 한시적으로 설정된다.

'성운상'은 1966년부터 '미국 과학소설 및 환상소설 작가협회Science Fiction and Fantasy Writers of America'가 수여해온 상이다. '휴고상'과는 달리, 직업 작가들의 견해가 반영된 상이다. 장편소설(novel, 40,000자 이상), 짧은 장편소설(novella, 17,500자~40,000자), 중편소설(novelette, 7,500자~17,500자) 및 단편소설(short story, 7,500자 미만)의 분야들에 대해서 시상한다.

# 10. 일반 독자들에게 추천할 만한 작품들

과학소설은 주류소설보다 역사가 훨씬 짧고 작품들의 수도 그리 많지 않다. 작품들의 역사적 중요성과 문학적 성취도에 대한 합의도 주류소설의 경우보다 훨씬 뚜렷하다. 뒤에 소개된 작품들은 일반 독자들이 비교적 쉽게 접근할 수 있는 '고전'들이지만, 필자의 취향을 주로 반영했으므로, 아주 주관적인 목록이다.


1) 쥘 베른(Jules Verne, 1828~1905) : 『바다 밑 2만 리 *Vingt mille lieus sous les mers*』(1870)

잘 구상된 잠수함 '노틸러스호 Nautilus'와 우울하고 신비적인 선장 네모 Nemo가 인상적이어서, 지금까지 큰 사랑을 받았다. 19세기 과학소설에 선 보기 드물게 잘 다듬어진 작품으로, 문학적 성취도와 상업적 성공을 함께 거두었다.


2) 허버트 조지 웰스(H. G. Wells, 1866~1946) : 『시간 기계: 발명품 *The Time Machine: An Invention*』(1895)

한 발명가가 제작한 '시간 기계'를 타고 인류와 지구가 먼 미래에 맞는 운명을 미리 살핀 작품이다.


3) 올라프 스테이플던(Olaf Stapledon, 1886~1950) : 『마지막 그리고 첫 인간 *Last and First Man*』(1930)

20억 년에 걸쳐 열여덟 인류 종족들이 나타나고 사라지는 모습을 그린 작품이다.


4) 워드 무어(Ward Moore, 1903~1978) : 『희년을 선포하라 *Bring the Jubilee*』(1953)

'게티스버그 싸움'에서 남군이 이겨서 '남북전쟁'에서 남부가 이겼다는 가정 아래 씌어진 대체 역사이다. 대체 역사의 고전으로 꼽힌다.

5) 조지 오웰(George Orwell, 1903~1950) : 『1984년 *Nineteen Eighty-four*』(1949)

전제적 권력에 의해 엄격하게 통제된 사회의 모습을 그린 반(反)이상향 소설이다.

6) 로버트 하인라인(Robert A. Heinlein, 1907~1988) : 『달은 엄격한 여인이다 *The Moon Is a Harsh Mistress*』(1966)

지구의 식민지인 달 사회가 독립하는 과정을 그린 작품이다. 완전한 인공지능이 출현하는 과정을 그렸다.

7) 스프레이그 드 캠프(L. Sprague De Camp, 1907~2000) : 『어둠이 덮이지 않도록 *Lest Darkness Fall*』(1941)

6세기 로마로 시간 여행을 한 20세기 사람이 중세의 '암흑기'를 막기 위해 애쓰는 모습을 그린 작품이다.

8) 윌리엄 골딩(William Golding, 1911~1993) : 『파리대왕〔악마〕 *Lord of the Flies*』(1954)

타고 가던 비행기가 추락해서 외딴 섬에 닿은 소년들이 어려운 환경 속에서 생존하면서 사회적 질서를 이루는 과정을 그린 작품이다.

9) 리 브래키트(Leigh Brackett, 1915~1978) : 『긴 내일 *The Long Tomorrow*』(1955)

핵전쟁으로 현대 문명이 파괴된 세상에서 과학과 기술을 되살리려는 사람들의 모습을 그린 재앙 후 소설이다.

10) 아서 클라크(Arthur C. Clarke, 1917~ ) : 『유년의 끝 *Childhood's End*』 (1953)

인류가 훨씬 앞선 외계인들의 도움으로 원숙한 종족으로 바뀌고 마침내 우주의 정신cosmic overmind에 합류하는 과정을 그린 작품이다.

11) 시어도어 스터전(Theodore Sturgeon, 1918~1985) : 『인간 이상 *More than Human*』(1953)

깊이 소외된 아이들 여섯이 염력을 지닌 하나의 생명체로 융합되어 진정한 원숙함을 얻는 과정을 그린 작품이다.

12) 프레데릭 폴(Frederik Pohl, 1919~ ) : 『강화된 사람 *Man Plus*』(1976)
화성에서 살아갈 수 있도록 변형된 사람에 관한 이야기다.

13) 아이작 애시모프(Isaac Asimovl, 1920~1992) : 『기단 *Foundation*』 연작
인류 문명이 은하 전체에 퍼져 방대한 은하 제국을 이룬 먼 미래의 이야기다. 역사적 제국들의, 특히 로마 제국의, 흥망을 참고하여 씌어졌다.

14) 레이 브래드버리(Ray Bradbury, 1920~ ) : 『화씨 451도 *Fahrenheit 451*』(1953)

지식이 위험한 것으로 여겨져서, 책들이 모두 불태워지고, '소방관'들이 지식의 통제자들이 된 반(反)이상향 사회를 그린 작품이다. 화씨 451도는 종이에 불이 붙는 온도이다.

15) 프랭크 허버트(Frank Herbert, 1920~1986) : 『모래 행성 *Dune*』(1965)
전체가 사막인 행성을 무대로 삼아 사회의 움직임을 총체적으로 다룬

작품이다. 섬세하면서도 포괄적인 생태계의 묘사가 뛰어나며, 환경 문제와 관련하여 큰 사회적 영향을 미쳤다.


16) 스타니슬라프 렘(Stanislaw Lem, 1921~ ) : 『솔라리스*Solaris*』(1961)

신과 비슷한 이상한 존재와의 교섭을 통해서 인류의 한계를 그린 우화parable이다.


17) 제임스 블리쉬(James Blish, 1921~1975) : 『양심의 문제*A Case of Con-science*』(1958)

기독교의 '원죄Original Sin'의 개념으로부터 자유로운 것처럼 보이는 외계인들에 대한 태도를 놓고 예수회 신부가 고뇌하는 모습을 그린 작품이다. 종교 문제를 정색하고 다룬 과학소설의 고전이다.


18) 월터 밀러(Walter M. Miller, 1922~1996) : 『라이보위츠를 위한 영창*A Canticle for Leibowitz*』(1960)

핵전쟁으로 재앙을 만난 세계를 무대로 삼아 종교와 지식을 다룬 작품이다.


19) 러셀 호번(Russel Hoban, 1925~ ) : 『리들리 워커 *Riddley Walker*』(1980)

영국 남부 지방을 무대로 한 재앙 후 소설로, 재앙이 일어난 지 2천 년가량 지난 뒤의 상황을 그렸다. 문명이 파괴된 뒤 언어가 쇠퇴한 모습을 사실적으로 그려서 명성이 높다.


20) 대니얼 키즈(Daniel Keyes, 1927~ ) : 『알저넌을 위한 꽃다발*Flowers*

*for Algernon*』(1966)

인공적으로 지능을 높이는 연구 사업을 주제로 삼은 작품이다. 지능이 아주 낮았지만 인공적 과정을 통해서 천재의 지능을 갖게 된 사람이 화자가 되어 자신의 경험과 바로 앞선 실험의 대상이었던 생쥐의 경험을 들려준다. 영화 「찰리Charley」로 널리 알려졌다.

21) 필립 딕(Philip K. Dick, 1928~1982) : 『높은 성 속의 사람 *The Man in the High Castle*』(1962)

2차대전에서 연합국 측이 져서, 미국이 독일과 일본의 식민지가 된 상황에서 자신들의 정체성을 찾는 미국인들의 모습을 그린 대체 역사이다.

22) 어슐러 르 귄(Ursula K. Le Guin, 1929~ ) : 『어둠의 왼손 *The Left Hand of Darkness*』(1969)

본질적으로 양성(兩性)인 종족들이 사는 행성에 찾아간 인종학자의 경험을 통해 성과 문화적 국수주의를 다룬 작품이다.

23) 키스 로버츠(Keith Roberts, 1935~2000) : 『파반 춤 *Pavane*』(1968)

영국의 엘리자베스 1세가 암살되고 스페인의 '무적 함대'가 영국을 정복했다는 가정 아래 씌어진 대체 역사이다. 천주교회가 지식을 철저하게 통제하는 사회의 모습을 잘 그렸다.

24) 윌리엄 깁슨(William Gibson, 1948~ ) : 『신경조작자 *Neuromancer*』 (1984)

한 사람의 마음이 컴퓨터들로 이루어진 '조절공간cyberspace'에서 겪는 일들을 그려서 과학소설의 새로운 경지를 열었다는 평가를 받았다. '사이버펑크cyberpunk'를 대표하는 작품이다.


25) 래리 니븐(Larry Niven, 1938~ ) : 『원형 세계*Ringworld*』(1970)

별을 둘러싼, 폭이 1백만 마일이고 둘레가 6억 마일인 원형 구조물을
무대로 삼은 작품이다.


26) 그레고리 벤포드(Gregory Benford, 1941~ ) : 『시간적 풍경*Time-scape*』(1980)

시간을 거슬러 전언을 보내서 역사를 바꾸려는 과학자들의 노력을 그린
작품이다. 벤포드는 원래 물리학자인데, 과학자들이 실제로 일하는 모습
을 잘 그렸다는 평가를 받았다.


27) 새뮤얼 들레이니(Samuel R. Delany, 1942~ ) : 『바벨-17*Babel 17*』
(1966)

외계인의 언어를 분석하는 과정을 통해, 우리의 인식이 언어에 의해 지
배된다는 주장을 드러낸 작품이다.


28) 마이클 비숍(Michael Bishop, 1945~ ) : 『시간 말고는 적이 없다*No Enemy But Time*』(1982)

꿈을 통한 시간 여행으로 홍적세Pleistocene 아프리카로 찾아간 사람이
거기서 얻은 딸을 데리고 귀환하는 모습을 그린 작품이다.


29) 데이비드 브린(David Brin, 1950~ ) : 『차오르는 성조*Startide Rising*』
(1983)

지능이 높은 종족들이 지능이 낮은 종족들을 향상uplift시키는 관행이

널리 퍼진 먼 미래의 은하를 배경으로 한 작품이다.

30) 킴 스탠리 로빈슨(Kim Stanley Robinson, 1952~ ) : 『화성*Mars*』 3부작(1992~1996)

화성에 이주하여 새로운 사회를 건설하는 사람들의 모습을 그린 작품이다. 화성 탐사가 본격적으로 시작되었고 화성 식민지 건설도 전망할 수 있는 터라, 시의를 얻었다 할 수 있다. 『붉은 화성*Red Mars*』『풀빛 화성*Green Mars*』『파란 화성*Blue Mars*』으로 이루어졌다.


## 11. 한국의 과학소설

우리 사회에서 과학소설 분야는 황무지에 가깝다. 우리 작가들이 쓴 과학소설 작품들은, 문학적 성취도를 떠나, 아주 드물다. 독자들도 아주 적다. 과학소설의 본고장인 서양은 그렇다 치더라도, 과학소설이 번창한 이웃 일본과 비교하면 우리 과학소설의 부진은 아프도록 뚜렷해진다.

우리 과학소설이 그렇게 부진한 까닭들은 물론 여럿일 터이다. 가장 근본적인 요인은 우리 사회의 문화적 풍토가 전반적으로 척박하다는 사실이다. 보다 직접적인 요인은 과학과 문학 사이의 거리가 점점 멀어졌다는 사정이다. 과학을 경시하거나 과학과 문학 사이의 담이 높은 사회에선 과학소설이 자라나기 어렵다. 또 하나 우리 과학소설에 부정적으로 작용한 것은 근대 이후의 불행한 역사 때문에 우리가 눈길을 과거로 돌려 과거의 파악과 해석에 대부분의 지적 자원을 투자했고 미래에 대해선 별다른 관심을 보이지 않았다는 사정이다. 미래에 대한 관심이 없는 사회에서 과학소설은 성장에 필요한 자양을 제대로 얻을 수 없다.

이런 사정에 관해서 우리에게 적절한 교훈을 주는 것은 프랑스의 경험이다. 프랑스는 영국과 함께 과학소설의 출현과 초기 성장 과정에서 큰 공헌을 한 나라이다. 그러나 20세기엔, 특히 20세기 후반엔, 프랑스의 과학소설은 불모지에 가까웠다. 프랑스 평론가들인 로베르 루이Robert Louit와 자크 샹봉Jacques Chambon의 진단은 음미할 만하다.

2차 대전이 끝난 뒤에 두 가지 요인들이 프랑스의 과학소설의 미래에 크게 작용하게 되었다. 하나는 학교들과 대학들과 모든 사고하는 집단들에서 문학les litteraires과 과학les scientifiques이 점점 멀리 떨어진 것이었다. 이런 사정은 소설가를 지망하는 사람들이 과학과 우리의 삶에 대한 과학의 잠재적 영향들에 대한 관심을 덜 갖도록 만들었고, 십대들의 '먹이'로 뚜렷이 인식된 과학소설 장르에서 재능이 있는 사람들을 몰아냈다. 말하자면, 프랑스는 자신의 미래에 대해서, 나아가서 미래 전반에 대해서, 꿈꾸기를 멈추었던 것이다. 다른 하나는 이런 사항들에 대해 남아 있는 관심들이 다른 원천으로부터, 즉 미국으로부터, 채워졌다는 것이다. 2차 대전이 끝난 뒤, 프랑스 대중들은 한꺼번에 재즈, 미국 영화들, 전율소설thriller들, 그리고 미국의 '과학소설의 황금기Golden Age of science fiction'를 발견했다. (존 클루트John Clute · 피터 니콜스Peter Nicholls 편, 『과학소설 백과사전 *The Encyclopedia of Science Fiction*』 '프랑스' 항목)

특히 아쉬운 것은 여류 작가들의 활동이 거의 없었다는 사실이다. 1990년대 한국의 주류소설에선 여류 작가들의 활동이 무척 활발했지만, 과학소설을 쓴 여류 작가는 찾기 힘들다. 과학소설에 대한 무지에서 나온 통념과는 달리, 과학소설은 사회의 구조와 주류 사조를 비판하는 데 아주 적합하다. 아직도 여성에 대한 차별이 남아 있는 우리 사회에서 여류 작가들이 과학소설의 가능성을 인식하지 못했다는 것은 안타깝다.

외국 과학소설 작가들의 작품들이 많이 번역된 것도 아니다. 이 점에서 우리와 프랑스의 경험은 갈린다. 자연히, 우리 사회에서 과학소설에 대한 지식은 비참하도록 적었고, 편견은 답답할 만큼 굳었다. 이런 사정은 우리 문학을 빈곤하게 만들었고, 나아가서 우리 사회의 지적 풍토를 척박하게 만들었다.

다행히, SF영화의 영향력이 커지면서, 과학소설에 대한 이해가 늘어가고 편견도 줄어들고 있다. 좋은 과학소설 작품들이 나올 수 있는 환경은 마련되고 있는 셈이다.

**ㄱ**

# ㄴ